As Vidas de Arthur

Ana Diegues

pelo Espírito Alberto

As Vidas de Arthur

Aliança

1ª edição, do 1º reimpressão , Junho/2013 ,6º ao 8º milheiro

Título
As Vidas de Arthur

Autor
Ana Diegues

Revisão
Arlete Genari

Diagramação
Thaís Sandroni Mota

Capa
Thaís Sandroni Mota

Impressão
Rettec Artes Gráficas e Editora Ltda.

Ficha Catalográfica

Dados Internacionais de Catalogação na Publicação (CIP)
— Câmara Brasileira do Livro | SP | Brasil —

Alberto (Espírito).
As Vidas de Arthur / pelo espírito Alberto;
[psicografado por] Ana Diegues. -- São Paulo
Editora Aliança, 2013.

ISBN: 978-85-88483-92-7

1. Espiritismo 2. Psicografia 3. Romance
espírita I. Diegues, Ana . II. Título.

13-02715 CDD-133.9

Índice para catálogo sistemático:

1. Romance espírita : Espiritismo 133.9

Editora Aliança
Rua Major Diogo, 511 – Bela Vista – São Paulo – SP
CEP 01324-001 | Tel.:(11) 2105 2600 | Fax: (11) 2105 2626
www.editoraalianca.com.br | editora@editoraalianca.com.br

Sumário

As
Vic
de
Ar

AGRADECIMENTOS

Agradeço em primeiro lugar a Deus e à Espiritualidade maravilhosa, que estiveram sempre ao meu lado;

A minha família e as minhas amigas Ana Cristina M Martins, Cristina Ravanhani e Marcia Veloso, que sempre contribuíram para a realização desta obra.

As Vidas de Arthu

PREFÁCIO

Como Espíritos em evolução, todos nós buscamos entender as causas dos problemas que povoam nossos dias.

Dentro da Codificação temos a afirmação de que para todo efeito existe uma causa, e é exatamente nesta linha de raciocínio que devemos entender esta obra, recheada de ensinamentos.

Assim como aconteceu comigo, espero que esta obra traga a todos possíveis explicações para as diversas dificuldades que observamos todos os dias de nossas vidas e forças para superá-las.

Talvez seja esperar muito de um romance, mas acredito que entre as histórias e estórias que nos rodeiam existe sempre alguma coisa que nos remete a certos problemas que vivenciamos; seja no passado ou no presente, ao vermos estampado nas páginas ou cenas de uma obra, por vezes nos trazem a compreensão de nossos limites e nossas virtudes.

Na minha compreensão, esta forma romanceada de transmitir conhecimento ainda é a melhor maneira para atingir a todos e que a espiritualidade utiliza de maneira sábia.

Espero sinceramente que você, leitor, tire o melhor destas páginas e que de alguma maneira elas possam auxiliá-lo a ver a Vida como ela realmente é: bonita; e que nada, absolutamente nada, acontece por acaso.

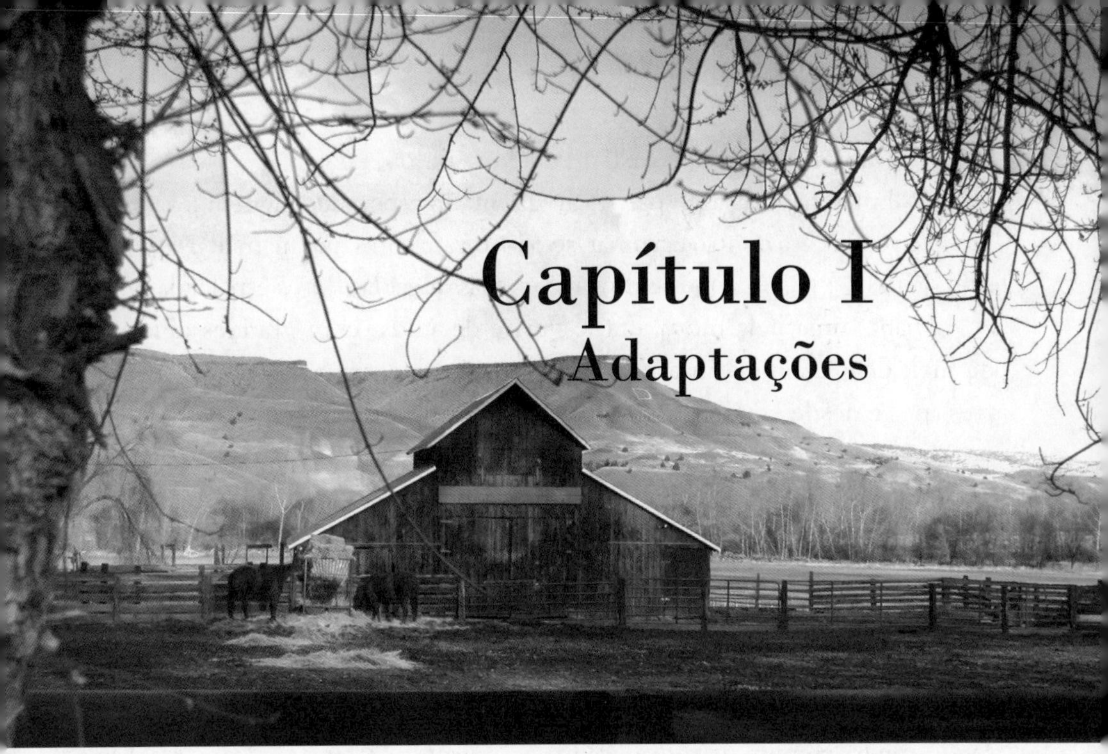

Capítulo I
Adaptações

— Corre, Penélope! Vamos!

— Ai, ai, ai... Não vale! Assim não vale.

Diana acordou com o barulho e os gritos de Carlinhos, que vinham da frente da casa.

O que será desta vez? E a esta hora! – pensou.

Sua mãe não estava muito bem e, com certeza, não era ela que, tão cedo, mexia no jardim, junto de Carlinhos e Penélope, a cadela da família.

Levantou-se, colocou a primeira roupa que viu e saiu apressada.

Carlinhos tropeçara praticamente nas próprias pernas, caindo sobre as jardineiras do terraço quebrando tudo. Com as faces rosadas pela correria, olhos brilhantes e assustados, agarrou Penélope, a labradora que o irmão trouxe de presente da Europa quando lá estudava. A cachorra era a grande companheira das brincadeiras e correrias do pequeno Carlinhos.

— Diana, eu não tive culpa! Não vi aquelas madeiras...

— Machucou? – perguntou Diana de forma carinhosa.

— Não, mas perdi a corrida! Penélope pulou, eu não...

— Então não há razão para ficar aí sentado esperando alguém levantá-lo. Vamos, venha para dentro arrumar-se para o café antes que mamãe o veja todo sujo. Já basta a tristeza que sentirá ao ver suas queridas flores espalhadas.

Diana, uma bela moça alta, esguia e decidida, com grandes olhos cor de mel, dirigia aquela casa. Antonio, seu pai, falecera havia pouco mais de três anos e desde então a administração da fazenda ficara sob seus cuidados.

Sua mãe ainda não aceitava completamente a partida do marido amado. Carlinhos, com 9 anos, era muito alegre e também muito apegado à irmã. O irmão mais velho, Rodolfo, morava no Rio de Janeiro. Formado em Direito, o pai ajudara a montar um escritório onde poderia firmar-se na profissão escolhida.

Eram tempos difíceis. Após o falecimento de seu pai, a adaptação ao novo modo de vida obrigou Diana a parar os estudos, que adorava, mesmo não sendo muito comum às moças daquela época a preocupação com a cultura ou mesmo a formação acadêmica. Diana estudou até o ensino normal, equivalente ao ensino médio atual, o que lhe dava a chance de ser professora, mas gostaria também de formar-se numa faculdade como o irmão. Eram poucas moças que chegavam a tanto.

A família tinha algumas posses; Diana tomou a frente na administração da fazenda cafeeira e, provavelmente, teriam perdido boa parte da fortuna se ela não o fizesse. Porém, embora fosse muito importante para tocar os negócios da família, um detalhe preocupava a todos: Diana, então com 20 anos, estava ficando velha para se casar.

Havia um pretendente, Arthur, amigo de infância e filho do fazendeiro vizinho. Estudou com Rodolfo na Europa e formou-se em Direito na mesma turma. Todos pensavam que ele aguardava, agora, uma posição de Rodolfo, para realizar o noivado e posterior casamento, mas ninguém tocava no assunto desde a morte de Antonio, pai de Diana e Rodolfo.

Arthur tinha a idade de Rodolfo, oito anos mais que Diana, e era muito educado, mas de personalidade dúbia, ao contrário dela, com personalidade forte e opiniões próprias.

Diana era muito querida pelos trabalhadores da fazenda; firme em suas decisões, não permitia que o desânimo ou a falsidade tomassem conta do dia a dia de todos. Com a ausência do irmão e posteriormente do pai, aquela família viu-se obrigada a modificar as atitudes. Como Rodolfo havia se formado há pouco mais de dois anos e Diana já ajudava o pai na administração, ficou resolvido que ela ficaria na fazenda e o irmão na cidade.

A união com Arthur não fazia parte dos planos e objetivos de Diana, pois além de eles serem totalmente diferentes, não existia amor, apenas uma frágil amizade, considerava ela.

Já Rodolfo e Arthur eram grandes amigos. Foram para o Rio de Janeiro e, posteriormente, à Europa, juntos. O primeiro para estudar, o segundo, principalmente, para deixar o campo que tanto odiava; vida verdadeira era a vida que se levava nas cidades grandes. Os saraus, as festas, o teatro, a beleza e os encantos femininos... Isso sim era viver, e não ficar naquela fazenda, enclausurado, assim pensava Arthur.

Foi Arthur quem apresentou todos esses "encantos" a Rodolfo, que se deixou levar. Haviam terminado a faculdade e não faziam muitos esforços para trabalhar. Rodolfo por vezes nem aparecia no escritório montado pelo pai, e Arthur simplesmente não queria trabalhar, nem em sociedade, nem sozinho.

E assim eles levavam a vida, sem grandes responsabilidades e muitas, muitas festas. Diana, ao contrário, trabalhava muito; era apaixonada pelo que fazia e pela vida no campo.

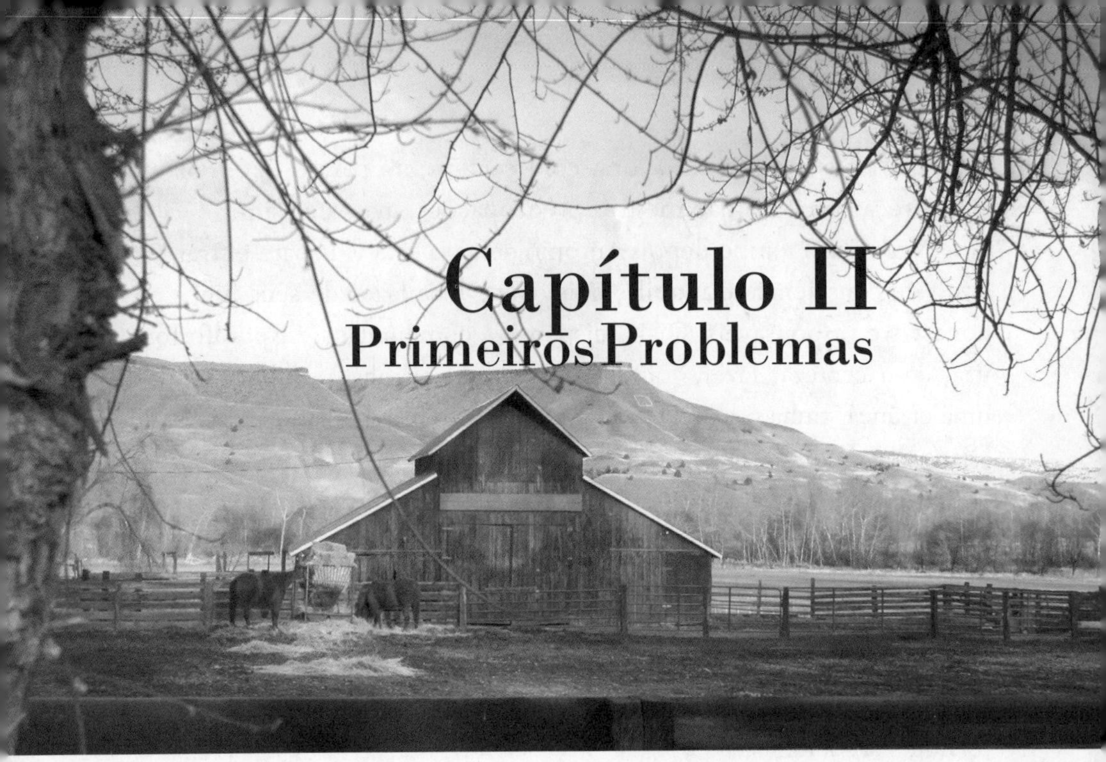

Capítulo II
Primeiros Problemas

Rodolfo revirava-se na cama e novamente tentava pegar no sono. Chegara ao amanhecer e não havia dormido muito. Estava muito cansado. Seus pensamentos pareciam lentos e confusos.

Precisava mudar de vida! – pensava ao lembrar-se das palavras do pai:

— Meu filho, você já está na idade de saber o que quer, não posso apenas mandar quantias enormes para suas noitadas. Já está formado, diga o que prefere e o ajudarei. Mas tenha certeza, se resolver voltar comigo para a fazenda, terá suas obrigações e deveres, assim como sua irmã os teve até hoje. Se resolver ficar aqui, montarei um escritório para você, apenas isso, o resto é contigo.

A lembrança era tão viva, que Rodolfo podia jurar que escutava a voz do pai:

— Muito embora tenhamos uma situação econômica boa, não é correto passarmos pela vida sem responsabilidades. E depois não sabemos quanto tempo ainda eu e tua mãe estaremos por aqui. Graças a Deus gozamos de boa saúde, mas quando chega a hora da partida não tem jeito, vamos embora, e se vocês não souberem se virar sozinhos e lidar com as responsabilidades, tudo que construímos até agora, com certeza, irá para o lixo. Por incrível que pareça, sua irmã não me traz preocupações, mas você sim.

Não muito tempo depois Antonio deixava esta vida para entrar no invisível, de consciência tranquila, pois conseguira fazer de seus filhos pessoas honestas e responsáveis. Diana dispensava comentários e Rodolfo formado iria, com certeza, fazer grandes negócios; Carlinhos, embora ainda fosse uma criança, tinha o perfil de alguém honesto e trabalhador, pois já ajudava Diana em alguns afazeres da fazenda.

Antonio, porém, não contava que a tristeza de Carmem, sua esposa, fosse marcar a vida de seus filhos.

Diana pegou para si a administração da fazenda além da educação de Carlinhos. Rodolfo, sem alguém para "acorda-lo", não faltava a uma festa, e quem controlava e mantinha o escritório de advocacia funcionando era Marco Antonio – um amigo que, formado na mesma turma da faculdade, se tornou seu sócio.

Embora as palavras do pai não lhe saíssem da mente, Rodolfo sentia grande dificuldade em mudar seus hábitos; sempre pedia dinheiro – agora para Diana – para cobrir seus gastos extras. No escritório que o pai montara a seu pedido, fazia tudo dentro dos prazos e de forma correta, mas ainda estavam conquistando a confiança das pessoas como profissionais na área e o lucro ainda não era o suficiente para manter o ritmo de vida que Rodolfo estava acostumado. As roupas novas, os presentes, estavam muito além de seus ganhos como advogado recém-formado.

Marco Antonio, de origem muito mais simples e humilde, somente estudou na Europa com Rodolfo e Arthur graças à bondade de uma senhora, amiga de sua mãe, que custeou sua viagem e os estudos. Com outros objetivos para sua vida, frequentou apenas uma ou duas festas e voltou-se para a profissão. Quando Rodolfo o convidou para serem sócios, agradeceu de coração a Deus por colocar tão grandes almas em sua vida; e agradeceu ao amigo por confiar a ele tão delicada posição. Portanto ele, Marco Antonio, mantinha-se bem com os poucos ganhos do escritório.

— Sr. Rodolfo!? Sr. Rodolfo!? – era Silvana, uma jovem senhora que ajudava na limpeza e ordem da casa.

— Já escutei, Silvana, obrigado! – respondeu Rodolfo ainda com sono, imaginando que Silvana o chamava apenas pelo adiantado da hora.

— É o Sr. Arthur que está aqui embaixo. Ele diz que precisa conversar com o senhor urgente, e o está aguardando.

— Diga que já estou descendo.

Não podia imaginar do que se tratava, já que os dois estiveram juntos até poucas horas antes. O que teria acontecido naquele breve período? O que seria tão urgente? – pensava Rodolfo enquanto procurava uma roupa.

Acabou de se vestir e desceu para encontrar o amigo quase irreconhecível; pálido e tremendo tanto, que mais parecia estar tendo um ataque.

— O que aconteceu? Parece que andou vendo fantasmas! – disse Rodolfo

— Você não imagina. Estou perdido! Não tenho ideia do que fazer. Você nem imagina na confusão que me meti – disse Arthur completamente largado na poltrona.

— Fale logo, não me deixe mais preocupado! – Rodolfo começou a ficar ansioso.

— Lembra-se da filha do Sr. Eugênio, a Flávia...

— Lembro sim, o que aconteceu com ela? – a preocupação de Rodolfo aumentava.

— Hoje, mal nasceu o sol, esteve lá em casa sua prima, a Fernanda. Disse que Flávia estava inconsolável, pois acredita estar grávida, e pior, que o filho é meu – Arthur tremia.

— Infelizmente, meu amigo, nesses casos o melhor é falar logo com o pai dela, o Sr. Eugênio, e marcar a data do casamento, e melhor ainda é casar-se no campo, onde as pessoas não os conhecem muito – Rodolfo falava e observava Arthur. — Pode ser um pouco difícil, mas nada que justifique você estar neste estado.

— Está louco? Aquela menina mimada e cheia de vontades? Nunca! Não vou deixar a sua irmã para me casar com aquela... Aquela... Infeliz! – Arthur quase berrava.

— Mas, Arthur, por que então se relacionou com ela? Todos sabem que o pai faz todas as suas vontades. Se não havia nenhuma possibilidade de ficar com ela, para que se envolveu? – Rodolfo se assustou com a lembrança de Arthur sobre o casamento com a irmã. Mas continuou a falar com o amigo, tentando não demonstrar o que sentia. — Depois, não gosto da ideia de comparar minha irmã a essa garota. Diana é adulta e muito responsável, e se soubesse dessa história sua, a primeira atitude seria resolver a situação da maneira correta: casar e criar o filho que está por vir; você sabe muito bem dos problemas que Flávia enfrentará estando sozinha. Sem falar do Sr. Eugênio!

— Eu sei que você tem razão, Rodolfo, mas me casar? Não a amo! Aliás, não sinto nada por ela, nem pena pelo que enfrentará – Arthur estava sendo sincero, não sentia absolutamente nada, apenas pensava em si mesmo.

— Pense bem, Arthur, acho que será mais difícil ter esta atitude do que assumir a situação. Já pensou no Sr. Eugênio quando souber da gravidez? E quando souber que você é o pai? Você terá que passar algum tempo sumido, meu amigo; aliás, um bom tempo – Rodolfo riu ao imaginar o amigo longe das festas e confinado no meio do mato, como ele mesmo dizia.

— Rodolfo, eu estava pensando, já está na hora de ir até a fazenda para oficializar definitivamente meu compromisso com Diana? – agora Arthur falava mansamente.

— Não sei não, Arthur, eu ainda acho que você deveria primeiro resolver tudo com Flávia e depois pensar nisso. Você sabe que se Diana descobrir essa história, nem eu nem ninguém a fará aceitá-lo como noivo e muito menos como marido. Você sabe como ela é – Rodolfo tentava esquivar-se do compromisso, muito sutilmente.

— Você está mudando de ideia, Rodolfo? Lembre-se que não marcamos a data de nosso casamento antes, por causa da morte do teu pai! E outra coisa, Diana somente saberá desta história se você contar. E também, que irmão mais velho é você que não tem domínio sobre a irmãzinha? – disse Arthur em tom jocoso.

Rodolfo nada respondeu, pois achava que aquele não era o momento de discutir sobre este ou qualquer outro assunto. Arthur estava desesperado, sem condições de raciocinar ou avaliar a situação. Era melhor esperar. E talvez não fosse de todo má ideia ir até a fazenda, afinal seria um ponto de partida para tentar mudar sua vida.

Ficar um pouco afastado, sumir das festas e das noitadas, talvez fosse bom. Quando retornasse já estaria meio esquecido, e o assédio, era bem provável, não seria tão grande. Poderia, finalmente, abraçar a profissão que escolhera e compartilhar com Marco Antonio os lucros e prejuízos do escritório.

— Está bem, Arthur, vou acertar as coisas no escritório com Marco Antonio e iremos até a fazenda. Escreverei para Diana avisando que chegaremos até o final deste mês. Até lá me faça um favor, pelo menos tente resolver seu problema com a Flávia. Não quero ter surpresas desagradáveis com Diana.

— Pode deixar. Eu vou sair daqui direto para a casa de Flávia e conversaremos, tenho certeza de que chegaremos a um acordo – Arthur intimamente já pensava em algum plano para sair daquela situação sem arcar com a responsabilidade dos seus atos.

Capítulo III
Promessa

Rodolfo não se sentia confortável naquela situação. Sabia que Arthur era superficial e que, geralmente, não cumpria seus compromissos. Diana era completamente diferente, muito correta, responsável, nunca deixava para trás um problema mal resolvido. Dona de um "coração de ouro", como diziam, tinha uma conduta irrepreensível. Será que essa união daria certo? Talvez Diana pudesse consertar Arthur, afinal, o que o amor não faz? Mas... Eles se amavam? Não acreditava nisso e era o que mais o preocupava, condenar Diana a alguém fraco e com sérios desvios de personalidade.

Mas Rodolfo não podia fazer muita coisa, afinal seu pai prometera a mão de Diana para Thomas, pai de Arthur. Desde crianças estavam "prometidos". Aliás, o casamento deveria ter sido realizado há alguns anos, mas o aparente desinteresse de Arthur e o luto da família acabaram adiando o compromisso. E por conta de Diana assumir os negócios da fazenda, ela não poderia morar na cidade, como certamente desejava Arthur.

Rodolfo balançou a cabeça como querendo se livrar dos pensamentos que o preocupava. De qualquer forma, teria que avisar Diana que chegaria com Arthur dali alguns dias.

Todo trabalho ficaria aos cuidados de Marco Antonio enquanto ele estivesse fora. Precisava cuidar do noivado da irmã e aproveitaria para tentar definitivamente mudar seu modo de vida. Pensando, Rodolfo subiu, tomou seu banho e saiu.

Arthur deixou a casa de Rodolfo e andou algum tempo sem rumo. Embora tivesse dito ao amigo que resolveria o caso com Flávia, ele resolveu tomar outro caminho e foi até a casa de Madame Lavínia.

Lavínia era uma mulher muito bonita, que não aparentava a idade que tinha; morena, alta, de formas arredondadas e olhos negros, ela acolhia as moças renegadas de suas famílias e dava-lhes "uma vida decente". Ainda jovem, tornou-se dona da Mansão das Meninas.

A casa era realmente uma mansão, possuía três andares e vários quartos que abrigavam confortavelmente todas as moças. Era afastada do burburinho do centro da cidade e em local bem escondido; assim as moças podiam receber diariamente os grandes nomes da sociedade masculina e personalidades da política do Rio de Janeiro e de algumas cidades vizinhas. Arthur era frequentador assíduo da Mansão e amigo de Lavínia.

Assim como Rodolfo, Lavínia se assustou com a aparência de Arthur.

— Bom dia, meu caro! Caiu da cama ou ainda não dormiu? Algum marido o achou entre os lençóis e pernas da fiel esposa? – disse rindo, colocando-o para dentro e já providenciando algo para beberem.

— Não, minha amiga, antes fosse! Seria mais fácil fugir de um marido furioso do que de um pai furioso. O problema é muito mais sério – Arthur virou o copo com a bebida que Lavínia havia colocado em sua frente num só gole.

— Alguém morreu? – Lavínia continuava rindo.

— Não, mas não seria de todo mal se alguém tivesse morrido! – Arthur pedia mais bebida, num aceno com o copo vazio.

— Credo, Arthur, a vida tem muitos prazeres, por que pensar em morte? Eu ainda nem dormi aproveitando a vida! Mas diga-me, o que está acontecendo? – Lavínia falava e enchia os copos novamente.

— Lavínia, Flávia está grávida. Mandou-me um recado pela prima hoje de manhã, e é claro que não quero nem ela, nem o filho. Já fui falar com Rodolfo, cobrando o casamento com a irmã dele – Arthur assumia certo tom de desprezo quando se referia a Diana.

— Mas você vai mesmo se casar com essa caipira? – disse Lavínia entre surpresa e dúvida.

— Neste momento é o único caminho que posso seguir. Não estava em meus planos me casar, ainda mais com alguém que não sabe nada da vida, só quer saber do mato; mas é melhor casar com uma fazendeira rica do que ficar escondido ou, quem sabe, morto pelo Sr. Eugênio – Arthur demonstrava todo seu desespero.

— Mas, meu amigo, me responda: o que fará quando a tempestade passar e estiver casado e vivendo no campo? Meu caro, não posso deixar de achar esta história muito engraçada: Arthur morando no meio do nada, sem as maravilhas da vida! Cômico! – Lavínia ironizava.

— Lavínia, eu não preciso de suas piadas ou opiniões neste momento. Vim aqui por um único motivo: ainda não decidi, mas antes de partir vou falar com a Flávia, no mínimo para que ela não atrapalhe meus planos de fuga. Farei com que ela pense que estou providenciando tudo para o nosso casamento e, quando Rodolfo der o sinal, eu simplesmente sumo. Com certeza, depois disso, Flávia falará com seu pai e aqui é que você entra Lavínia – Arthur tinha os olhos injetados como se estivesse vendo a sua frente o desenrolar da história que ainda estava por vir.

— Se o Sr. Eugênio expulsar a Flávia de sua casa, eu quero que você a ampare e ao filho que ela traz na barriga da melhor forma possível. E lembre-se, a Flávia é minha, entendeu? Eu a fiz mulher e não vou dividir aquele corpo com ninguém! – Arthur, envolvido por irmãos completamente ignorantes, parecia estar possuído. Suas feições estavam completamente transformadas.

— Meu caro, eu posso prometer ajudar, mas sobre a proteção de Flávia... Você sabe o quanto nossos amigos são afoitos por carne nova. Você também sabe o quanto custa manter esta casa – disse Lavínia, pensando no lucro que teria com aquela promessa.

— Lavínia, você sabe muito bem que não meço esforços para garantir meus prazeres e, além disso, casando-me com Diana, minha fortuna aumentará, duplicará, e com certeza, minhas necessidades como homem também, portanto, quero Flávia exclusiva – Arthur continuava a falar como se estivesse num delírio. — Dirá que é alguém de sua família, filha de uma amiga, não me interessa, já que pagarei muito bem pela exclusividade.

— Está bem. Pode ficar tranquilo que manterei você informado e cuidarei de todos os detalhes. Flávia e a criança ficarão aos meus cuidados. Mas, e se o Sr. Eugênio não tomar nenhuma atitude? E se resolver cuidar da filha e do neto? – Lavínia precisava investigar o que Arthur realmente queria.

— Se assim for, não interfira. Neste caso, depois, quando eu voltar, me entenderei com Flávia. Será mais difícil, mas não será impossível – Arthur respondeu.

Mas esta não era a resposta que Lavínia queria ouvir.

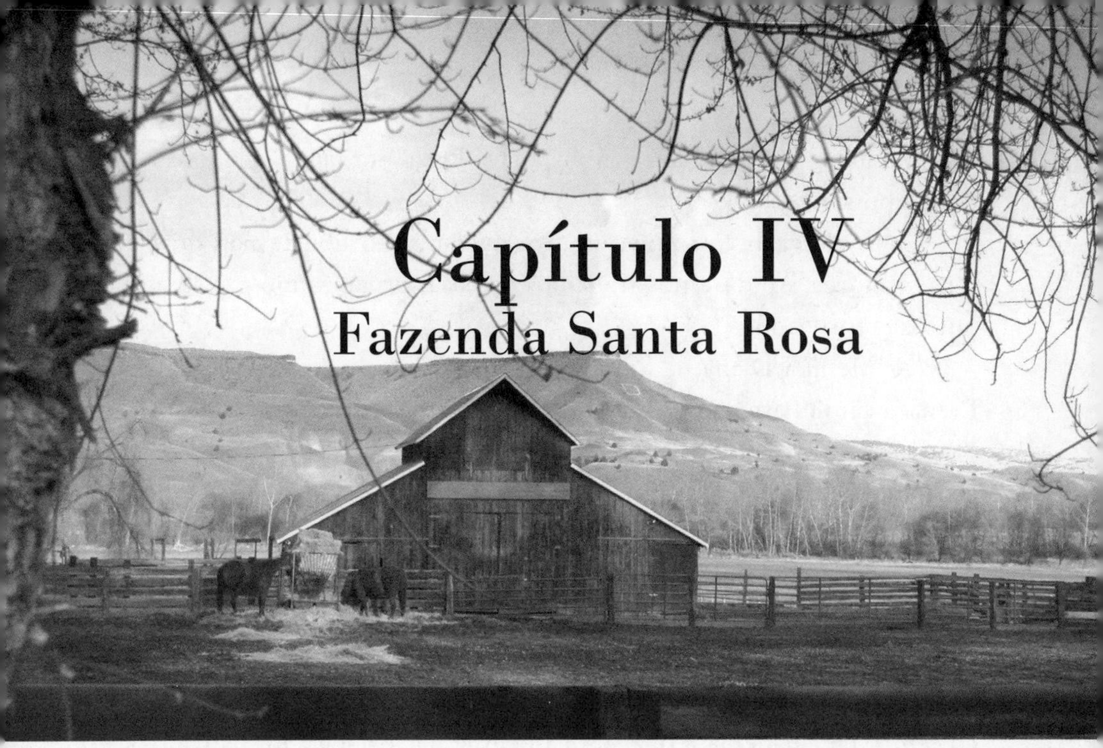

Capítulo IV
Fazenda Santa Rosa

Diana, depois de cuidar dos arranhões do irmão e da pata machucada de Penélope, vestiu uma roupa mais adequada e pediu que chamassem Jonas.

Jonas era uma espécie de capataz, ajudante, amigo, enfim, o braço direito de Diana. Como não era muito comum e, muito menos aceitável, uma moça negociar preços, comprar e vender mercadorias ou animais, Jonas auxiliava nessas ocasiões. No caso dos negócios com animais, muitos negociantes nem imaginavam que por trás dos grandes acordos estava uma jovem senhorita.

As moças geralmente não entendiam nada de negócios e mesmo que entendessem, como era o caso de Diana, alguns homens simplesmente não aceitariam falar com uma mulher sobre assuntos tão sérios, pois para eles as mulheres só tinham capacidade de entender de moda, festas e famílias. Então, depois de algumas tentativas fracassadas após a morte do pai, Diana resolveu usar Jonas como representante e, assim, as coisas andavam de acordo com seus planos.

Nas mãos de Diana, a Fazenda Santa Rosa, uma fazenda cafeeira, prosperava a cada ano. Estava na época de negociar a última colheita e tinha que comprar mais animais para o transporte. Precisava falar com Jonas o mais rápido possível.

Logo chega Elvira, uma escrava que mesmo liberta não quis deixar seus senhores. Ajudava nos trabalhos da casa, organizando e instruindo os outros empregados.

— Menina Diana, o Jonas já está esperando – disse Elvira enquanto Diana já caminhava, com alguma pressa, para o outro cômodo.

— Bom Dia, Jonas! Hoje temos muitos assuntos e gostaria de começar cedo, mas Carlinhos caiu, mal clareava o dia, e me atrasei. Perdoe-me! – disse Diana assim que entrou na pequena saleta que fizera de escritório.

Era lá onde despachava e combinava as negociações com Jonas todos os dias pela manhã. Logo após saíram para um pequeno vilarejo, onde havia um comércio, localizado entre as fazendas da região, nos arredores da cidade de Ribeirão Preto. Todos os detalhes eram realizados ali, e somente se dirigiam ao centro da cidade para finalizar e documentar os negócios firmados.

— Não tem problema, Dona Diana, nós estamos no prazo. Alguns interessados já entraram em contato e vieram até a fazenda para ver tudo de perto. Gostaram do que viram e constataram que nosso café tem qualidade. Estão apenas esperando nossa resposta para fecharem negócio. Este ano está mais fácil, graças a Deus!

— Ainda bem, Jonas, eu não aguentaria mais nenhum problema. Minha mãe não sai do quarto nem para ver a luz do sol, e Rodolfo... Bom, você o conhece melhor que eu. Já faz tempo que não recebo notícias, nada além de algumas cartas solicitando auxílio financeiro. Gostaria que Rodolfo se preocupasse um pouco mais com nossa família – Diana tinha um tom entristecido na voz e desabafava com o amigo.

— Dona Diana, me desculpe, eu não tenho nada com isso, mas o Seu Rodolfo ainda insiste em trabalhar na cidade?

— Ainda. E lhe digo mais, afirma que nunca administrará a fazenda. Não sei como vai ser, se um dia, por qualquer motivo, eu sair daqui. Mas isso são preocupações que devemos ter no momento certo, não é mesmo? Como dizem algumas pessoas, nós não *devemos nos pré-ocupar* com coisas que ainda não existem, aliás, nem sabemos se existirão.

— Está certo, Dona Diana. Eu vou até a fazenda vizinha, a Ouro Velho; eles estão vendendo alguns animais e eu quero ver esses bichos antes. Quem sabe não podemos comprar e assim evitar a viagem para algum lugar mais longe – disse Jonas feliz em dar uma boa notícia à Diana.

Jonas e o irmão tinham a pele bem clara, mas eram filhos de uma escrava mestiça. Uma bela mulata que fora comprada por Antonio, trazendo um filho nos braços e outro na barriga. Eles receberam, além da liberdade, todo o cuidado e acolhimento de que precisavam. A lei que chegou libertando todos os escravos nada significou para aquela fazenda, que há muito já havia alforriado seus escravos transformando-os em trabalhadores livres. Jonas era um que formou família morando na fazenda e era muito dedicado à Diana, da mesma forma que fora com Antonio. Ele, a mãe e o irmão mais novo, além da esposa e dos dois filhos pequenos, eram de total confiança.

— Faça isso, Jonas, e se achar que os animais são bons, não há necessidade de falar comigo, pode fechar negócio, acerte a melhor forma para efetuarmos o pagamento, o transporte, e pronto. Não quero mais me preocupar com isso – Diana levantou da cadeira, dando por encerrada a rotina matutina daquele dia.

— Estou indo, então. Até mais tarde, Dona Diana, e melhoras a Dona Carmem e ao menino. Ah! E da Penélope, claro! – Jonas saiu rindo, pois se esquecesse da cadela, Carlinhos era o primeiro a brigar.

— Obrigada, Jonas. Direi à mamãe que lhe mandou lembranças.

Carmem, ainda na cama, pensava no marido que parecia estar ao seu lado. Chegava mesmo a sentir seu perfume. Não conseguia reagir à tristeza que sentia.

No mundo espiritual, Antonio sentia as vibrações de pesar e apego emitidas por Carmem. E, por causa disso, estava muito difícil se adaptar às novas condições de sua vida. Seu desencarne deu-se por um ataque cardíaco fulminante. Simplesmente deitou-se para dormir e acordou do outro lado da vida, muito confuso. Ao se descobrir como Espírito vivo e eterno, a revolta foi grande.

Primeiro por crer cegamente no descanso eterno, no céu ou no inferno; segundo por perceber que nada havia mudado. Ele era o mesmo homem com as qualidades e defeitos que possuía como encarnado, portanto, sujeito a sentimentos nobres ou baixos. Notara uma pequena diferença: seus pensamentos tinham respostas imediatas em seu novo corpo. Sentimentos carregados de revolta e ódio faziam-no sentir dores terríveis e chegavam a transformar sua aparência. Da mesma forma, quando se acalmava e elevava seus pensamentos a Deus, podia sentir uma energia muito grande e boa percorrer todo o seu ser, mas infelizmente esses momentos eram raros e a revolta o dominou, fazendo com que ele permanecesse em situação muito difícil até aproximadamente dois anos após seu desencarne, quando foi socorrido e tratado.

Agora, já recebendo a atenção dos amigos espirituais, Antonio se fragilizava diante das energias enviadas pela companheira de encarnação. Ela o chamava constantemente e reclamava a promessa feita: o primeiro que morresse viria buscar o outro, para assim permanecerem sempre juntos. Antonio, ao ouvir suas súplicas, se sentia muito mal; não imaginava que a promessa que fizeram quando juntos e encarnados seria objeto de tanto sofrimento.

Quando encarnados, fazemos muitas coisas sem pensar e muitas completamente incoerentes, afinal, se acreditamos que Deus é o Criador e que, como tal, é possuidor do poder de vida e morte, como podemos prometer ao outro que viremos buscá-lo se desencarnarmos primeiro?

O apego é um dos maiores obstáculos a vencer. Infelizmente, quando perdemos um ente querido, não nos contentamos em saber se ele está feliz e bem, queremos tocar, ver, e isso, na maioria das vezes, não nos é possível. Não somos donos de nada nem de ninguém, apenas cumprimos nossas metas de evolução, convivendo com outros Espíritos afins. Somos todos iguais e irmãos.

Indiferente ao auxílio espiritual que recebia, Carmem entregava-se à tristeza, chegando mesmo a negar o alimento, o que estava causando tonturas e cansaço extremo. Mesmo assim, após a conversa com Jonas, Diana preparou pessoalmente uma bandeja com diversas guloseimas e dirigiu-se ao quarto da mãe.

Ao entrar, assustou-se com a palidez da mãe. Colocou a bandeja na mesinha ao lado da cama, abriu as cortinas e algumas janelas e sentou-se ao lado da mãe.

— Mamãe! – chamou com certo medo de não obter resposta.

— Estou acordada, Diana. Infelizmente, estou acordada – sua voz era rouca e pesada.

— Vamos levantar e comer alguma coisa, a senhora não se alimenta desde ontem. Daqui a pouco vou ser obrigada a fazer como fazíamos com Carlinhos, dar-lhe o alimento na boca – disse Diana em tom de brincadeira, tentando desviar os pensamentos da mãe.

Como um boneco, Carmem arrumou-se numa posição mais confortável e tomou seu café da manhã, ingerindo tudo de forma mecânica. Diana ainda ficou com a mãe um bom tempo tentando mostrar-lhe as maravilhas que Deus havia criado: o sol maravilhoso que nos traz energia, os pássaros que alegram nossas manhãs e todas as coisas boas que muitas vezes não enxergamos devido aos nossos olhos treinados pelo orgulho, que somente veem o que desejam enxergar.

Carmem, na realidade, dava mais importância aos seus sentimentos do que a qualquer outra coisa. Não pensava o que os filhos sentiram com a morte do pai. Não se preocupou em perguntar a Diana se estava dando conta de todos os trabalhos que assumiu ou se necessitava de ajuda. Não sabia dos problemas financeiros de Rodolfo e muito menos das necessidades de criança de Carlinhos.

Diana, além da administração da fazenda, teve que assumir a administração da casa, pois nem disso Carmem se lembrava. Sua mente se preocupava apenas consigo mesma, com a dor que sentia. Apenas sua perda importava; não tinha tempo para pensar em outros assuntos ou nos filhos, nem no mais novo, que ainda sentia a falta do pai, que sempre fora presente.

O plano espiritual auxiliava da forma que podia, fornecendo a Diana muita energia por meio das vibrações e passes espirituais, mas muitas vezes ela sentia-se esgotada, pois Carmem, como um vampiro, sugava-lhe as energias.

Antonio, desperto, ao ver o quadro se entristecia e percebia o quanto somos cegos quando estamos na carne.

Capítulo V
A Viagem

Diana recebeu a carta de Rodolfo informando sua chegada, no final daquele mês, juntamente com Arthur. A carta era comum e parecia apenas informar a chegada dos visitantes, mas Diana sentiu algo nas entrelinhas da carta e ficou com um aperto no peito, principalmente ao saber que Arthur viria com o irmão.

Rodolfo, por sua vez, queria preparar Diana, e por carta não seria correto, sabia que traria apenas angústia e sofrimento desnecessários para a irmã, mas tinha certeza que, ao informar que Arthur viajaria com ele, ela entenderia os objetivos.

Diana estava disposta a negar o casamento proposto e arcar com as consequências dessa atitude, que com toda certeza seriam desastrosas, afinal não cumpriria a palavra empenhada do pai. Era dona de seu nariz e também quem mantinha aquela família; sua vontade tinha que ser levada em conta; sua vida estava em jogo e, além disso, a promessa era de seu pai, não sua... Seriam seus argumentos, mas intimamente sabia que eram frágeis e que muito provavelmente não seriam nem levados em conta.

Rodolfo, após colocar a carta no correio, foi encontrar-se com Arthur e saber como estava o caso sobre Flávia. Fazia quase duas semanas que não via Arthur e antes de viajarem ele tinha que saber o destino de Flávia e da criança que ela trazia no ventre.

O que Rodolfo nem imaginava era que Arthur, no dia imediato à conversa que tiveram, procurou Flávia e constatou o que tanto temia: ela estava realmente grávida. Como Arthur já havia elaborado um detalhado plano de ação com Lavínia, chegou a fingir certa felicidade em ser pai e uma preocupação em fazer tudo certo, sem provocar muitos comentários.

Arthur pediu a Flávia que marcasse um encontro com o Eugênio para o dia seguinte quando ele, Arthur, falaria sobre o desejo que os dois tinham de casarem-se, obviamente o rapaz não falaria ao sogro sobre a gravidez. Solicitaria apenas a autorização e a bênção de Eugênio. Diria que o casamento deveria se realizar brevemente, no interior, na Fazenda da Nascente, que pertencia a sua família. O pedido era porque seu pai estava à beira da morte e seu último desejo era ver o casamento do filho.

Arthur, muito ardiloso, convenceu Flávia a participar da mentira, pois, segundo ele, essa atitude evitaria comentários sobre a repentina "gordura", da noiva. Flávia concordou, e seu maior erro foi aceitar que Arthur falaria com seu pai sozinho. Segundo Arthur, era um assunto de homens.

Toda essa trama serviu para Arthur ganhar tempo para desaparecer. Rodolfo dissera que viajaria após deixar em ordem alguns documentos e instruções para Marco Antonio poder trabalhar com alguma tranquilidade, e isso levaria, aproximadamente, uns vinte dias. Flávia acreditou em Arthur e tudo seguiu conforme o plano que ele havia traçado.

Chegando à confeitaria, Rodolfo pôde ver Arthur sentado num canto meio escondido, conversando com uma jovem senhora que aparentemente não conhecia, mas parecia familiar. Achou estranho, pois quase todos os amigos de Arthur eram seus amigos também, e aquela mulher não era do círculo de amigos deles, com certeza.

Geralmente Arthur ia para a Mansão sozinho. Muitas vezes passava o resto da noite, após sair de alguma festa ou recepção, ou então passava o dia na casa com as meninas. Ele não tinha compromisso com ninguém na cidade; não tinha família por ali e morava num pequeno hotel no centro da cidade. Não era o ambiente que Rodolfo gostava de frequentar, por isso acompanhou o amigo apenas uma ou duas vezes e não teve contato direto com Lavínia.

— Olá, Arthur, como está passando? – disse Rodolfo estendendo a mão e virando-se para cumprimentar a senhora.

— Olá, Rodolfo, sente-se! Esta é uma amiga de nossa família, Sra. Silva Amaral, Glória da Silva Amaral – gaguejou Arthur, apresentando na realidade Lavínia. Tomado pela surpresa, Arthur acabou usando o primeiro nome de sua irmã mais nova para apresentar a tal senhora.

— Encantado! – cumprimentou Rodolfo de forma polida e educada, e dirigindo-se para uma mesa mais à frente, falou para Arthur: — Nós conversamos depois. Para mim não tem problema.

— De forma alguma, a Sra. Amaral já estava de saída. Não é mesmo, Sra. Amaral? – Arthur, quase expulsava Lavínia da mesa.

— Com certeza, meu amigo, aliás, dê lembranças minhas a sua mãe e diga a ela que não se preocupe com absolutamente nada, já tenho todos os detalhes acertados e, quando necessário, me comunicarei dando notícias de nosso lindo bebê.

Arthur gelou, mas manteve as aparências. Sorriu e levantou-se para Lavínia poder sair. Ela ainda virou-se para Rodolfo e, com ar cínico, disse:

— Até mais, Sr. Rodolfo, por ser amigo de Arthur tenho certeza de que ainda nos veremos, afinal, não é com sua irmã que ele irá se casar? – Lavínia sabia como agir para manter o poder sobre Arthur. Queria ter certeza onde e com quem estava se metendo.

— É sim, devemos viajar em breve para os acertos finais – Rodolfo respondeu timidamente; em seu íntimo, trazia muitas dúvidas sobre a realização desse casamento.

— Desejo muitas felicidades ao casal e espero que tenham muitos filhos, afinal, crianças alegram o ambiente, não é mesmo? – Lavínia continuava investigando o terreno que pisava.

— Tenho certeza disso, Senhora, mas como amiga da família de Arthur provavelmente será convidada, não é mesmo Arthur? – Rodolfo, com sua inocência, fez exatamente o que Lavínia esperava.

— Provavelmente não, Rodolfo, a Sra. Glória está de viagem marcada para a Europa e não deve retornar ao Brasil tão cedo. Mas certamente nos visitará depois, não é mesmo? – disse Arthur interrompendo a resposta de Lavínia, obviamente aceitando o convite.

— Claro que sim, meu querido, sabe que preso muito pela sua felicidade. Não tenho idade para isso, mas gosto de você como um filho – disse Lavínia irônica e tomando o rumo da saída.

— Esta Senhora me é familiar, acho que já a vi, mas não sei onde... – disse Rodolfo fazendo uma careta como se estivesse fazendo força para se lembrar daquele rosto.

— Rodolfo, hoje em dia todas as mulheres são parecidas, mesmo tipo de cabelo, mesmo estilo de roupa, acaba nos confundindo – disse Arthur tentando trazer de volta a atenção do amigo. — Mas diga, quando partimos?

— Eu precisava falar com você sobre isso mesmo. Escrevi a Diana informando nossa viagem. Chegando lá conversaremos e resolveremos os detalhes do noivado e do casamento, mas minha preocupação é com Flávia, você já falou com ela? Acertaram-se? Aliás, que "lindo bebê" é esse que aquela senhora comentou? – especulou Rodolfo.

— Ora, Rodolfo, o que é isso? Eu prometi a você que falaria com ela e foi exatamente o que fiz, assim que saí da sua casa naquele dia. A princípio acertei nosso noivado, mas pedi que antes de falarmos com o Sr. Eugênio, ela tivesse certeza da gravidez. No início desta semana, ela me procurou dizendo que fora um alarme falso e que tudo não passou de um grande susto. Como não nutrimos nenhum sentimento mais profundo entre nós, achamos melhor nos afastar – Arthur falava automaticamente e não encarava Rodolfo.

— E o "lindo bebê"? – insistiu Rodolfo.

— É o neto dela que está para nascer e minha mãe pediu notícias quando nascesse a criança. Mas o que é isso, Rodolfo, um interrogatório? Está desconfiando de mim? Acha que se o bebê fosse o de Flávia eu estaria falando com amigos de família sobre isso? – Arthur desviava a atenção do amigo.

— É verdade! Você não falaria sobre isso com uma senhora amiga de sua mãe. Sobre Flávia, foi melhor assim; se Diana soubesse dessa história, seria ainda mais difícil convencê-la a ficar noiva – Rodolfo disse quase sem perceber.

— Como assim, Rodolfo? "Convencer". Não temos que convencer ninguém; o acordo sobre nosso casamento foi realizado há muito tempo atrás. E outra coisa, é mandá-la casar e pronto; afinal, quem é o chefe da família? – disse Arthur um pouco irritado diante da falta de autoridade do amigo e temendo uma possível mudança de planos. Esse casamento era importantíssimo, tanto para acalmar seu pai, Thomas, quanto para acabar com as possíveis esperanças românticas de Flávia, com quem se relacionaria após o casamento, com certeza.

Rodolfo estava muito preocupado, mas ainda bem que a gravidez de Flávia fora um alarme falso. Seria muito trabalhoso convencer Diana a largar a família, a fazenda, e partir para uma casa onde seria um bibelô como a maioria das moças; e, além disso, partilhar sua vida com alguém sem amor. Ele mesmo não estava preparado para isso. E os homens eram diferentes em suas expectativas românticas ou de família.

Carmem e Antonio sempre se amaram, e todos os filhos queriam para si a mesma relação que seus pais tiveram: de amor, amizade e cumplicidade. O que era raríssimo naquele tempo, em que a imposição da vontade do chefe da família, o homem da casa, era lei, independentemente do certo ou errado. Se eles fossem uma família tradicional da época, nunca Diana poderia assumir os negócios como fez, nem poderia ajudar o pai como ajudou.

Arthur era tudo que Diana não suportava numa pessoa: arrogante, libertino, autoritário e com grande dificuldade em assumir seus atos. Às vezes demonstrava certa agressividade nas palavras, e não media esforços para conseguir o que queria. Por outro lado, era muito leal com seus amigos e com sua família e, apenas por isso, Rodolfo imaginava que ele seria um marido leal e amigo, ou seja, um bom marido para a época.

— Arthur, não quis dizer "convencer" nesse sentido, disse convencer Diana a sair de perto de nossa mãe, que ainda não melhorou, e as filhas você sabe como são não é mesmo? – Rodolfo tentou consertar.

— Está certo! Então, partimos no próximo sábado? – insistia Arthur na definição da data da partida.

— Pode ser. Venha dormir em minha casa e sairemos logo cedo no sábado, será melhor assim – Rodolfo deu-se por vencido e decidiu marcar logo a partida. Não resolveria nada ficar adiando.

Arthur não estava convencido sobre a história de Carmem ainda estar sofrendo e estar adoentada, mas mesmo que fosse verdade, após Diana tornar-se sua noiva, as coisas mudariam com certeza. Ele mudaria o ritmo daquela casa – eram seus pensamentos.

No sábado pela manhã, eles partiram. Rodolfo estava com o coração apertado; acompanhava-o um sentimento pesado, estranho. Já Arthur partia com um imenso alívio, vinha alegre e confiante de que ali começariam os melhores dias de sua vida.

Alguns amigos espirituais acompanhavam os dois. Ali começaria sim os melhores dias da Vida de Arthur, mas não da vida carnal, e não seriam, nem de longe, da forma que ele pensava.

Capítulo VI

Chegada

Carmem, após saber que o filho chegaria, recobrou um pouco do ânimo e isso permitiu que o plano espiritual, sempre presente, preparasse o ambiente para o encontro que estava prestes a acontecer. Antonio, um pouco mais próximo e lúcido, acompanhava os acontecimentos com uma curiosidade muito grande. Já tinha conhecimento de sua condição e se propôs a auxiliar Carmem, sua última companheira na carne e antiga suicida.

Em encarnação anterior Carmem, que era Helena, suicidara-se pelo desprezo recebido por Antonio, então Álvaro, após o casamento. O casamento ocorreu unicamente por ser um acordo entre seus pais. Não havia amor nem respeito por parte de Álvaro, que a deixou completamente sozinha. Porém Helena apaixonara-se pelo marido e sentiu-se rejeitada e excluída da vida do homem amado. Depois do segundo filho, Helena suicidou-se e trouxe ao espírito de Álvaro a culpa. Ele, sozinho, acabou de criar os filhos e não se casou novamente naquela encarnação. Desencarnou com bastante idade, mas nunca se perdoou pelo engano, levando a culpa para o túmulo e para a espiritualidade.

Algum tempo depois, no plano espiritual, foi o próprio Antonio que escolheu casar-se novamente com Carmem e fazê-la sentir-se amada e respeitada, equilibrando tanto os próprios sentimentos como também os dela.

Porém a Vida nos testa! Após Carmem ser amada, respeitada e possuir todos os atributos e ferramentas para manter-se forte, ela foi avisada, em espírito, que Antonio deixaria a matéria e partiria para o invisível. Não sofreria o abandono e a rejeição que tanto a fragilizara. Tinha seus filhos criados e tentaria, por suas próprias forças, chegar ao fim da caminhada daquela encarnação para, definitivamente, equilibrar-se emocionalmente; ao que ela prontamente aceitou.

Mas quando estamos encarnados somos envolvidos pelo esquecimento e geralmente nos enganamos, com julgamentos e conclusões errôneas. Carmem, sem perceber, estava novamente caindo no mesmo buraco, só que, desta vez, num suicídio indireto. Se na primeira vez a vida se esvaía pelos cortes nos pulsos, nesta encarnação a vida se esvaía lentamente pela simples falta de vontade de viver.

Arthur, na época Rodrigo, fora o primeiro filho do casal, e Diana, então Ellen, era a filha mais nova; naquela existência Rodrigo culpou Ellen pela morte da mãe, ao mesmo tempo em que achava a mãe uma fraca. Portanto Arthur não simpatizava nem um pouco com Diana, ainda trazia no espírito o sentimento que sentira antes, mas não sabia explicar o porquê disso.

Diana, por sua vez, sentia esse sentimento por parte de Arthur e, ao mesmo tempo em que o achava fraco e irresponsável, tinha certo receio dele. Quando Álvaro assumiu a criação dos filhos, não escondia sua predileção por Ellen, e o ciúme e a inveja de Rodrigo chegaram ao ponto de ele tentar livrar-se da irmã.

Sem atingir o resultado que queria, Rodrigo abandonou a casa em que nascera e passou o resto de seus dias na corte, usando e abusando dos bens da família, acabando com tudo; desencarnou sozinho e sem nada. Ellen cuidou do pai até seu desencarne.

O espírito de Carlinhos naquela época deveria ser seu filho, porém Ellen, pelo livre-arbítrio, optou por não se casar e, assim, após o desencarne de Ellen e antes de seu reencarne como Diana, foi acertado que Carlinhos seria seu irmão mais novo, assim poderiam ter a convivência desejada para sanar alguns problemas que ainda existiam entre suas almas.

Nesta encarnação, Diana agia quase como mãe de Carlinhos; após a morte de seu pai e o desânimo da mãe, Carlinhos somente recebia os carinhos e atenções de Diana.

Rodolfo não estava encarnado nessa época, mas já havia encarnado como irmão de Arthur em tempos mais remotos, portanto, conhecia espiritualmente sua fragilidade. Então solicitou a permissão para reencarnar como irmão de Diana, um espírito querido e sem necessidade de acertos. Acreditava que poderia auxiliar e protegê-la. Teria também a oportunidade de contato com Arthur e acreditava que, como amigo, poderia talvez despertar a responsabilidade e o amor adormecidos naquela alma.

✤

O sol estava radiante, e Diana, muito feliz, auxiliava Elvira a arrumar a mesa para o almoço. Deixariam os lugares preparados, pois Rodolfo e Arthur deveriam chegar a qualquer momento. Era um lindo dia e seria inesquecível – pensava Diana diante da expectativa da chegada do irmão. Sua mãe havia cuidado da aparência, o que há muito não prestava atenção; mandara Elvira arrumar alguns vestidos que necessitavam de pequenos reparos e até seu rosto parecia retomar a cor. Estava melhor! – era visível.

O transporte feito pelas carruagens era muito demorado, mas ainda muito usado. Obrigatoriamente tinham que parar, para troca ou descanso dos cavalos e alimentação. A fazenda era no interior de São Paulo, e os rapazes vinham da cidade do Rio de Janeiro; a viagem, dependendo do ritmo, demorava vários dias. Poderiam utilizar a estrada de ferro, que seria menos cansativo e mais rápido, pois utilizariam os cavalos apenas na metade do caminho. Mas Rodolfo queria demorar, pensar e, mesmo sob os protestos do amigo, resolveu seguir viagem a cavalo mesmo.

Um pouco antes de sentarem-se para o almoço, o barulho dos cavalos e os latidos de Penélope denunciaram a chegada de Rodolfo e Arthur. Carlinhos corria com Penélope logo atrás. Quando Diana saiu, a carruagem já havia parado e Rodolfo estava saindo dela.

— Rodolfo! Rodolfo! – gritava Carlinhos entre os latidos de Penélope.

— Carlinhos, como você cresceu... Está um rapaz!

— Rodolfo, meu querido, quanta saudade! – disse Diana com lágrimas nos olhos.

— Diana, minha querida irmã! Neste momento me pergunto como consegui ficar longe tanto tempo de vocês! Quanta saudade! – Rodolfo estava emocionado. — Onde está mamãe? Ainda acamada?

— Não. Está lá dentro o esperando. Depois de receber a notícia de sua chegada, ela mudou completamente. Está mais feliz e já não fala tanto no papai. Parece que finalmente está aceitando. Espero que ela não piore depois que você deixar de ser novidade – disse Diana com um sorriso maroto.

— Rodolfo, você trouxe presentes? Posso vê-los? – Carlinhos com curiosidade e alegria estava ansioso.

— Trouxe sim, rapazinho, vamos entrar e já entrego seus presentes. Venha, Arthur! Desculpe-me, mas minha felicidade é tanta que ia me esquecendo. Diana, você se lembra de Arthur, não é mesmo? – Rodolfo falou e tentou decifrar na fisionomia da irmã alguma reação.

— Claro que sim. Como vai, Sr. Arthur? – disse Diana apenas com um cumprimento formal. — Vamos entrar, vocês precisam almoçar e descansar da viagem.

Muito embora Rodolfo observasse com muita atenção a irmã, não conseguiu decifrar o que estava em seu coração; teria que aguardar o momento certo para falar-lhe. Arthur mal conversara com Diana ou Carlinhos, e a cada momento Rodolfo se perguntava se não estaria prestes a cometer um enorme erro. Porém não adiantava pensar nisso agora, tinha que relaxar, matar as saudades e depois pensar no assunto.

Carmem esperava ansiosa a entrada do filho. Quando Rodolfo entrou, ela jogou-se em seus braços e chorou, num desabafo há muito tempo trancado. Naquele momento Carmem chorou toda sua mágoa e sua saudade, como numa represa quando se abrem as comportas e vaza todo excesso. Rodolfo não falou nada, pois sentiu a necessidade da mãe deixar rolar as lágrimas há tanto tempo represadas. Lágrimas de amor, de dor e de aceitação pela condição que não poderia mudar. Foram minutos de extrema emoção.

Ao mesmo tempo, no invisível, veríamos os olhos marejados de Antonio, que compreendia a necessidade de Carmem deixá-lo, para viver a própria vida.

Os mentores auxiliares aplicavam passes energizantes nos presentes e agradeciam a Deus pela etapa alcançada.

No plano material, não temos noção do quanto pequenos detalhes são importantes. Às vezes esses pequenos detalhes são responsáveis pelo despertar de nossas almas para a felicidade maior. A mágoa, o rancor, o egoísmo vão dando lugar ao amor, ao perdão e à união, tão necessários em nossos dias. Rodolfo e Diana perceberam que aquele momento era de extrema importância ao reequilíbrio da mãe e se calaram, em profundo respeito e solidariedade. Somente Arthur, em seu pequeno mundo, não percebeu que aquele momento era muito importante a todos, inclusive para ele. Sensibilizando-se com as dores alheias, ele poderia voltar ao caminho que ele mesmo escolhera antes de reencarnar, mas deixou-se levar por pensamentos baixos e imaginou que tudo aquilo não passava de uma cena combinada.

Com certeza Diana e a mãe combinaram aquele circo para amolecer o coração daquele bobo sentimental que era Rodolfo – pensava Arthur. Com esses pensamentos, ele foi isolado espiritualmente, pois seus sentimentos não condiziam com os fluidos emitidos por todos naquela sala. Todos os presentes, menos Arthur por estar em outra sintonia, beneficiaram-se dos fluidos sutis emitidos pelo plano espiritual superior numa visão de extrema beleza.

Quando Carmem parou de chorar, todos se sentiram aliviados e Rodolfo, ainda abraçado à mãe, colocou-a delicadamente numa poltrona, onde seu pai geralmente sentava e que após seu desencarne, até aquele momento, ninguém havia sentado. Carmem nada falou, apenas alisou os braços da poltrona como se estivesse fazendo um carinho no próprio marido, e com um longo suspiro disse, ainda emocionada:

— Ao mesmo tempo em que sinto que tudo mudou, percebo que está tudo igual! Meu Antonio não está aqui... Ele se foi! Você, Rodolfo, sei que está aqui apenas para nos visitar e que daqui alguns dias você vai embora novamente. Ficarei aqui com Diana e Carlinhos, como nos últimos anos, mas não sei dizer, sinto um alívio muito grande e parece que de repente compreendo que meu desânimo e minha tristeza estavam fazendo muito mal a mim e a todos a minha volta. Estou bem; estou feliz e parece que sinto meu Antonio ao meu lado, muito mais agora do que fechada no meu quarto respirando a perda que tive!

— Realmente, mamãe, a luz do sol que resolveu aceitar nestes dias que antecederam a chegada de Rodolfo e o teu desabafo lhe fizeram um bem enorme – falou Diana sorrindo de felicidade. Fazia tempo que não via o semblante da mãe tão leve e feliz.

— Sinto muito atrapalhar a felicidade de vocês, mas eu gostaria de saber onde posso lavar-me para podermos comer. Eu e Rodolfo comemos há horas! – disse Arthur com total indiferença.

— Desculpe-me, Sr. Arthur, mas as saudades que sentíamos eram enormes e acabamos sendo mal educados. Por favor, Elvira, leve o Sr. Arthur ao quarto que foi preparado para ele. A bagagem já deve estar lá. Mais uma vez, Sr. Arthur, desculpe-nos! – disse Diana tentando ser o mais gentil possível.

— Ora, Srta. Diana, não tem problema, sei que estes momentos são importantes, mas ainda não conheço direito esta casa, o que é temporário, claro! – Arthur ironizou.

Diana olhou para o irmão numa interrogação, calada e aflita, mas naquele momento Rodolfo achou melhor fazer-se de desentendido e desviou do olhar da irmã, levantando-se e seguindo Arthur para também lavar-se. Definitivamente seria difícil falar com Diana, ela não era alguém que aceitaria as diversas faces de Arthur e muito menos sua autoridade. Rodolfo sentia que poderia condenar Diana à pior das prisões.

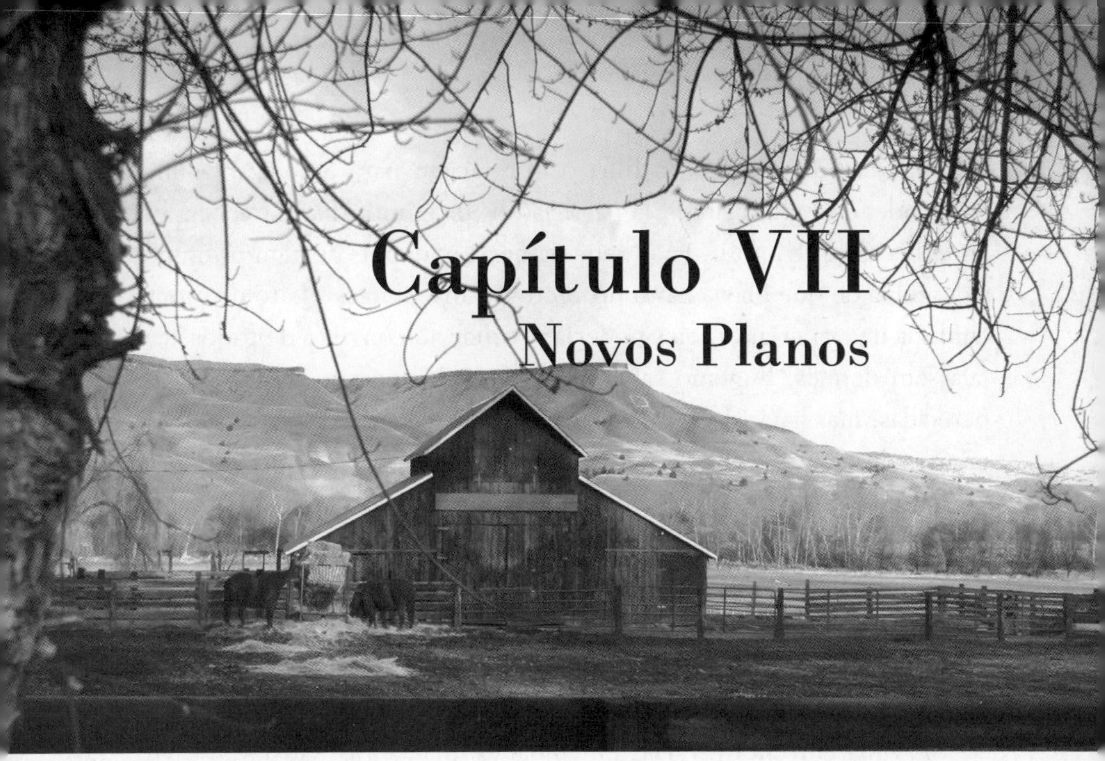

Capítulo VII
Novos Planos

Fazia alguns dias que Flávia tentava receber notícias de Arthur, sem sucesso. Ele simplesmente desapareceu. Somente quando Fernanda foi à casa de Rodolfo, soube por Silvana que ele havia viajado para a casa dos pais. Mais algumas perguntas e soube que Arthur havia partido para oficializar seu noivado com a irmã de Rodolfo.

Flávia não podia acreditar, foi enganada! Conhecia a fama de Arthur, mas não acreditou que ele faria aquilo justamente com ela. Não sabia o que fazer... Se tivesse para onde ir até a criança nascer e depois dar uma desculpa qualquer para ficar com o bebê... Mas não tinha muita opção e teria que enfrentar a fúria de seu pai sozinha.

Eugênio sempre foi muito enérgico e, após perder a esposa, ficou pior ainda, pois cuidar da filha, ainda pequena, sem os cuidados da figura materna, não era fácil, por mais que houvesse criadas e amas. Quando Flávia contou que estava esperando um filho, ele ficou muito nervoso, esbravejou, gritou, mas para a surpresa de Flávia disse que arrumariam uma forma de cuidar da criança. Afinal seria seu neto, e ele não permitiria que sua família passasse por dificuldades ou vivesse longe dele.

Imediatamente disse à filha o que fariam para amenizar a língua da sociedade, que era ferina. Ela partiria nos próximos dias para a casa de uns parentes em Petrópolis. Lá o bebê nasceria e, depois de algum tempo, com a desculpa de que Flávia havia prometido à mãe, em seu leito de morte, que cuidaria de sua criança, eles poderiam voltar ao convívio de todos, sem que falassem demais. Eugênio sabia que a sociedade estava lotada de histórias parecidas, mas havia de alguma forma um acordo velado entre todos: o que não era dito, simplesmente não existia.

Vendo o sofrimento da filha, Eugênio não quis nem saber quem era o pai da criança, e Flávia omitiu, pois também não queria nenhum tipo de vingança por parte do pai. Desconfiava quem seria o autor de tamanha tragédia em sua família, mas Eugênio conteve-se e saiu tentando pôr em prática seu plano o mais rápido possível. O que ele não sabia era que Flávia estava sendo vigiada por alguns amigos de Lavínia.

Lavínia enfrentava várias dificuldades financeiras. Gostava de viver no luxo e, embora o seu negócio desse um bom lucro, normalmente não cobria seus gastos. A mesada que Arthur mandaria para cuidar daquela mimadinha e da criança que iria nascer seria muito bem-vinda. Portanto, quando chegou aos seus ouvidos que Flávia iria viajar, logo entendeu o que estava para acontecer: o seu pote de ouro estava escapando. Precisava agir, mas ainda não sabia exatamente o que fazer quando encontrou Rafael, um velho amigo, que estava na cidade. Não demorou muito para Lavínia obter o que queria: a garantia de que Flávia não chegaria ao seu destino.

Infelizmente, da mesma forma que existem os espíritos lúcidos, que auxiliam a humanidade na caminhada à evolução, também existem os espíritos ignorantes, que ainda vivem na ilusão e atuam constantemente em nossas vidas. Naquele momento, pela afinidade, algumas sombras aproximaram-se de Lavínia e de Rafael, e juntos planejaram o rapto de Flávia. Aquelas almas, a cada segundo, desarmonizavam-se cada vez mais com a Lei, causando grandes desequilíbrios, apenas pelo amor ao luxo e à riqueza. Nada importava!

Flávia estava feliz após sua conversa com o pai. Esperava que ele fosse lhe mostrar a porta da rua e, ao invés disso, estendeu-lhe a mão, numa compreensão, para a época, nada costumeira. As malas já estavam feitas e, para todos da sociedade, avisou que iria passar uns tempos com uma tia muito idosa. De antemão, preparando o terreno para que todos aceitassem a criança sem muitos questionamentos, disse a todos que a moça viúva que cuidava da tal tia estava grávida, e seu marido muito doente havia falecido há pouco tempo, então a tia, sem ninguém por perto, necessitava de sua ajuda. A maioria das pessoas aceitou a explicação, mas todos sabiam do ocorrido, porém na sociedade é melhor jogar a sujeira para debaixo do tapete do que realizar uma boa faxina.

Eugênio não iria com a filha. Alguns negócios de última hora obrigaram-no a ficar, mesmo contrariado. O que Eugênio não sabia era que o interessado no negócio era Rafael, e o interesse era proposital.

Rafael obrigara-o a intermediar a compra de um imóvel no Rio de Janeiro em troca de uma comissão irrecusável. Assim Flávia partiu praticamente sozinha, apenas com o cocheiro, um ajudante e Julia, sua acompanhante desde a adolescência, para auxiliar nas paradas necessárias da viagem. Muito angustiado, como se estivesse despedindo-se da filha para sempre, Eugênio beijou-a na testa e tímidas lágrimas apareceram em seus olhos.

— Minha filha, que Deus possa acompanhá-la e proteger teu caminho. Infelizmente não posso ir contigo, mas assim que terminar este negócio eu tomo a estrada e encontro-te. Não te aflijas, assim que possível estarei contigo! – disse beijando-lhe, desta vez as faces, com muita ternura.

— Papai, eu não sei o que seria de mim sem o senhor. Venha assim que possível. Sentirei muitas saudades e não quero ter o meu filho sozinha, espero que o senhor esteja ao meu lado quando chegar a hora dele nascer e... – não conseguiu mais falar, pois as lágrimas impediam.

Eugênio ainda olhou a carruagem até ela sumir atrás de uma nuvem de poeira no caminho e sentiu seu coração apertar. Estava iniciando uma etapa em sua vida extremamente difícil, ele não poderia imaginar o quanto.

Após algumas horas de viagem, Flávia pediu ao cocheiro que parasse em algum povoado, o chacoalhar da carruagem a deixava além de enjoada, muito tonta, sentia-se sem forças.

Um pouco antes de chegarem ao povoado, uma enorme árvore atravessada no caminho obrigou o cocheiro a parar. Ele e seu ajudante desceram para ver como poderiam tirar o tronco do caminho, ou pelo menos se havia uma forma de ultrapassar aquele enorme obstáculo. Ao chegarem perto da árvore nem viram o que os acertou e caíram desmaiados junto ao tronco. A carruagem retomou seu curso e Flávia e Julia nem perceberam que o cocheiro e o ajudante não eram os mesmos que as conduziam desde a cidade.

Ao pararem, Flávia estava quase desmaiada pelo calor e pelos vômitos, que não paravam; somente Julia percebeu que havia alguma coisa errada, mas naquele momento o melhor seria ficar de boca fechada, precisava primeiro entender o que estava acontecendo. Eles não eram simples assaltantes, disso tinha certeza.

Carregaram Flávia desfalecida e Julia foi empurrada para dentro de uma pequena casa que, com certeza, as esperava. Estava muito limpa, com água fresca, além de mantimentos que serviriam para as refeições de alguns dias. Os homens nada falaram, apenas as deixaram e partiram. As portas foram pregadas por fora, para que não pudessem sair. As janelas, também lacradas, possuíam apenas pequenos postigos para entrada do sol e ar. Estavam confinadas num lugar no meio do nada. Passaram-se horas até que Flávia sentisse novamente forças para levantar e caminhar. Julia fez-lhe um chá e trouxe-lhe algumas frutas frescas. Uma coisa não podia negar: a pessoa que fizera aquilo se preocupara com os menores detalhes. Aquilo não era coisa de homem, pensou Julia.

— Meu Deus, Julia, onde estamos? – disse Flávia muito assustada.

— Não sei exatamente – ponderava Julia –, apenas sei que dois homens tomaram o lugar dos cocheiros e nos deixaram nesta casa. Alguém cuidou muito bem para que nos sentirmos confortável, mesmo sem poder sair daqui.

— E papai? Ele não sentirá nossa ausência... Somente daqui alguns dias. Isso se minha tia resolver cobrar minha presença – Flávia estava nervosa.

— Estamos presas e nem sabemos quem fez isso. O melhor é mantermos a calma. Daqui alguns dias alguém virá e então saberemos o que aconteceu. Não vai adiantar ficarmos nervosas e, em seu estado, pode piorar muito o enjoo e os desmaios. Se esse alguém quisesse nos matar já teria feito, então vamos orar e pedir a Nossa Senhora que nos oriente e ilumine, para podermos tomar as melhores decisões – Julia desviava do olhar de Flávia para não demonstrar o desespero que a tomava.

— Esta certa, Julia, já que estou em tuas mãos, obedeço-te e peço de coração que Deus possa nos ajudar – Flávia sorriu tristemente.

Em profundo silêncio e não escondendo o medo e a angústia que as envolvia, as duas de mãos dadas fizeram uma prece, e aos poucos foram se acalmando. Flávia chegou a dormir tranquilamente, o que sossegou o coração de Julia.

No plano espiritual veríamos Antonio e um grupo de amigos espirituais socorrendo e amparando aquelas almas aflitas. A afinidade de Antonio com Flávia era muito grande e vinha de muitas encarnações juntos. Não tinham mais nenhum problema a sanar entre eles, mas existiam vários desacordos com os outros, portanto, assim como o espírito de Flávia já o havia auxiliado do plano espiritual em encarnações passadas, neste momento era a vez dele auxiliá-la naquele acerto doloroso entre ela, Arthur e o Espírito que viria como filho deles.

Em outra existência, Arthur (Anselmo) fora responsável pela prostituição de Flávia (Gisele) e pelos abortos que fizeram em função da vida que levavam. No invisível, Arthur programou que casaria com Flávia e receberiam como filho, Oswaldo, um Espírito rejeitado e abortado por eles mais de uma vez. Os três acertariam as diferenças sendo uma família mas sempre somos pegos pelo orgulho e pela vaidade que nos cegam e caímos na estrada errada. Flávia estava novamente à beira da "vida fácil", Arthur mais uma vez fugia da responsabilidade de seus atos e Oswaldo, ainda em gestação, lutava.

Os problemas da gravidez de Flávia eram reflexos da rejeição mútua existente entre seus Espíritos. Somente por meio do amor materno poderiam acertar essas diferenças. O Espírito de Oswaldo precisava experimentar o amor maternal, para superar o sentimento de rejeição que o aborto provocara. Por algum tempo, Oswaldo ficara "grudado", ora em Flávia, ora em Arthur, cobrando um amor desprezado, esperando as oportunidades e os momentos certos para alimentar culpas, desesperos e tristezas, desequilibrando cada vez mais a relação frágil que existia entre eles. Após muita dedicação do plano superior e de vários amigos, dentre eles Antonio, Oswaldo resolveu aceitar novamente reencarnar como filho do mesmo casal que ele tanto amava e ao mesmo tempo odiava. Como o reencarne se completa apenas no momento do nascimento, o Espírito de Oswaldo relutava com as emoções que durante muitos séculos dirigiram sua revolta.

Dois dias depois, Julia acordou com barulho de cavalos e não esperou muito até que alguém abrisse uma pequena porta lateral. Não foi surpresa quando viu uma senhora entrar, acompanhada de dois homens fortes e mal encarados.

— Muito bom dia! Vejo que estão bem! Alimentaram-se e estão limpas. Creio que a água que deixei foi suficiente. Deixe que me apresente: Madame Lavínia ao vosso dispor – disse de modo sarcástico.

— Bom dia, Madame Lavínia! Meu nome é Julia e eu cuido da Srta. Flávia, que está muito debilitada. Os desmaios estão em intervalos menores e como não há muito espaço para andarmos e ver a luz do sol, ela está cada dia mais fraca. Sinto que, se ficarmos nestas condições muito tempo, ela ou a criança não sobreviverá – Julia falou com muito cuidado e respeito.

— Vejo a palidez de suas faces! Não se preocupem, vou levá-las a um lugar muito próximo daqui, porém mais arejado e maior, lá poderão sair um pouco. Preparem-se e à tarde meus dois cocheiros virão buscá-las. Não se preocupem com a bagagem, será levada também. Não quero que nada falte a vocês nem à criança quando nascer. Mas diga-me uma coisa, você é parteira, Julia?

— Já fiz alguns partos sim, mas não com frequência. Minha irmã, Silvana, seria mais apropriada, mas na falta dela eu posso me encarregar.

— Se achar necessário, eu chamarei sua irmã, mas lembre-se que uma palavra mal direcionada e não precisarei dizer qual será o fim de sua senhorita e seu filho – disse Lavínia ameaçadora, mas no íntimo estava muito preocupada com a aparência de Flávia. Aquela mina de ouro não poderia ser perdida. Tinha que cuidar muito bem dela.

No mesmo dia à tarde, Julia e Flávia partiram para uma casa grande e arejada como Lavínia havia prometido, porém as duas ficariam confinadas ao andar superior, ladeado por um muro alto e algumas grades. Havia uma varanda e um pequeno jardim, mas o contato com o resto do mundo era quase impossível. Julia ficou feliz, mesmo assim, pois teria, pelo menos, a sensação de liberdade.

Teriam mais espaço e Julia poderia tomar conta de Flávia com mais atenção, já que na casa havia criados e ela não se preocuparia mais com a limpeza da casa ou as refeições.

Lavínia deu ordens expressas para que as moças fossem tratadas da melhor maneira possível. Apenas duas criadas teriam contato com Julia e Flávia. E para não criar maiores ou novos problemas, Lavínia pessoalmente cuidou para que as criadas não falassem absolutamente nada fora dali: teriam as línguas cortadas, caso soubesse de algum comentário. Então as criadas apenas limpavam e entregavam os alimentos, e nem olhavam direito para Julia ou Flávia.

Materialmente nada faltou às duas. Espiritualmente o amparo era enorme e contínuo, para que Oswaldo pudesse vir a este mundo. O seu reencarne, além de difícil, era muito importante, seria lamentável perder a oportunidade de reunir três almas tão desequilibradas.

Capítulo VIII
A Procura

Do Rio de Janeiro a Petrópolis era apenas um dia de viagem, então Flávia deveria chegar no dia seguinte à tarde. Como não chegou nem teve notícias da sobrinha, Bárbara, irmã mais velha de Adelaide – mãe de Flávia – enviou um mensageiro cobrando de Eugênio uma satisfação.

E foi assim que Eugênio soube do desaparecimento da filha. Somente alguns dias depois e muito tarde para tentar rastrear o caminho e achar Flávia, tarde até mesmo para achar alguma pista que pudesse ajudar. Mesmo assim organizou um grupo e saiu tentando encontrar a filha querida. Os próprios cocheiros, que posteriormente haviam procurado Eugênio e contado a ocorrência, participaram da busca, mas infelizmente nada acharam; nem rastros.

O povoado que existia próximo ao local do sequestro era composto de pessoas muito simples e medrosas, pois o poder financeiro mandava tanto no auxílio e resolução de alguns problemas, como no castigo para quem falasse o que não devia. As pessoas amedrontadas fugiam ao ver o pessoal da busca. Alguns realmente nada sabiam, mas outros não só sabiam do ocorrido como também o local para onde foram levadas, mas nada falavam. Qualquer tipo de informação levaria a desgraça para a família do informante, a morte seria melhor do que os castigos que seriam aplicados a todos da família, fossem jovens ou velhos.

Quase um mês após o desaparecimento, Eugênio, com imensa tristeza em seu coração, pagou o prometido a todos do grupo e encerrou as buscas, pois não havia mais esperanças em encontrar quem quer que fosse. Mas como todo pai, acalentou a esperança de um dia vê-la novamente e ele permaneceria de braços abertos para ela e para o neto, caso fosse necessário.

De certa forma nunca deixaria de procurá-los. Sentado à mesa da confeitaria, sozinho, Eugênio pensava quando foi interrompido por uma voz feminina.

— Boa Tarde, Sr. Eugênio! Parece que está com o pensamento em outro mundo?

— Desculpe-me, Senhora, eu a conheço? – Eugênio respondeu como se despertasse de um sonho.

— Muito pouco. Falamo-nos apenas uma vez na casa dos Seixas, na festa de noivado de sua filha, Srta. Patrícia, com o Sr. Fernando Albuquerque. Mil desculpas, imaginava que o senhor se lembrava de mim, já que conversamos bastante naquele dia, mas apresento-me novamente: Madame Lavínia Lins e Silva – disse esticando a mão como era o costume.

— Madame Lavínia, eu é que peço desculpas pela minha falta de memória, mas tenho passado por alguns problemas de família e a preocupação me fez esquecer até de mim mesmo. Mas por favor, sente-se, estou mesmo precisando conversar com pessoas diferentes – disse Eugênio mais por educação do que por vontade de falar com alguém.

— Por favor, Sr. Eugênio, não quero atrapalhá-lo de forma nenhuma. Sei o que é preocupar-se com a família. Tenho filhos, todos casados, moram longe de nossa cidade, portanto quase não os vejo. Eu preferi morar aqui sozinha, para não acabar atrapalhando a vida deles. Além disso, gosto da agitação da cidade, não gosto do campo como minhas noras, mas a preocupação é intensa e constante – o ar de tristeza nas faces de Lavínia era autêntico. Ninguém desconfiaria que tudo era uma grande mentira.

Nem seu próprio nome era real. Lavínia fora abandonada ainda criança num pequeno convento e todos a chamavam apenas de Lavínia. Com 12 anos fugira e nunca mais as freiras souberam de seu paradeiro. Conheceu nas ruas uma menina mais velha que morava sob os cuidados de Madame François, uma legítima francesa amante de um nobre, que morava afastada do centro da cidade e aproveitava para trazer "alegria" ao sexo masculino, com meninas de família.

Lavínia lá ficou e foi a única a cuidar de Madame François quando esta adoeceu, e também cuidou para que a diversão continuasse. Mantinha as meninas na linha. Diante de sua autoridade e lealdade, Madame François deixou a mansão e o negócio para Lavínia, porém daquele dia em diante nunca mais ela se deitou com ninguém, a não ser por interesse ou vontade própria, e dificilmente aparecia diante dos clientes e frequentadores comuns. Apenas os políticos e os homens de influência ligavam sua imagem à Mansão das Meninas, poucos sabiam de sua verdadeira história ou como vivia; o que sabiam era que Lavínia era uma viúva que criara os filhos sozinha e que, por opção, morava sozinha na cidade e à custa da imensa fortuna de seu marido, que nunca morou no Rio de Janeiro ou nas proximidades.

— Realmente, Madame Lavínia, filhos são nossa grande preocupação, mas no meu caso é a ausência de uma filha, muito querida. Dói pensar onde pode estar e o que está passando – Eugênio demonstrava sua tristeza.

— Sinto muitíssimo o ocorrido. Soube por meio de uma criada que sua filha desapareceu de forma inexplicável. Mas, Sr. Eugênio, o senhor chegou a descobrir alguma coisa, alguma pista do que realmente aconteceu? – disse Lavínia, sondando.

— Infelizmente não descobri muita coisa. Provavelmente um assalto, pois a parada da carruagem foi premeditada, colocaram um tronco no meio da estrada, atacaram os cocheiros e sumiram; nada mais. Procurei informações no povoado próximo e nada. Um grupo checou as redondezas e acharam uma pequena casa que aparentemente havia pessoas ali, mas nada que lembrasse minha filha. Acredito que seja uma casa para viajantes e caçadores pararem para beberem água e descansarem um pouco. Não achamos nenhum indício de que minha Flávia houvesse passado por ali; encontramos um pequeno terço, parecido com o que Julia usava, mas não tenho certeza, não sou muito observador.

Lavínia assustou-se, pois tinha dado ordens expressas para que limpassem qualquer vestígio feminino daquela casa. Quando soube, por intermédio de Rafael, que os cocheiros haviam retornado e procurado por Eugênio, ela imediatamente partiu para a Mansão e providenciou a limpeza dos cômodos isolados do andar superior. Eram quartos usados para as moças que não mais queriam aquele tipo de vida e fugiam para tentar sair da vida e do domínio de Lavínia; ao serem recuperadas, eram trancafiadas e obrigadas a aceitar qualquer tipo de cliente. Era um local de grande sofrimento.

A pequena casa, perto do povoado, deveria parecer um simples local de passagem, para cavaleiros e caçadores descansarem, mas era utilizada por Lavínia, para seus próprios encontros que eram realizados com os homens que não poderiam em hipótese alguma serem vistos num local de diversão masculina, já que tinham que defender a moral e os bons costumes da família. Somente Lavínia e Magali atendiam naquela casa. Lavínia atendia aos clientes que lhe interessavam, e sobravam para Magali os velhos, os sujos e os sádicos.

E aqueles imbecis deixaram um terço... Um terço que poderia trazer complicações. – pensava Lavínia sem deixar transparecer nada do que tinha em mente.

— Infelizmente terços são muito parecidos, alguns até iguais, o senhor não poderia basear-se nesse vestígio, mas não seria possível a própria Flávia ter parado ali, para descansar? – Lavínia precisava saber o que Eugênio pensava.

— Impossível. Flávia iria para a casa da tia e estava feliz com essa decisão. Não a forcei a nada, aliás, eu iria com ela não fosse um negócio que me prendeu aqui... – Eugênio não terminou a frase e mentalmente revivia todos os acontecimentos da época.

Lavínia manteve o silêncio, esperando o desenrolar da reação de Eugênio. Estava nervosa, mas controlada. Finalmente Eugênio continuou.

— É isso! Aquele homem forçou-me a permanecer na cidade e depois não concluiu o acordo! Com licença, Madame Lavínia, conversando com a senhora percebi que deixei escapar algo que não havia pensado. Muito obrigado! Muito obrigado! Com sua licença, nos veremos em breve! – disse saindo apressado atrás de Rafael, para questioná-lo.

Lavínia sem perder tempo, chamou um mensageiro e enviou um bilhete a Rafael, que estava numa pequena estalagem, para não chamar atenção. No bilhete havia instruções do que deveria ser feito. Seguindo as novas ordens, o próprio Rafael procurou por Eugênio; sabendo que este se encaminhava para o suposto hotel onde Rafael hospedara-se, Rafael parte em direção oposta, dirigindo-se ao escritório de Eugênio. Após ficar surpreso ao saber que Rafael nunca estivera naquele hotel, ficou sem palavras ao vê-lo em seu escritório e, antes que falasse alguma coisa, foi Rafael quem se adiantou.

— Sr. Eugênio, estou há horas esperando pelo senhor. Estou hospedado numa pequena estalagem, pois no hotel havia muita agitação e me irritei, por conta disso uma correspondência extraviou-se e chegou somente hoje em minhas mãos. Vamos lá, meu amigo, vamos fechar negócio. Meus patrões deram o aceite e pediram que o senhor aguarde mais cinco dias e finalizaremos o negócio – as palavras foram ditas de forma que não deixassem espaço para Eugênio pensar ou responder, quando terminou, cumprimentou Eugênio de maneira cortês e saiu, deixando todos meios tontos.

— Meu Deus! Parece que fomos atingidos por um vendaval! – disse Eugênio completamente sem ação, não lembrava mais da desconfiança que tivera.

Rafael saiu em disfarçada calma, para encontrar-se com Lavínia e passar os últimos acontecimentos. Não gostavam de encontros em lugares públicos, mas neste caso era de vital importância saber todos os passos de Eugênio, ou de seus empregados. Assim que Lavínia soube que Eugênio mal falou com Rafael, percebeu que o plano havia dado certo e retomou a calma, porém alerta a qualquer movimentação estranha.

Rafael, fingindo pedir-lhe informações, por ser novo na cidade, passou todos os detalhes necessários e saiu; passou um longo tempo, antes de Lavínia sair. Não podiam deixar rastros

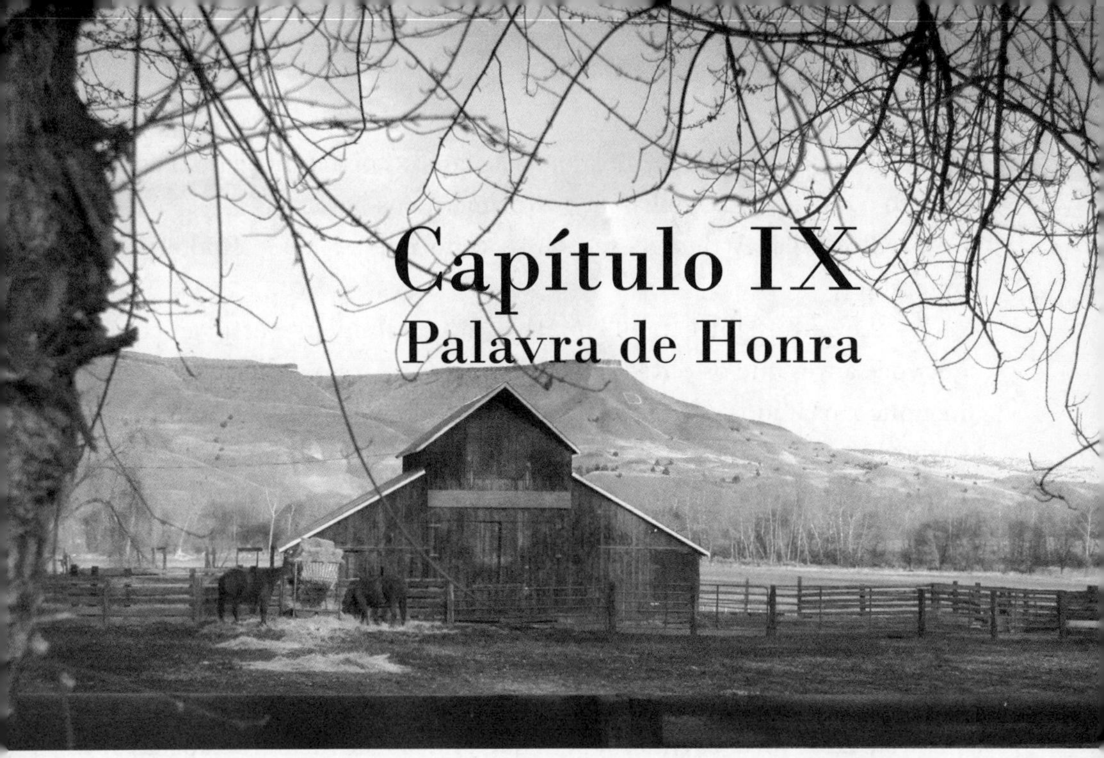

Capítulo IX
Palavra de Honra

Já fazia algumas semanas que Rodolfo e Arthur estavam na fazenda e os últimos dias foram de extrema alegria para todos daquela casa; Carmem definitivamente saíra da tristeza que a envolvia, Carlinhos ainda se divertia com os presentes que ganhara do irmão, e Diana, embora não tenha se afastado dos negócios que estavam em andamento, mantinha-se mais ao lado da família.

Tentava passar a Rodolfo todos os detalhes dos negócios da fazenda, mas o irmão não se interessava muito pelas condições das colheitas, ou pelo preço dos animais, e muito menos pelos empregados da fazenda. Achava tudo isso muito chato. Preferia lidar com os processos da cidade. Já sentia saudade das noites e das companhias femininas, mas o desejo de mudar de vida e entregar-se à carreira, no momento, era mais forte e decidiu ficar mais tempo. Talvez até o final da colheita e, quem sabe, poderia acompanhar Diana e Jonas nas negociações finais.

Coragem lhe faltou quando tentou falar com Diana sobre o casamento. As atividades da irmã naquela casa eram grandes e com certeza a família sentiria a sua falta, e sabia que Arthur não concordaria com a permanência de

Diana nos negócios. Mas naquela manhã alguma coisa o intrigava, não sabia ao certo o que era, mas tinha um gosto amargo na boca.

— Bom dia, Arthur. Levantou-se cedo hoje? – disse Rodolfo meio indiferente.

— Levantei sim e meu objetivo era exatamente este: encontrar com você antes que os outros estejam prontos para o café – disse Arthur um pouco irritado. — Eu gostaria de saber quando pretende marcar a data de meu casamento com Diana? Vamos ficar aqui neste fim de mundo até quando?

— Em primeiro lugar, meu amigo, se você considera aqui um fim de mundo não deveria ficar aqui, poderia muito bem voltar para a cidade. Outra coisa, a fazenda de sua família fica aqui ao lado, você poderia muito bem ir visitar seus pais e sua irmã em vez de ficar aqui esperando. Eu e minha família temos que pensar muito bem antes de fazermos qualquer modificação aqui nesta casa. Você sabe muito bem que minha mãe melhorou apenas após meu retorno e Diana mantém nossos bens e negócios. Preciso saber como agir após seu casamento. Como nos manteremos? Não entendo muito bem as coisas que Diana e Jonas fazem e preciso estar presente nas negociações deste ano – Rodolfo não tinha muita certeza do que dizia, mas era uma forma de ganhar tempo.

— Não me interessa os negócios de sua família, mas como farei parte dela, obviamente não a quero pobre para trazer-me problemas no futuro. Está certo! Tenha o seu tempo para falar com Diana e, como percebi, não deseja minha presença nesta casa, então vou hoje mesmo para a casa de meus pais e volto na outra semana. Quando voltar, espero ter a data marcada.

— Não disse que não o desejo aqui, Arthur, mas acho estranho você não se interessar por sua família. Não sentir saudades. Eu não sou nada sem minha família.

— Não é essa a questão, Rodolfo, amo minha família e sinto enormes saudades, mas eu gostaria de visitá-los com a notícia de meu casamento; tinha intenção de levar Diana até minha casa e estreitar os laços, afinal, Diana irá morar lá, se não quiser ir comigo para a cidade.

Parte era verdade. Arthur amava realmente a família e tinha profundo respeito pelo pai, e seu medo era chegar lá e ter uma surpresa. Imaginava que Eugênio, sabendo de toda história, já havia procurado sua família e, com certeza, seu pai o faria assumir todas as responsabilidades. Por isso Arthur ainda não visitara sua família por medo e não por descaso, e isso Rodolfo nem desconfiava.

— Está bem, Arthur, faça como quiser. Após o café eu vou com Diana e Jonas encontrar com algumas pessoas e na volta falarei com ela sobre o casamento. Aliás, é melhor mesmo que você não esteja aqui para não deixá-la constrangida.

— Não entendo esse constrangimento, mas estarei fora. Partirei logo após o café, quando vocês estiverem fora.

Logo todos estavam à mesa e conversavam alegremente.

— Dona Carmem, eu quero pedir sua licença, para ausentar-me alguns dias. Vou visitar minha família. Na realidade eu esperava levar Diana comigo, mas sei que necessitam de um tempo para acertar alguns negócios que, obviamente, após o casamento ela não poderá concretizar, pois será minha esposa, então partirei sozinho mesmo. Voltarei em alguns dias e acertaremos o resto dos detalhes do noivado e casamento.

Todos se sentiram mal com as palavras de Arthur, ditas com autoridade e com total falta de sentimentos. Mais parecia uma ordem do que um pedido. Mas para Arthur ele não tinha que fazer nenhum pedido, o fato de Antonio ter acertado o casamento quando eram ainda crianças, para ele bastava, e apenas estava tomando posse do que lhe pertencia por direito.

Já para Diana e Rodolfo, após a morte do pai e diante da indiferença de Arthur até aquele momento, esse acordo estava desfeito e esquecido. Não passava pela cabeça de ninguém daquela casa que o casamento ainda aconteceria.

Diana não terminou o café e saiu se desculpando. Carmem também se levantou e foi atrás da filha, somente Rodolfo ficou com Arthur, com indisfarçável irritação.

— Arthur, eu não o conheço mais. Sempre foi tão gentil, tão amigável, e sempre fiel aos princípios familiares, e você tem uma atitude dessas? O que passa por sua cabeça? Eu não lhe falei que conversaria hoje mesmo com Diana?

— Disse sim, mas devido às várias tentativas, sem retorno, resolvi dar um empurrãozinho. Agora tenho certeza que falará e acabará logo com essas... Essas cenas sem propósito.

— Arthur, está insinuando que minha mãe, ou minha irmã, fazem "cenas"?

— Não, Rodolfo, não era essa minha intenção. Perdoe-me as palavras impensadas. As "cenas" a que fiz referência são as situações em que me sinto: como um peixe fora d'água. Não sei se estou aqui como seu amigo ou como futuro membro da família e isso me faz mal, irrito-me e acabo enfiando os pés pelas mãos. Mais uma vez perdoe-me a falta de sensibilidade – falou Arthur tentando consertar o deslize que tivera, trazendo à tona a sua real personalidade.

— Está bem, Arthur, deixemos assim. Vá visitar sua família e na volta, com mais calma, falaremos melhor.

Nitidamente contrariado, Rodolfo levantou-se e saiu. Quando Elvira entrou e viu apenas Arthur à mesa do café, achou estranho, mas nada comentou, apenas perguntou.

— Seu Arthur, falta alguma coisa para o café?

— Não. Não falta nada, pode limpar a mesa e no almoço não ponha o prato para mim, sairei daqui a pouco para minha fazenda. Aliás, peça ao Jonas que prepare um cavalo para mim.

— O Jonas já saiu com a Dona Diana, mas vou pedir pro João, ele conhece os cavalos tão bem quanto o Jonas, eu tenho certeza de que ele vai arrumar um excelente animal.

— Diga uma coisa, Elvira, a Dona Carmem esteve realmente doente?

— Não sei dizer se era doença não senhor, mas nestes anos, depois da morte do Seu Antonio, ela não saía do quarto e quase não comia. Só depois da chegada dos senhores é que ela saiu um pouco mais.

— E as coisas mudaram aqui depois da morte do Sr. Antonio?

— Eu acho que não. Graças a Deus temos a mesma vida. O Seu Antonio deixou a família muito bem amparada, não falta nada aqui – Elvira respondeu com toda a simplicidade das pessoas que, longe dos problemas, enxergam apenas o que lhes interessa. No caso de Elvira o que lhe interessava eram as coisas da casa; se por acaso faltasse o alimento, ela saberia das dificuldades da família.

Porém aos ouvidos de Arthur, as palavras soaram como a confirmação de suas desconfianças, tudo era um plano de Rodolfo, Diana e Carmem, para fugir ao compromisso assumido. E isso ele não permitiria. Nesses dias achou que poderia amar Diana. Ela era muito bonita e tinha uma inteligência incomum às mulheres da época. Além disso, seria um desafio para ele domar aquela pequena fera. Não perderia essa guerra.

Rodolfo pegou um cavalo e saiu atrás da irmã e de Jonas, mas alcançou-os apenas no povoado situado no coração das propriedades locais.

Um pequeno comércio de animais, um correio, um representante da lei e sua delegacia para conter os arruaceiros, um bar, uma pequena pensão onde os viajantes podiam se alimentar e passar a noite e um ferreiro formavam o local mais frequentado das redondezas, depois do centro da cidade. Alguns camponeses moravam por ali, pela facilidade em adquirir alimentos e algumas vezes vender seus animais. Era um lugar muito pequeno, com poucas famílias, mas era o que as pessoas chamavam de "pequena cidade".

Diana nem olhou para o irmão, não tinha tempo de falar agora e sabia que era assunto para longas horas, mas sentiu um arrepio frio pelo corpo.

Como previsto, o encontro foi rápido e tudo saiu conforme acertado anteriormente com Jonas. Apenas uma satisfação: os interessados, ao verem Rodolfo, ficaram felizes ao ver novamente o dono da fazenda presente nos negócios; quanto a Diana, foram corteses e gentis, mas nem desconfiavam que era ela quem fazia o preço e as condições de compra e venda, melhor do que muitos homens que estavam por ali.

O caminho de volta foi marcado por um silêncio pesado. Somente o barulho dos cavalos e das rodas da charrete, como um murmúrio, quebrava a monotonia. Rodolfo pensava em como falar sem magoar a irmã, não queria impor sua vontade.

Diana pedia a Deus que lhe amparasse naquele momento tão difícil. Chegando à fazenda entraram calados, apenas Jonas falou com Diana.

— Dona Diana, eu sei que não devo me meter nesses assuntos de família, mas pense bem. Sabemos o que está acontecendo e terá todo o apoio, meu e dos trabalhadores aqui da fazenda, para manter as coisas como estão. Sinceramente, não sei como os trabalhadores reagiriam às ordens do Seu Rodolfo ou... De qualquer outra pessoa, a senhora sabe.

— Fique tranquilo, Jonas. Não pretendo prender-me a quem quer que seja por imposição. Nem que eu tenha que deixar tudo para trás e começar nova vida em algum lugar longe daqui, não farei nada que meu coração não deseje.

— Saiba que tem em mim um verdadeiro amigo e sei que falo por muitos daqui da fazenda – disse Jonas com lágrimas nos olhos, pois sabia que poderiam perder tudo o que tinham e que construíram até aquele momento.

Ao entrar na sala de estar, Diana sentiu novamente aquele arrepio; Rodolfo estava sentado esperando.

— Diana, você já sabe sobre o que preciso falar e gostaria de não ser interrompido até terminar – Rodolfo desviava do olhar da irmã.

— Rodolfo, realmente eu sei o que tem para falar e sinto medo de ouvir, pois ao escutar, para mim, será realidade. Uma realidade que não quero viver. Sei muito bem que papai deu sua palavra, mas naquele momento não sabíamos tudo que passaríamos. Eu tinha apenas 4 anos, o que eu podia saber? Decidiram a minha vida e não perguntaram a mim o que eu queria? Sei que é um costume acertar os casamentos antes de sermos adultas, mas será que papai, após saber no que Arthur se tornou, manteria a palavra?

— Diana, o Arthur está cobrando a palavra de papai. Ele acha que sua morte não invalidou uma promessa. Eu mesmo achei que Arthur nem se lembrava do compromisso; nas festas, sempre estava acompanhado das moças mais belas da sociedade. Chegou mesmo a falar com o pai de uma das moças, Flávia, mas parece que não deu em nada, não se gostavam. Depois disso Arthur ficou no meu pé para voltarmos para a fazenda e acertar a data do casamento. Sinceramente, minha irmã, não desejo para você um casamento que seja uma prisão, um sofrimento. Assim como não quero para mim! Gostaria que se ligasse a um homem que a amasse e respeitasse e que esse sentimento fosse recíproco.

— Eu também, meu irmão. Muito embora eu ainda não tenha encontrado alguém que me fizesse sentir todo esse amor, eu não perdi as esperanças. Eu quero ser feliz, assim como nossos pais foram. Lembra-se quando éramos crianças e papai e mamãe nos levava ao parque, na cidade? Ou quando lanchávamos na beira do lago, aqui da fazenda, a felicidade que sentíamos? Era muito bom ficarmos juntos, sinto tantas saudades...

— Ah! Minha irmã, você não sabe o quanto sofro em tomar a atitude que a sociedade cobra dos homens da família. Parece que as mulheres são seres sem sentimentos, vontades e objetivos; sem inteligência, portanto sem capacidade de escolhas. Nós fomos muitos felizes por ter um lar onde todos são iguais. Papai nunca diminuiu a mamãe simplesmente por ser mulher, nem fez diferenças entre nós, aliás, ele sempre repetia: somos todos seres humanos, dotados de inteligência e capazes de arcar com as responsabilidades de nossos atos, homens ou mulheres.

Antonio, presente na sala, testemunhava os sentimentos que os unia, tinha os olhos marejados, assim como Rodolfo e Diana, pois o amor que ligava aquelas criaturas era forte e sincero. Realmente todos daquele lar tinham como objetivo a evolução; eram Espíritos com poucos acertos. Antonio, quando novamente aceitou Diana como filha, tinha como objetivo equilibrar a diferença que fez na outra encarnação, daí a criação de todos os filhos como iguais, sem privilégios e regalias; quanto a Carmem, o objetivo era seu fortalecimento espiritual, saber-se capaz, e quando Antonio, o causador de sua insegurança na encarnação passada, aceitou novamente desposá-la e amá-la verdadeiramente, cumpriu sua parte.

Carmem e Antonio aceitaram Carlinhos e Rodolfo como filhos, para auxiliarem Diana. Carlinhos tinha acertos com Diana e, embora Rodolfo não tivesse acertos nem com os pais nem com os irmãos, na ausência da figura paterna, seria o apoio emocional da família. Por este motivo Rodolfo fora o único que conseguira despertar Carmem de sua profunda tristeza; o Espírito de Carmem lembrou-se do amor que tinha por aquele ser. Materialmente falando, ela se lembrou do sentimento materno, e essas lembranças banharam seu coração e as lágrimas rolaram, levando qualquer outro tipo de sentimento.

O amor preenche cada pedacinho e não deixa lugar para sentimentos baixos, para isso basta nos colocarmos em condições de receber as bênçãos, que a cada segundo os seres de luz nos presenteia.

No caso de Arthur, a família que o aceitou como filho eram Espíritos disciplinadores, que era exatamente o que o Espírito de Arthur necessitava, pessoas que o recolocassem no caminho responsável do amor fraterno. Seu pai era amoroso, mas muito autoritário e não admitia que alguém questionasse suas ordens. Isso não o fazia um homem ruim, antes disso, ele era uma pessoa correta e justa, sabia quando e como mandar. Prova disso eram os seus empregados, que o amavam e respeitavam.

Mas Arthur, sabendo do gênio do pai, dificilmente falava de seus problemas, pois sabia das represálias que sofreria. O plano espiritual auxiliou Rodolfo a cruzar o caminho de Arthur e tornar-se um grande amigo e confidente. Por meio desse amor fraternal Rodolfo poderia auxiliar no despertar de Arthur, porém sabemos que mesmo com todo trabalho do plano superior, muitos se deixam levar pela ilusão da matéria e não escutam seus verdadeiros mestres e amigos. Arthur preferia pensar que o pai era um tirano e que Rodolfo era um fraco.

Diana, sentindo a emoção do pai, muito próximo, caiu num choro compulsivo e frenético, dando vazão ao medo que seu interior sentia em assumir aquele casamento. Seu irmão, comovido, abraçou-a gentilmente e esperou até que se acalmasse.

— Diana, minha querida, eu nunca pensei que sentisse tanto pavor em unir-se a Arthur. Sei que ele possui alguns problemas de personalidade, mas no fundo é uma boa pessoa. Estamos juntos no Rio de Janeiro, aliás, desde a faculdade, eu não vi, durante todo este tempo, ele ser injusto com alguém. É irresponsável sim, mas não é uma pessoa de má índole, não creio nisso.

— Rodolfo, o problema não é a sua irresponsabilidade, se eu o amasse acho que poderia até suportar esse tipo de coisa e, quem sabe, modificá-lo. Mas partilhar o meu dia a dia com alguém que considero frio e fútil e sem amor nenhum, prefiro ir para um convento.

— Muito bem. Vamos fazer uma reunião hoje no jantar, eu, você, mamãe e também a Elvira e o Jonas, que praticamente nos criaram. Uma visão de fora é sempre bem-vinda! Então decidiremos o melhor caminho. Faremos o que a maioria aceitar.

— Obrigada! Obrigada, meu irmão querido. Pelo menos tenho uma chance de não me casar com alguém que não amo – Diana parecia mais calma.

Capítulo X
Liberdade

Arthur, chegando à casa dos pais, foi recebido com enorme alegria. Todos ficaram muito felizes com sua presença, deixando-o bastante calmo e consciente de que ninguém sabia sobre Flávia. Definitivamente o senhor Eugênio não estivera por ali – pensava.

— Meu filho, que saudades! Mas por que não nos avisou que estava chegando, teríamos preparado uma bela refeição – dizia Isaura, mãe de Arthur.

— Infelizmente, minha mãe, não foi possível. Na verdade minha intenção era vir somente próximo ao Natal, mas Rodolfo solicitou minha presença para marcarmos a data do casamento com Diana, conforme o Sr. Antonio havia acertado antes de sua morte. Eu acho muito cedo para casar, mas tenho que honrar com o compromisso assumido e aqui estou – Arthur não encarou o pai e também não disse que estava por ali já há algum tempo.

— Mas então, meu filho, por que não a trouxe? Se logo seremos uma única família, deveríamos desde já estreitar os laços, não acha, Thomas? – falou Isaura abraçada ao filho.

— Acho sim! – falou Thomas, sem entusiasmo.

— Meu filho, vamos almoçar e depois falamos com mais tranquilidade sobre os detalhes do noivado e do casamento – Isaura estava radiante com a possibilidade de realizar uma grande festa.

— Vamos, estou faminto – concordou rapidamente. O que menos queria naquele momento era continuar a falar sobre noivado e casamento.

Todos se sentaram e almoçaram sem muitos comentários sobre noivado e muito menos sobre a vida de Arthur no Rio de Janeiro. A cada investida da mãe ou da irmã em saber como estavam os amigos no Rio, ou o que ele estava fazendo, Arthur desconversava e tratava de perguntar sobre a fazenda, assunto que Thomas sabia não ser do interesse do filho.

Isaura adorava realizar festas e reuniões e, portanto, imaginava que o casamento do filho seria a oportunidade de ter a casa cheia de convidados e realizar uma recepção que ficaria na história das cidades vizinhas. Glória, a irmã de Arthur, era bem tímida e a festa de seus 15 anos não foi o que sua mãe idealizara, principalmente por ela estar apaixonada por um rapaz que não lhe dava a mínima atenção.

Logo depois de almoçarem, foram todos para a varanda e, para desespero de Arthur, Thomas quis conversar sobre as novas notícias do noivado e casamento.

— Meu filho, explique-me melhor essa história de casamento com a filha do Antonio.

— Como assim, meu pai, explique-me essa história, foram vocês que acertaram tudo e me pergunta que coisa é essa?

— Pergunto sim, pois o Antonio e eu, quando conversamos, falamos numa possibilidade e não em compromisso assumido e, além disso, quando você resolveu ficar no Rio de Janeiro, depois de formado, tuas palavras foram claras; "não quero nada que me segure a esta terra, não sou homem do campo, sou da cidade, da diversão e das festas". Para mim, meu filho, esta declaração deixou muito claro que você não pretendia ficar por aqui nem se casar com alguém que ama o campo, que é o caso de Diana – Thomas era muito direto. E continuou. — Logo após sua mudança para o Rio, eu mesmo falei com Antonio e acabei com qualquer palavra assumida anteriormente, comigo ou com minha família. Portanto, Arthur, este casamento somente sairá se, ouça bem, se Diana quiser caso contrário, trate de arrumar uma noiva na cidade, que compartilhe seus gostos. – ao terminar esperou calmamente a atitude do filho.

— Bom, meu pai, acredito que o Sr. Antonio não tenha encarado da mesma forma, pois se assim fosse, teria comunicado a todos e Rodolfo nada me disse; aliás, foi ele mesmo quem teve a ideia de concretizar a união das famílias – Arthur falava meio sem jeito e ainda sem encarar o pai. Pensava numa forma de fazer Rodolfo falar com seu pai e confirmar o que estava dizendo. Teria ainda uma semana para planejar algo.

— Vamos esperar, tenho certeza que acertaremos este assunto de casamento de uma vez por todas – concluiu Thomas.

Thomas era um Espírito disciplinador e muito direto nos pensamentos e atitudes. Era o que o Espírito de Arthur precisava para não seguir, novamente, os caminhos tortos que o levaram até onde se encontrava. Não era alguém que deixaria esse tipo de assunto parado por uma semana, como Arthur pensava.

Na fazenda Santa Rosa, Diana, sentada, esperava pelo início da conversa que selaria seu destino. Com certeza sairia completamente aliviada e feliz, ou derrotada. Em silêncio, fazia profunda oração pedindo o auxílio espiritual, sabia que aquela conversa seria difícil.

Caso acertassem o casamento, ou seja, cumprir a palavra dada do pai, ela precisaria de forças para enfrentar as fraquezas de seu noivo e tentar conviver da melhor maneira possível; caso fosse decidido que não honrariam o compromisso assumido, também necessitaria de forças para falar com Arthur e sua família. E ainda havia a possibilidade de ela não aceitar o veredito da reunião.

Qualquer decisão seria muito difícil. E o plano espiritual banhava Diana com os fluidos solicitados e tranquilizava seu íntimo. Rodolfo, após todos estarem acomodados, iniciou, de forma tímida, o assunto.

— Como todos sabem, papai deu sua palavra ao Sr. Thomas, que casaria Diana com Arthur. O noivado era para ser antes de papai falecer, mas com sua morte adiamos até hoje. Porém não podemos mais adiar este assunto, pois Arthur está cobrando uma posição nossa. A confirmação do compromisso deverá acontecer no noivado, o mais breve possível, e o casamento para daqui seis meses, portanto, logo após as festas de Natal.

Diana tremia.

— Meu filho, você está enganado! Um pouco antes de meu Antonio partir, ele me contou que havia encontrado o Sr. Thomas no ferreiro e conversaram bastante sobre esse assunto, inclusive falou que nosso vizinho estava muito embaraçado, dizendo que Arthur saiu de casa para não mais voltar para estas terras, apenas para visitar, nunca para se casar ou morar por aqui. Deixou claro ao meu Antonio que o compromisso estava desfeito, inclusive sugerindo nomes de outros rapazes para nossa Diana.

— Minha mãe, tem certeza do que está falando? – Diana falou com o coração quase pulando pela boca, de tanta felicidade.

— Tenho sim. O Sr. Thomas chegou mesmo a nos visitar. Lembra-se, Diana, daquele dia que seu pai sentiu-se mal no povoado e o Sr. Thomas o trouxe até em casa? Ele foi muito cordial, e disse que sentia muito não tê-la mais como filha, que não formaríamos mais uma família, essas coisas. Até brincou dizendo que ainda poderíamos ser uma família se Rodolfo se enamorasse da filha, a Glorinha.

— É verdade, mamãe. Lembro perfeitamente dessa visita, e achei estranho seu comentário, mas nem lembrei sobre essa história de casamento ou da palavra dada de papai – disse Diana imaginando-se livre.

— Eu me lembro disso também, Dona Diana, e a Elvira também! – Jonas falou olhando para Elvira, que confirmava com um aceno, que era verdade.

— Eu é que não entendo mais nada! Se isso é verdade, por que Arthur praticamente me encostou contra a parede, exigindo a consumação do noivado e casamento? – Rodolfo estava confuso e perguntava para si mesmo: Será que Arthur usaria sua irmã para fugir da responsabilidade com Flávia? Mas ele mesmo falou que Flávia não estava grávida... Será que o amigo o enganara de forma tão baixa? Brincando, inclusive, com a felicidade da sua irmã e das famílias?

—Talvez o Arthur não saiba que o pai falou com o meu Antonio – Carmem tentava achar uma resposta para a atitude do rapaz.

Enquanto conversavam, chegou um mensageiro com uma nota endereçada a Rodolfo. Diana, que conversava com a mãe e Jonas, prestou muita atenção no irmão enquanto ele lia a mensagem em voz alta, e a angústia tomou seu íntimo novamente.

— O Sr. Thomas nos convida a uma visita, para tratar de assuntos que envolvem nossas famílias.

— Meu Deus! O que este senhor quer com nossa família? – perguntou Diana aflita.

— Com certeza Arthur deve ter falado para o pai o que o trouxe até a fazenda e o Sr. Thomas deve querer esclarecer este assunto. Se mamãe se lembra da tal conversa e ele não, é a oportunidade de colocarmos tudo em pratos limpos. Mas eu duvido que o Sr. Thomas não se lembre de um assunto tão importante. Penso que você deve se acalmar, Diana.

— Eu sei, Rodolfo. Eu sei. Foi um descontrole meu. Mas neste momento o que me preocupa é não criar nenhum tipo de inimizade. O Sr. Thomas sempre foi muito amigo de papai e sempre muito gentil. Desde que ficamos sem a presença de nosso pai e você no Rio de Janeiro, ele sempre enviou alguém para saber como estávamos. Sua presença não era mais tão constante por estar sofrendo tanto quanto nós a ausência do amigo.

— Amanhã saberemos, minha irmã! E depois temos que falar com ele de qualquer jeito, pois não podemos deixar que um mal entendido afaste os verdadeiros amigos, como o Sr. Thomas tem demonstrado ser. Diana, se acalme, eu tenho certeza de que ele se lembra da conversa que teve com papai – Rodolfo abraçou Diana, estava também aliviado por não impor à irmã um casamento sem futuro, mas se preocupava, assim como ela, com a reação dos envolvidos.

Logo após, todos foram para seus quartos para o descanso diário. Rodolfo, absorto em seus pensamentos, tentava achar respostas para as ações de Arthur. Diana também não conseguia pegar no sono; sentia-se presa, imaginava como enfrentaria Thomas, se ele exigisse o casamento. Apenas Carmem conseguiu dormir.

Ultimamente era a única dentro daquela casa que gozava de uma paz muito grande. A lembrança que Rodolfo despertara em seu Espírito fora altamente benéfica e após esse despertar ela se refazia a cada dia, o que era muito bom.

No dia seguinte, logo após o café da manhã, Arthur ainda no quarto levou um susto quando o pai o chamou dizendo que tinham visitas. Imediatamente a imagem de Eugênio e Flávia sentados na sala exigindo o devido reparo da honra da filha formou-se em sua mente, e ele tremeu. Mas o susto não foi menor quando viu Diana, Rodolfo e Carmem sentados em sua frente, porém não demonstrou seu real sentimento e, muito gentil, cumprimentou a todos, demorando-se um pouco mais no cumprimento a Diana.

— Mas que surpresa! Pensei que nos veríamos somente daqui a uma semana – disse Arthur disfarçando a insegurança.

— Fui eu que os chamei aqui, meu filho. Como disse ontem, eu havia liberado o compadre Antonio de sua palavra e cheguei a me arrepender, pois Diana é uma bela moça, mas o que foi feito, está feito e ponto. E ontem fiquei surpreso com a notícia do casamento de vocês e, a menos que os dois estejam apaixonados e desejem esta união, não vejo razão para seguir com os preparativos. De minha parte não tomarei como ofensa o fato de não cumprirem o trato, que a bem da verdade deixou de existir muito antes do Antonio nos deixar.

— Sr. Thomas, perdoe-me eu mesma falar, mas acredito que é o meu destino que está em jogo e não poderia deixar ninguém dizer o que sinto. Não amo Arthur, assim como ele não me ama, portanto por mim não haverá casamento. Mas sei o significado da palavra dada por meu pai e, se o senhor fizer questão em cumpri-la, eu aceitarei – Diana respirou fundo para manter o controle de suas emoções, e continuou.

— Não desejo de forma alguma trazer desavenças entre nossas famílias – não era costume a própria noiva falar ao futuro sogro, mas Diana não poderia deixar ninguém interferir naquele momento, nem mesmo Arthur, que estava pronto a responder ao pai.

— Minha menina, eu sempre admirei sua firmeza de caráter. Muitos não sabem, mas eu sei que é você a responsável pelos negócios da família após a morte de meu amigo Antonio. Também sei que este casamento nunca esteve em seus planos, pois se estivesse, seria a primeira a cobrar uma posição de Arthur e de nossa família. Gosto da sua franqueza com relação aos sentimentos que nutre, e eu jamais seria o responsável por sua prisão num casamento infeliz – Thomas analisando o filho, após uma breve pausa continuou.

— Sei que meu filho não é digno de você, conheço-o muito bem. E minha filha, se me permite chamá-la assim, siga seu caminho, e espero que o homem que você escolher para marido seja tão correto quanto você é – Thomas estava visivelmente emocionado e correspondeu ao abraço que Diana, impulsivamente, lhe deu. Beijou-a na testa com profundo respeito e pensou que gostaria, sinceramente, de tê-la como nora.

Isaura manteve-se quieta, apenas sentiu-se frustrada em não poder fazer a festa que desejava, mas concordava que não devia haver casamento sem amor. Ela e Thomas casaram-se apaixonados; não queria uma vida diferente para o filho.

Arthur mal conseguia disfarçar a decepção e a mágoa que sentia em seu coração, mesmo assim, com toda gentileza possível, dirigiu-se a Diana e falou:

— Minha querida, perdoe se fui mal compreendido com minhas ações impulsivas. Sempre nutri por sua pessoa um sentimento muito forte e não é verdade quando diz que não a amo. Amo sim, com todas as forças de meu coração, e se, no momento, não me quer como noivo, eu aceito sua decisão. Mas peço ao meu pai, ao seu irmão e meu amigo Rodolfo, a sua mãe e a você, que pelo menos me de a chance de provar o que sinto e que não sou indigno de sua pessoa. Eu a amo sim, pode ter certeza disso, e provarei a todos o que digo, nem que precise ir ao inferno e voltar para que me aceite como marido e pai de seus filhos – Arthur mal disfarçou a contrariedade.

— Arthur, perdoe-me minha franqueza, mas não há razão para ser de outra forma. Tenho por você nada mais do que uma amizade, já que nos conhecemos desde a infância, mas nunca me passou pela mente que você seria meu marido. Não o amo para compartilhar uma vida, e acredito que você esteja equivocado com relação aos seus sentimentos. Porém nunca o proibirei de entrar em nossa casa e muito menos de compartilhar os momentos felizes que passamos – respondeu Diana, simplesmente por educação.

— Posso encarar isso como um sim? – insistiu Arthur

Rodolfo interferiu.

— Meu amigo, pode fazer o que desejar, sabe que a porta de nossa casa sempre estará aberta. Mas você não acha que é melhor deixar as coisas como estão? Além de Diana não amá-lo, como disse seu pai, ela é a responsável pelos negócios de nossa família que, na minha ausência e na de meu pai, ela assumiu de forma exemplar e eficaz. Seria muito difícil, para ela, deixar para trás tudo isso sabendo que o resultado poderia ser desastroso, já que eu não posso ficar por aqui e mamãe com certeza não assumiria os negócios – Rodolfo tentava parar com a humilhação a qual Arthur, inexplicavelmente, se submetia.

— Isso para mim, meu amigo, não seria problema, Diana poderia muito bem continuar com os negócios, afinal, parte seria minha também.

— Arthur, chega de conversas. Se realmente ama Diana, o tempo mostrará e afinal ela ainda não está comprometida com ninguém. O que você precisa encarar neste momento é a necessidade de conquistá-la. A única coisa que mudou é que hoje, se quiser se casar com Diana, será pela vontade dos dois e não pela imposição – disse Thomas num tom que colocava o ponto final naquela conversa.

— Está bem, meu pai. Não mais insisto nesta promessa que foi desfeita, mas usarei a chance de provar o meu amor. Um bom dia a todos! E por favor, permitam que eu me retire, não estou me sentindo muito bem! – disse Arthur, caminhando para a porta da frente.

Alguns meses se passaram e Arthur ainda estava pela fazenda, esperava notícias do Rio de Janeiro. Em hipótese alguma voltaria sem saber o que o esperava.

Rodolfo, por meio das cartas, mantinha-se informado sobre o andamento do escritório, mas também usava o tempo para se desligar de antigos hábitos e voltar ao Rio sem voltar para a antiga vida fútil. O amigo e sócio, Marco Antonio, estava sendo mais que um irmão na ajuda e na compreensão de suas decisões.

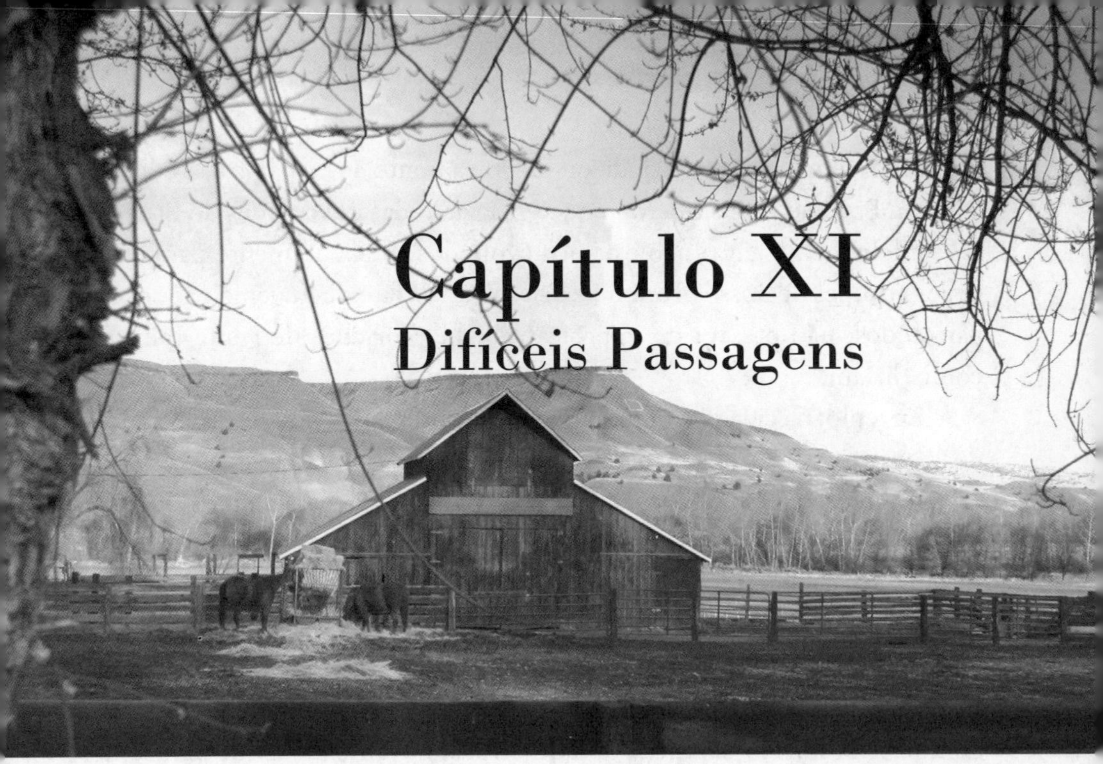

Capítulo XI
Difíceis Passagens

Enquanto isso, Flávia passava seus piores momentos. A gravidez adiantada impedia seus pequenos passeios. Cansava-se com facilidade e andava com muita dificuldade. Nada naqueles dias foi fácil; a alimentação, embora farta e diversificada, não era bem aceita por seu organismo. Os vômitos não pararam após os primeiros meses como geralmente acontece, e os desmaios ainda eram constantes.

Julia atribuía esses sintomas à condição que Flávia estava vivendo. Trancada, com espaço bastante reduzido diante do que estava acostumada e, pior de tudo, não tinha o carinho do pai que tanto amava.

Ao contrário do que as pessoas diziam, Flávia não era uma moça mimada. Era extremamente dedicada ao pai, assim como ele era com ela.

Após a morte da mãe, Flávia conviveu com as amas e criadas de sua casa, e isso trouxe muita humildade e consciência da condição humana. Sabia que era uma pessoa privilegiada financeiramente, tinha saúde e, mesmo sem a figura materna, sua família era muito unida. O pai, Eugênio, fez de tudo para criá-la da melhor forma e suprir a necessidade da figura da mãe. Não quis casar-se novamente e dedicou-se unicamente ao trabalho e à educação da filha. Por isso todos achavam que ele fazia todas as vontades de Flávia.

Infelizmente ainda não estamos evoluídos suficientemente para entender as atitudes de nosso próximo e não julgar. O fato de Eugênio não se casar, para todos, não passava de imposição filial, "caprichos de gente mimada", como diziam.

Eugênio, na cidade, continuava em sua busca silenciosa. Invariavelmente duas ou três vezes na semana ele caminhava próximo à pequena casa onde foi achado o pequeno terço; alguma coisa o chamava para aquele local, mas não sabia exatamente o quê. Foi ao povoado próximo e perguntou muito sutilmente se alguém sabia, ou se ouvira falar de alguma coisa, mas nada conseguiu. O fato ainda era recente e as pessoas ainda eram intimidadas pelos amigos de Lavínia.

O seu sofrimento era doloroso e todos, de alguma forma, tentavam confortá-lo. Porém, a única coisa que traria novamente a vida para aquele coração seria o retorno de Flávia. De alguma forma, ele sabia que ela estava viva, não tinha ideia de onde, mas tinha esperança de achá-la. Esse sentimento trazia-o todas as semanas para o local onde, pela última vez, ela foi vista.

No plano espiritual, Antonio, Geraldo e Clara assistiam Flávia. O corpo de Flávia se preparava para expelir o filho gerado. Sete meses haviam se passado desde o sequestro e as primeiras dores do parto já eram sentidas, mas Oswaldo ainda não abrira os olhos da matéria. O seu Espírito não queria aquele reencarne, ainda sentia a rejeição a que fora submetido em outras vivências.

Todos sabiam que seria uma reencarnação difícil, mas necessária. Nós devemos aproveitar as chances que temos em consertar os desacertos causados por atitudes impulsivas, sentimentos baixos e vaidades exageradas.

Flávia o rejeitou sim, várias vezes, mas Oswaldo já havia causado outros tantos desequilíbrios entre eles. Ele viria como filho de Flávia e Arthur para sanar o ódio que existia entre eles. Os abortos provocados por Flávia em outra encarnação, que Oswaldo acreditava ser unicamente provocado pela repulsa dela para com ele, provocara sua ira. Ele apenas deduziu que Flávia o odiava e não o queria como filho. Porém quando ela cometeu o aborto, não tinha consciência do que estava realmente fazendo, apenas decidiu que não traria à vida qualquer ser, que sofreria muito materialmente, devido ao seu modo de vida. Para ela sua decisão protegia aquele ser indefeso que não havia pedido para nascer... Apenas isso!

Arthur era seu gigolô, seu dono, e não admitiria uma criança no negócio, portanto o melhor a fazer era tomar as misturas da velha cigana e matar o que ainda não existia. Ao desencarnar, Flávia conheceu a gravidade dos atos cometidos e solicitou novamente a chance de ter Oswaldo como filho. Arthur, também no plano espiritual, comprometeu-se igualmente a aceitar aquele ser tão marcado pela rejeição.

Oswaldo, muito debilitado aceitou, mas quando iniciou a preparação para seu reencarne, o medo tomou conta de seu Espírito que, sem forças, se deixou levar pelo sentimento que o afligia: o pavor de novamente ser rejeitado. Portanto, Flávia, que mantinha sua promessa de amar aquele espírito amigo, mas confuso e perdido, recebia do plano espiritual toda a assistência necessária para cumprir uma etapa de sua existência.

Clara emitia fluidos leves e calmantes nos intervalos das dores do parto; Antonio e Geraldo intuíam Julia nas ações que deveriam ser tomadas, e num desses momentos intuitivos, Julia começou a gritar chamando por uma das empregadas da casa, porém quem entrou no quarto foi Lavínia.

— Faça uma caridade, Madame, chame outra pessoa que saiba o que fazer. Eu sozinha não consigo trazer a criança – disse Julia quase em desespero.

— Diga você, onde posso achar outra pessoa. Mesmo precisando muito desse infeliz que vai nascer não vou arriscar em trazer qualquer um aqui.

— Então chame minha irmã, Silvana. Eu dou o endereço, não deve ser difícil de achar.

— Vamos logo, já deveria ter feito isso. Veja se consegue manter a mãe e a criança vivas até eu voltar – Lavínia bateu à porta. Estava realmente preocupada em perder qualquer um dos dois. — Não posso perder esse dinheiro extra! – pensava.

Osmar e Paula, no invisível, ao lado de Silvana, já a preparavam para os próximos momentos que não seriam fáceis. A possibilidade de Silvana ficar como refém de Lavínia era grande, e embora não estivesse programado em sua existência tal problema, cada um sabe o que faz com seu livre-arbítrio. Lavínia poderia sim segurar a moça e, se isso acontecesse, outras providências deveriam ser tomadas para auxiliar na resolução do problema. O acaso não existe. Muitas vezes as escolhas que fazemos pelo livre-arbítrio nos levam a caminhos que poderiam ser evitados; porém, se ali chegamos, devemos passar por ele da melhor forma possível.

Não demorou muito e Silvana assustou-se com batidas fortes e desesperadas na porta: seria alguma coisa com o Sr. Rodolfo? – pensou.

— Pois não! – Silvana atendeu com certo receio.

— Por favor, preciso de seus préstimos como parteira. Minha mulher está para morrer e não sei mais o que fazer – falava o homem, gesticulando muito.

— Só um minuto. Vou pegar minhas coisas e vamos correndo!

— Está certo, estou esperando aqui em frente.

Ao voltar Silvana não vê nem o rapaz, nem a charrete, nada.

— Mas aonde foi aquele rap...... – não terminou a pergunta. Apenas sentiu uma forte dor na cabeça. Silvana desmaiou com um golpe; ela não poderia ver aonde estava indo.

Ao abrir os olhos Silvana assustou-se mais ainda, pois achava que estava morta. Via a irmã em sua frente, desesperada, falando coisas que ela não entendia.

— Silvana! Silvana! Por favor, acorde, não temos muito tempo, acho até que perdi a criança – repetia Julia, como uma louca.

— Julia, espere, não estou entendendo nada. O que está acontecendo aqui?

— Nada que eu possa falar agora. Primeiro ajude-me, temos que trazer a luz para esta criança, se é que ainda há tempo...

Julia dissera muito bem, aquele nascimento traria um pouco de luz a Oswaldo, que ainda permanecia ligado naquele corpinho pequeno e frágil, e à escuridão que sua alma trazia de muitos anos.

Silvana, num salto, recuperou as forças e junto de Julia foram atender Flávia. Os Espíritos de Antonio e Geraldo, Clara, Osmar e Paula, agora juntos no mesmo ambiente e objetivo, auxiliavam naquele momento delicado e a alegria foi geral quando ouviram um chorinho muito fraco. O importante era que haviam salvado sua vida, pelo menos temporariamente; tornar-se forte seria uma questão de tempo.

Porém o trabalho não estava terminado; Flávia ainda necessitava de muito amparo. Sua perda fluídica fora muito grande e era preciso recuperar-se. Primeiro Julia lavou e limpou Flávia com um carinho especial, trocou suas roupas ensanguentadas, deu-lhe um caldo e ajeitou-a para dormir. Silvana fez o mesmo com a criança e, após estarem todos mais calmos, pediu uma jarra de água limpa para beber. Quando a jarra chegou, ela e a irmã fizeram uma prece para que naquela água fossem derramadas as bênçãos necessárias ao restabelecimento daquelas criaturas; e nossos amigos espirituais, sempre presentes, fizeram sua parte, colocando naquele recipiente minúsculas e invisíveis partículas que auxiliariam o restabelecimento de ambos, mãe e filho.

Eugênio, mesmo longe, parecia sentir os momentos difíceis que sua filha enfrentava. Flávia não saía de seu pensamento e esteve angustiado durante toda a manhã. Após o almoço resolveu ir para casa, jogou-se na cama e dormiu profundamente, coisa que raramente fazia.

Ao ver-se livre do corpo físico, pelo sono, Eugênio foi levado para junto dos companheiros espirituais que auxiliavam sua filha. Os fluidos dos encarnados são utilizados no socorro e recuperação, além da afinidade espiritual que havia entre Flávia e o pai, que também ajudaria muito. Eugênio emocionou-se, pois viu Flávia e o neto, deitado numa pequena cesta ao lado da cama da mãe.

Passado o primeiro instante de emoção, os Espíritos amigos falaram a Eugênio os motivos de sua presença e a necessidade do equilíbrio, do controle que devemos ter nos momentos delicados de nossa existência. O Espírito de Flávia também dormia; o esforço e o desgaste foram enormes e ela chegou muito perto do desencarne. Ela precisava se reequilibrar. Iniciava a fase mais delicada de Oswaldo e ela precisava se fortalecer física e espiritualmente.

Ao acordar Eugênio trazia na mente, como uma leve lembrança, ter sonhado com Flávia e o neto, mais nada! Nenhuma sensação ou algo novo que pudesse levá-lo ao local onde se encontrava sua filha. Será que Flávia está morta? – pensou, mas um sentimento mais profundo deixara nele a certeza de que ela e o neto estavam vivos.

Após uns dias do nascimento de Oswaldo, Flávia, mais forte, caminhava lentamente e foi encontrar-se com Julia e Silvana na varanda.

— Bom dia, meus anjos salvadores! – Flávia tentava manter o ânimo.

— Srta. Flávia, que bom vê-la andando em tão pouco tempo – disse Julia

— Por favor, nada de "senhorita" ou "senhora"; depois do que passamos, e talvez o que ainda passaremos, somos mais que irmãs e irmãs tratam-se pelo nome – disse Flávia.

— Desculpe-me Flávia – disse Silvana –, mas estava conversando com Julia e ela me contou toda a história desde o rapto durante a viagem até agora e, confesso, estou perplexa com tudo. Agora entendo por que fui trazida para cá com um grande galo na cabeça! – Silvana alisava a cabeça.

Todas riram da expressão de Silvana, mas tinham certeza que os problemas apenas começavam.

— Julia, eu não sabia que você tinha uma irmã tão especial e gostaria de agradecer tudo que fizeram por mim e pelo meu filho. Com certeza não estaríamos vivos se não fossem a ajuda de vocês.

— Em primeiro lugar agradeça a Deus, Flávia. Somente Ele nos proporciona esses "milagres". Somos Seus instrumentos, apenas isso – disse Silvana emocionada com a gratidão de Flávia.

— É mesmo! Somos Seus filhos e instrumentos de Sua bondade, cabe a nós estarmos sempre em condições de servi-lo – completou Julia

— Não sei o que nos acontecerá agora que meu filho nasceu. Será que nos manterão presas aqui, sem notícias? Gostaria de saber apenas o porquê disto tudo.

— Estou preocupada com o Sr. Rodolfo. Quando ele voltar e não me ver, pensará que deixei tudo e fui embora, sem ao menos um aviso – Silvana estava pensativa, imaginando a decepção do rapaz.

— Rodolfo!? – perguntou Flávia.

— Sim, Flávia, minha irmã trabalha na casa dos Alves Almeida; você deve conhecer, Rodolfo Alves Almeida, filho do Sr. Antonio Alves Almeida que faleceu há alguns anos. Ele estudou na Europa e voltou ao Brasil para abrir um escritório de assuntos relacionados às leis, junto com um amigo da faculdade. Auxiliam nas declarações, em heranças, casamentos, essas coisas, não sei muito bem – Julia de alguma forma evitou tocar do nome de Arthur.

— Por acaso não é amigo de Arthur Souto Ferreira? – perguntou Flávia à Silvana, percebendo que Julia abaixava os olhos.

— É sim. Eles viajaram há alguns meses. Parece que o Sr. Arthur cobrou uma promessa que o Sr. Antonio fez antes de morrer à sua família. Não senti o Sr. Rodolfo muito à vontade, mas sabe como são essas coisas de promessas... – esclarecia Silvana.

— Você sabe que promessa era essa? – perguntou Flávia, ainda obervando o silêncio e constrangimento de Julia.

— Pelo que eu entendi o Sr. Antonio e o pai do Sr. Arthur acertaram o casamento de Arthur com Diana, a irmã do Sr. Rodolfo. O problema é que a Srta. Diana comanda a fazenda da família e aparentemente não pretende se casar tão cedo. Todos ficaram quietos, não sei se esperavam a cobrança do compromisso, mas o Sr. Arthur resolveu cobrar. O Sr. Rodolfo me disse que não entendeu a decisão repentina do amigo, mas palavra é palavra e foram para a fazenda para os acertos do noivado e casamento. Isso faz uns meses já, acho que foi um pouco antes de vocês desaparecerem – Silvana parou de falar, sem entender exatamente onde Flávia queria chegar.

Ainda analisando as reações de Flávia, Silvana continuou:

— É isso mesmo! Pelo tempo, acho que eles estavam chegando à fazenda quando vocês sumiram. Eu me lembro que quando a Eutália me contou sobre o desaparecimento de vocês, perguntei a mim mesma o que eu faria sem esta irmã que tanto amo e o que eu poderia fazer sem o apoio do Sr. Rodolfo. Poucos sabem que nós somos irmãs, então eu acompanhei a procura e a falta de notícias pela Eutália, que sempre me passou todas as informações que recebia de seu pai, Flávia. Por várias vezes, pensei em falar diretamente com seu pai, mas eu apenas iria compartilhar a tristeza e o sofrimento, então me recolhi na minha fé e nas minhas orações – completou Silvana.

Estavam diante da traição de Arthur, assim Flávia concluiu. Enquanto Silvana falava, ela percebeu que tudo fora planejado para que ninguém falasse com seu pai antes que Arthur partisse tranquilamente para o interior de São Paulo, e ela sem perceber fizera tudo do jeito que Arthur queria. De certa forma, até o ajudou.

— O que aconteceu, Flávia? – disse Julia percebendo a palidez repentina de Flávia.

— Aconteceu que acabei de descobrir onde o pai de meu filho está – disse ela com amargura.

— Como assim, o Sr. Rodolfo é o pai de seu filho? Mas ele não sabe. Sabe? – perguntou Silvana meio aflita.

— Não, Silvana, não é o Rodolfo o pai de meu filho e digo: antes o fosse, pois o considero mais honrado. Arthur é o pai de meu filho, mas se acalmem que já estou bem. Vou contar a história.

Julia quebrou o silêncio diante das palavras de Flávia. Já não entendia mais nada e resolveu também colocar tudo em pratos limpos.

— Mas, Flávia, seu pai me disse que o Sr. Arthur não quis manter o compromisso que tinha com você, porque descobriu que você estava grávida. Seu pai sofreu muito. Quando você contou sobre a gravidez ele já sabia. Não lhe falou, pois percebeu o seu sofrimento e não insistiu em saber o nome do pai da criança. O Sr. Eugênio deixou que as pessoas pensassem que Arthur era o pai que não assumira a responsabilidade. Mesmo vergonhoso, era melhor do que admitir que Arthur fora traído por sua filha aventureira e que acabara grávida por um desconhecido, quem sabe até por um homem casado e amigo da casa. Você não imagina como seu pai sofreu, mas o amor que ele sente por você é maior do que seu orgulho. Ele nada falou e me proibiu de mencionar qualquer coisa sobre este assunto com qualquer pessoa e principalmente com você. Por isso, até hoje, nunca te falei nada – Julia também entendia o que havia acontecido.

— Desculpem-me, mas não estou entendendo nada – disse Silvana

— Minhas queridas, Julia e Silvana, preparem-se para uma história muito triste que mostrará onde chega um ser humano que prefere ferir seus semelhantes a assumir as responsabilidades de seus atos – Flávia ia da raiva ao desprezo.

Ela então começou a contar os reais acontecimentos, desde o momento da descoberta da gravidez até o sequestro.

Capítulo XII
Reencontro

Diana estava feliz!

A tristeza que envolveu a casa e a fazenda após a morte de seu pai definitivamente fora embora. Carmem era outra pessoa e, devido a sua atual condição, aqueles irmãos menos esclarecidos que a perturbavam, e praticamente tomavam conta de suas emoções, já não a atacavam. Não tinham chance devido a seus pensamentos e atitudes terem mudado completamente, afastando as entidades ignorantes e aproximando os amigos espirituais de vibração mais luminosa.

Rodolfo não podia negar a preocupação com o amigo Arthur. Conhecia-o muito bem e sabia que ele não sossegaria até atingir seus objetivos. E isso o assustava.

— O que será que se passa pela cabeça de meu amigo? Diana é completamente diferente de tudo o que o atrai nas moças. Por que essa obsessão em casar-se com Diana? – pensava, mas não chegava a uma resposta coerente.

— Será que a história que ele me contou sobre Flávia é verdadeira? Deve ser. Arthur é obcecado, mas não é mau caráter! – sem perceber Rodolfo falava alto.

— O que é isso, Rodolfo? Falando sozinho? – disse Diana entrando na Biblioteca, onde o irmão estava.

— Estou pensando alto – e confessou à Diana suas dúvidas. — Não consigo entender as atitudes de Arthur. Quando estávamos na Europa, estudando, ele fez questão de mostrar-me "as delícias" da vida noturna. Vivia rodeado das moças mais ricas e belas da sociedade. Quando voltamos para o Brasil e resolvemos morar no Rio de Janeiro, ele praticamente nem comunicou aos pais, simplesmente comprou uma casa no centro das atenções e nem lá vive. Pouco tempo depois passou a morar num pequeno hotel no centro da cidade, pois é onde tem o "movimento" que gosta.

Ao mesmo tempo em que falava, Rodolfo tentava achar os motivos das atitudes do amigo, e continuou:

— Sempre disse que o interior não traz nada de bom para os seres "inteligentes" que sabem viver. Confesso que, até o momento de nossa viagem, me deixei levar; ele é muito divertido e eu, que não conhecia muitas pessoas, passei a acompanhá-lo e aproveitar as tais delícias. Aí, de repente, Arthur diz estar apaixonado por você? Não entendo! Definitivamente, não entendo! – Balançava a cabeça.

— Muito obrigada, meu irmão, por achar-me tão desinteressante... – disse Diana sorrindo.

— Não é isso, por favor! Você é a melhor pessoa que existe na Terra. Melhor ainda para alguém que a veja como você é: inteligente, dedicada, justa, linda e... Que gosta do mato, como diz meu amigo. Não a vejo morando na cidade grande, frequentando a sociedade e tomando longos chás com as amigas cujos interesses não passam da última moda em Paris e dos rapazes "casadoiros" – Rodolfo ria imaginando a irmã em tal situação.

— Realmente, Rodolfo, eu não me encaixo nesse tipo de vida. Acho que a natureza nos recarrega e traz alegria. Não consigo entender como vocês vivem com aquele número enorme de compromissos e conversas intermináveis diante de uma mesa.

Gosto da cidade para divertir-me por breves períodos, saber também sobre a moda e de algumas amigas que há tempos não vejo e até saber dos rapazes, mas morar não. Quero construir minha família aqui – parou um pouco e completou: — Também não faço questão que meu noivo tenha outra fazenda, aliás, é melhor não ter, quero viver e morrer nesta fazenda – nunca passou por seus pensamentos deixar a fazenda que tanto amava.

Estavam ainda conversando quando Elvira entrou e disse que um cavalheiro estava chegando. Não conhecia, mas parecia vir da cidade, pois trazia algumas malas.

— Mande entrar, Elvira, e peça que espere na sala, já iremos – orientou Diana.

Ao chegarem à sala, Rodolfo abriu um largo sorriso e abraçou o rapaz com grande alegria. Diana sentiu também uma enorme alegria invadir-lhe a alma e, se não fosse "falta de vergonha na cara", ela também o teria abraçado com o mesmo entusiasmo que o irmão. Mas ela nunca o tinha visto. Quem seria?

— Meu amigo, o que faz aqui neste fim de mundo? E como chegou aqui? – Rodolfo estava muito feliz. — Mas antes, deixe que eu apresente minha irmã, Diana.

— Muito prazer Srta. Diana. Marco Antonio Conrado.

— Encantada! – gaguejou Diana.

Diana, não conhecia Marco Antonio, pessoalmente. Quando Rodolfo foi para a Europa estudar, somente o pai o acompanhou até o porto para embarcar. Quando retornou, formado, foi sozinho para a fazenda visitar a família, nem Arthur o acompanhou. Foi nessa ocasião que Rodolfo falou para o pai sobre a vontade de ficar no Rio de Janeiro e montar o escritório tendo Marco Antonio como sócio. Apenas Antonio o conheceu quando foram para a cidade, para os acertos finais do contrato de sociedade, mas Diana, já envolvida com os negócios da fazenda, não foi.

— Diana este é o Marco Antonio que divide comigo o escritório na cidade. Formou-se na mesma turma e viemos para o Rio, exatamente com a intenção de trabalharmos juntos. Papai apareceu e realizou nossos sonhos. Aliás, nosso pai gostou muito de Marco Antonio; disse que eu deveria ter um pouco da responsabilidade dele. Mas, meu amigo, que notícia o traz? Aconteceu algo?

— Sim e não – falou Marco Antonio sorrindo.

— Como assim?

— Aconteceu sim, mas nada grave. Ao contrário, uma notícia muito boa para nós dois. Tão boa que fez eu me aventurar nestas estradas que não conhecia – Marco Antonio estava meio sem jeito e falava timidamente.

— Como você veio? – perguntou Rodolfo

— Pensei em vir sozinho a cavalo, da mesma forma que você veio, mas graças a Deus mudei de ideia. Vim de trem até São Paulo e na cidade achei um cocheiro que está acostumado a fazer este percurso de comboio, para transportar o café desta região para a estação de trem que vai até o porto. Então acabou sendo mais fácil do que eu imaginava.

— Eu fiz a viagem de cavalo, meu amigo, por outros motivos... Bom, isso agora não importa, mas me diga logo o que o traz aqui – Rodolfo mal controlava sua ansiedade.

Um gesto de Diana levou os amigos para a saleta. Sentaram e Marco Antonio começou a contar as novidades.

— Lembra-se do Juiz Amaral? João Amaral Souza Leite? – perguntou Marco Antonio a Rodolfo.

— Claro que sim! Minha primeira bronca em público foi dada por ele, como poderia esquecer? – disse Rodolfo fazendo uma careta por se lembrar da bronca.

— Pois bem, ele esteve em nosso escritório alguns dias atrás e solicitou nossa ajuda em alguns documentos e processos. São documentos de pequenos Municípios e de alguns fazendeiros que, com a abolição, estão perdendo safra, bens, e os bancos estão executando as duplicatas de antigos empréstimos. As coisas estão complicadas e algumas famílias estão perdendo tudo, inclusive a própria razão. O juiz disse que está protelando a execução das dívidas, das famílias cujo chefe cometeu suicídio, deixando a esposa, filhos e a enorme dívida. De alguns não sobra nada, nem um teto para se abrigarem – Marco Antonio entristecia-se com as dificuldades que relatava.

— Mas, Marco, nós vamos tirar as famílias de suas casas? – Rodolfo tinha um ar de dúvida e descontentamento, não teria coragem de fazer isso.

— Não! Eu nem teria vindo até aqui para lhe falar se fosse esse o caso. O Juiz disse que necessita de nosso auxílio apenas nos documentos. Não teremos contato nenhum com os bancos ou mesmo com as famílias, e muito menos decidiremos quem executar ou quando. Apenas acertaremos a documentação que ficará nos cartórios – nesse momento Marco Antonio explicava melhor a proposta.

— Segundo o juiz, sempre há uma negociação de praxe antes de existir o pedido de execução e, geralmente, o mediador não tem todos os documentos em mãos para poder negociar. Aí é que nós entramos: juntaremos toda a papelada, calculamos as perdas financeiras e econômicas e faremos a avaliação real dos bens materiais existentes e futuros, como, por exemplo, previsão de safra, se a fazenda esta ativa, se há animais, etc..

— Pode ser um começo, meu irmão. Acho que não devia rejeitar a oportunidade – falou Diana, sem levantar os olhos. Tinha medo de denunciar a alegria inexplicável que sentia.

— Ainda bem que a temos, minha querida – disse Rodolfo abraçando a irmã.

— Não faço nada além de minha obrigação. Temos que zelar por todos nesta casa e se perdêssemos esta casa, acho que eu morreria também. Não sou tão boa assim, meu irmão, sou egoísta, isso sim – disse rindo para disfarçar um pouco o seu descontrole diante do moço.

— Como vocês resolveram este problema, ou como não caíram nele? – perguntou Marco Antonio

— Diana, mesmo muito jovem, já auxiliava meu pai na administração da fazenda desde que eu fui estudar. No começo, meu próprio pai não aceitava as ideias e sugestões que minha irmã dava, mas quando percebeu que suas ideias podiam dar bons frutos, começou a desenvolvê-las, e chamou Diana para acompanhá-lo nas negociações de preços, compra e venda de safra, animais, enfim, os negócios que podem existir numa fazenda cafeeira – explicava Rodolfo.

— Mas o que vocês fizeram com os escravos? Ou melhor, quando houve a abolição, vocês não tiveram perdas? – interrompeu Marco Antonio.

— Mesmo antes da Lei da Abolição, já não tínhamos escravos e sim trabalhadores. Diana sugeriu a meu pai que destruísse a senzala e construísse no lugar uma cozinha comunitária aos trabalhadores, pequenos quartos individuais para os solteiros e alguns maiores para aqueles que já possuíam família. Meu pai melhorou a ideia e construiu uma espécie de Vila com pequenas casas, que acomodam nossos companheiros de trabalho.

Marco Antonio expressava a admiração pelo projeto que escutava. Rodolfo continuava a explicar.

— Algum tempo depois meu pai alforriou todos eles e começou a remunerar pelo trabalho os que aqui permaneceram. Alguns não queriam receber, pois já tinham casa e comida que achavam muito, diante de alguns vizinhos que ainda mantinham seus trabalhadores escravizados, mas meu pai fez questão e numa caderneta foi anotando os valores daqueles que não queriam de forma alguma receber e a deixar esses valores separados, caso alguém mudasse de ideia.

Marco Antonio, ainda em silêncio, prestava atenção à história daquela fazenda que parecia não ter sentido a libertação dos escravos e também se adequar aos caminhos que a República trazia. Rodolfo continuou.

— Após a morte de meu pai, Diana deu para seus donos os valores que nosso pai havia guardado, alguns partiram, pois não aceitariam ordens de uma senhorita, mas a maioria ficou e, Graças a Deus, a Diana e a meu pai, nós não passamos por essas situações trágicas que estão destruindo financeiramente as famílias mais tradicionais.

Diana entrou na conversa e comentou o que acontecia nas fazendas vizinhas.

— Muitos de nossos vizinhos imaginavam que escravizariam da mesma forma os imigrantes que chegavam, mas esses trabalhadores não podiam ser acomodados numa senzala. Este era o primeiro, da lista de problemas que os fazendeiros enfrentavam. Houve aqueles que tentaram, e alguns até conseguiram, por um breve tempo, enganar os que chegavam nesta terra nova sem família e praticamente com a roupa do corpo, mas eles eram mais esclarecidos que os pobres escravos, já estavam acostumados a trabalhar nas lavouras e muitos eram alfabetizados, portanto o que no começo parecia ser muito fácil, após alguns meses foi virando problema. Os trabalhadores simplesmente iam embora, ficando apenas aqueles que, por terem família grande, tinham medo em se arriscar.

Diante do silêncio dos dois rapazes, Diana contava a história vivida pelos vizinhos.

— Mesmo assim o número de trabalhadores imigrantes nas fazendas era muito menor, comparado com o de escravos que essas mesmas fazendas possuíam. Com um número cada vez menor de camponeses, começaram os abusos e as explorações. Muitos adoeceram e alguns chegaram a morrer. Nesse momento, os fazendeiros começaram a perder safra, colher em épocas erradas e perderam muito dinheiro.

Marco Antonio continuava a escutar atentamente as explicações de Diana, e não escondia a surpresa de ver uma "mocinha" tão entendida dos problemas dos grandes fazendeiros.

— Mas falando sobre as atitudes que vocês tomaram, eu pergunto: e os vizinhos? Não se revoltaram com a atitude de seu pai? – questionou Marco Antonio.

— No princípio alguns vieram aqui e chegaram a desacatar meu pai, outros o ameaçaram, mas ele contornava a situação, e o principal, nunca fez um inimigo – respondeu Diana, ainda sem olhar para Marco Antonio.

— Vocês realmente são pessoas especiais. Minha família nunca teve posses e eu consegui estudar na Europa e me formar, graças a uma senhora que foi salva pelas mãos de minha mãe. Dona de um patrimônio considerável e sozinha na vida, sem herdeiros legais, ela ajudou minha mãe, que ficou viúva muito cedo, com minha educação e estudos. Sempre pensei que pessoas assim eram difíceis de achar e acho que tenho sorte, pois as encontro a miúdo em minha vida. Agradeço a Deus por conhecer e ter vocês como amigos – Marco Antonio se emocionou.

— Meu amigo, especial é você que nos honra com sua amizade – disse Rodolfo levantando-se e novamente abraçando o amigo.

— Deem-me licença, vou pedir à Elvira que faça um lanche para nós – Diana saiu e deixou os dois ainda conversando sobre os novos projetos.

Logo todos, inclusive Carmem, estavam conversando alegremente em volta da farta mesa, porém Diana e Marco Antonio evitavam o olhar um do outro. Era tão visível o constrangimento dos dois que Rodolfo percebeu.

— Rodolfo – disse Marco Antonio –, estava me esquecendo, na semana em que o juiz Amaral nos procurou, esteve lá também a Silvana e entregou esta carta endereçada a Arthur, não sei bem como chegou às mãos dela; até tentei falar-lhe antes de minha viagem, mas fui por duas vezes procurá-la e a casa estava fechada.

— A irmã de Silvana, se não me engano, trabalha no hotel que Arthur mora, ou na casa de algum amigo nosso, não tenho certeza, mas provavelmente foi ela que entregou lá em casa sabendo que Arthur havia viajado comigo. Deixe-me ver, se for o caso levarei hoje à tarde para ele. Estou precisando mesmo fazer-lhe uma visita. Da última vez que o vimos nossa conversa não foi das melhores e estou um pouco preocupado – comentou Rodolfo.

— Vocês brigaram? – perguntou Marco Antonio com algum interesse, pois não acreditava que Arthur fosse quem Rodolfo imaginava.

— Não, mas é um assunto um pouco delicado. Os nossos pais acertaram o casamento de Diana e Arthur quando ainda eram crianças, porém quando Arthur se mostrou desinteressado dizendo ao próprio pai que não tinha nenhuma vontade de se casar e muito menos de morar por aqui, seu pai liberou minha família do compromisso imediatamente. Mas nós, eu e Diana, soubemos disso apenas quando Arthur cobrou a promessa dizendo que amava Diana – respondeu Rodolfo.

— Então Diana não está mais compromissada com Arthur? – perguntou Marco Antonio tentando disfarçar a satisfação que sentiu.

— Não. Não está – Rodolfo disse olhando de lado para ver a reação do rapaz, que foi muito discreta, mas deu para perceber uma pontinha de felicidade.

— Será que vocês esqueceram que estou presente? – disse Diana sorrindo.

— Ora, ora, achei que você já havia saído... – disse Rodolfo brincando com a irmã. — Mas já que está presente, responda você mesma ao Marco Antonio, minha irmã!

Diana corou e quase engasgou com o refresco que tomava. Mas levantou os olhos e pela primeira vez olhou diretamente para Marco Antonio. A emoção do encontro de almas amigas é muito profunda.

— Não, Sr. Marco Antonio, não estarei comprometida até o momento que encontrar a pessoa que me completa.

A resposta foi seguida por um silêncio respeitoso, quebrado por Carlinhos e Penélope que entravam no recinto como dois furacões.

—Todo mundo lancha menos nós?

— Quem os acha nestas terras, meu querido? – perguntou Carmem, levantando e arrumando um prato com guloseimas para o filho.

Todos os presentes sentiam a força do sentimento que unia a todos os presentes daquela sala. Foi Diana, ainda meio confusa com os sentimentos que a invadiam, quem quebrou o silêncio.

— Mais uma vez eu peço que me deem licença, preciso acertar algumas coisas com Jonas. Nos vemos no jantar? – perguntou Diana, para ter certeza que Marco Antonio ficaria por ali, pensando logo em seguida a bobagem que havia dito; afinal, para onde ele poderia ir?

Sem nada dizer, Rodolfo e Marco Antonio se levantaram dando passagem à Diana, que, sem jeito, saiu sem olhar para os lados. Não precisava falar com Jonas. Como sempre fazia, todas as ordens e comandos eram passados logo ao amanhecer, somente em casos de muita urgência se falavam durante o dia. Mas ela precisava se acalmar, sossegar o coração e tentar entender o que estava acontecendo com ela.

Nunca havia vivido nada parecido e não saberia explicar, com certeza, o que sentiu quando olhou nos olhos de Marco Antonio; parecia estar hipnotizada, transportada a uma época e um local bem diferentes. Mas como, se não saíra da sala e seus olhos não fitaram os dele mais que um minuto?

O que está acontecendo comigo? – pensou.

Na sala, Rodolfo convidou Marco Antonio para ir até a fazenda de Arthur, mas ele não aceitou. Não mentiu, estava cansado e, se não fosse incômodo, gostaria de se lavar e descansar um pouco da viagem. Foi prontamente atendido e Rodolfo saiu a cavalo em direção à fazenda dos Souto Ferreira, a Fazenda da Nascente.

Chegando, Rodolfo foi recebido por Thomas. Arthur estava fora, mas voltaria em breve. Parecia que fazia um longo tempo que, ali mesmo naquela sala, todos viram a humilhante atitude de Arthur. Rodolfo se sentiu amargurado e triste por lembrar daquilo tudo. Aqueles meses serviram para as emoções se acomodarem. Rodolfo esperava que o amigo estivesse mais calmo e mais acessível.

— Meu filho, entre e aguarde. Nosso Arthur já deve estar voltando. Vamos tomar um licor enquanto isso – disse Thomas.

— Sr. Thomas, não quero incomodar, apenas vim para saber como vocês estão e como está Arthur; também aproveitei para trazer esta carta que chegou as minhas mãos, por meu sócio que chegou do Rio de Janeiro.

— Entregue você mesmo, por favor. Ele não demorará.

— Mas, Sr. Thomas, diga-me como Arthur passou esses meses?

— Meu filho, como eu imaginei, Arthur passou muito bem, melhor impossível! Visitou alguns amigos nossos pelas redondezas e anda para cima e para baixo com o filho do Robério Souza Antunes, o Luiz. A Suzana, a filha mais nova de Robério, fez uma festa de despedida para uma prima que estava de partida para a Europa e Arthur foi convidado, dando-se muito bem não só com Luiz, mas principalmente com Suzana.

— Ainda bem, eu estava preocupado com os sentimentos de Arthur, achei que ele poderia estar se sentindo traído pela nossa família – Rodolfo falava com sinceridade.

— Arthur não ama ninguém, meu filho. Sei muito bem a alma que Deus me deu como filho – disse Thomas, meio amargurado.

— Sr. Thomas, acredito que Arthur esteja ainda perdido, sem saber ao certo o que quer fazer de sua vida, mas como acontece a todos nós, ele um dia saberá – Rodolfo, não acreditava muito no que dizia.

— Mas de quem é a carta, meu filho?

— Não sei, Sr. Thomas. Não há remetente, mas com certeza é de alguma mulher – sorriu Rodolfo.

— De mais alguém que ele enganou na cidade, com certeza! – balbuciou Thomas.

A figura de Flávia passou pela cabeça de Rodolfo, mas preferia acreditar nas palavras do amigo, que tudo não passara de um engano.

— Boa tarde! A que devo esta inesperada visita? – disse Arthur entrando em companhia de Suzana, uma menina muito bela. Não tinha mais que 15 ou 16 anos.

— Meu amigo, que bom vê-lo feliz e as voltas com belas moças – falou Rodolfo cumprimentando Suzana e abraçando Arthur, que correspondeu o abraço.

— Não podemos nos abater, mesmo levando algumas pauladas inesperadas, não é mesmo, meu amigo? – disse Arthur irônico.

— É verdade. Temos sempre que nos levantar. Mas vim aqui também para trazer esta carta que chegou hoje em minha casa pelas mãos de Marco Antonio – Rodolfo respondeu ignorando a ironia de Arthur.

— Provavelmente, de alguém que sente minha falta nas festas e reuniões... – disse Arthur rindo.

Ao abrir a carta Arthur empalideceu. Palidez que não passou despercebida para Thomas. Visivelmente nervoso, Arthur mal terminou de ler as folhas que completavam toda a carta e, enfiando-a no bolso, disse a todos:

— Por favor, esperem um momento. Vou trocar de roupa e já retorno.

Saindo apressado, Arthur não percebeu a criada que trazia uma bandeja com cálices e licor, conforme Thomas havia solicitado, e chocando-se com ela derrubou tudo pelo chão do recinto.

— Você não vê por onde anda? Negra cega! – gritou Arthur.

— Arthur, foi você que não enxergou. Provavelmente pelo susto que levou ao ler as notícias da cidade. Ajude-a a pegar o que sobrou e vá trocar-se, agora está precisando mesmo – disse Thomas, sem mudar o tom de voz.

— Sr. Thomas, não se preocupe. Eu apenas quis trazer a carta a Arthur, achei que era urgente e vejo que não errei em minhas conclusões. Vejo-o depois com mais calma. Gostaria muito que o senhor nos fizesse uma visita – disse Rodolfo

— O que vocês têm com os meus problemas? Não posso receber uma simples carta que já me colocam contra a parede? E tem mais, não tenho satisfações a lhe dar Rodolfo; não temos mais nenhum vínculo – com olhos de fogo, Arthur deixou todo sentimento que lhe vinha na alma, relacionado ao amigo traidor, aflorar em suas palavras.

Thomas continuou calmo diante da atitude grosseira do filho e tentou manter a visita de Rodolfo em clima amigável.

— Não, meu filho, eu faço questão que você tome um licor comigo e na companhia desta linda moça. Enquanto esperamos Arthur trocar a roupa, e se refazer do susto, além de recuperar a educação! – Thomas olhava unicamente para Arthur enquanto falava.

Arthur não esperou mais nenhum comentário e saiu.

Chegando ao seu quarto, pegou a carta do bolso e começou a ler. Era de Lavínia.

Relatava o nascimento de Oswaldo, que descrevera como um garoto forte e sadio. A carta e as notícias confirmavam suas suspeitas: Eugênio expulsara Flávia de casa e ela estava sob os cuidados de Lavínia na Mansão das Meninas.

— Ótimo. Pelo menos uma coisa deu certo. Vou ficar por aqui mais alguns dias e depois dou a notícia de minha partida. Deixarei Suzana aqui a minha espera, afinal eu estou completamente apaixonado – disse rindo consigo mesmo – e até lá Flávia já estará recuperada e frágil o suficiente para aceitar meu ombro amigo – continuou com seus planos e devaneios.

Sombras escuras e pegajosas envolviam Arthur, aumentando o desejo de vingança e ódio por todos a sua volta. Não tinha amigos, pensava, e os inimigos não eram fortes o suficiente para enfrentá-lo. Sentia-se poderoso e invencível. Mesmo parte do plano não tendo dado certo, não tinha problema. Flávia vivendo na Mansão das Meninas não poderia cobrar nada e serviria aos seus caprichos até quando assim o desejasse. Eugênio nada falaria com o seu retorno, afinal saíra da história como a parte traída e ofendida. Afinal, estava tudo melhor do que esperava.

Foi melhor assim. Não precisei me prender aquela aguada da Diana e posso continuar minha vida como eu desejo. Mas não vou aceitar ser passado para trás assim desta maneira. A família Alves Almeida que se cuide. Posso aprontar uma boa para todos eles, nem aquele garoto imbecil e mimado vai escapar. Eles que mexam comigo novamente e sentirão o meu ódio! Agora, o melhor a fazer é bancar o ofendido e sair de campo, afinal Rodolfo sabe sobre a gravidez de Flávia e, quando voltarmos para o Rio, ele pode desconfiar de alguma coisa... É melhor eu deixar para lá, por enquanto. Aliás, eu tenho que voltar para o Rio de Janeiro antes de Rodolfo.

Arthur pensava. E quanto mais dava vazão aos sentimentos de ódio e rancor mais era envolvido pelos Espíritos afins. E, da mesma forma que imaginava planos para envolver a todos em suas teias, as forças que o envolviam planejavam também, sussurrando-lhe aos ouvidos as mais sórdidas atitudes. As coisas estavam seguindo o caminho conforme ele desejava e isso era importante; agora era imprescindível agir de forma a não levantar nenhuma suspeita e voltar ao Rio o mais breve possível.

Já era noite e Rodolfo ainda não retornara da visita. Carmem pediu a Elvira para servir o jantar e colocar um prato para Rodolfo, pois ele deveria estar por perto. Rodolfo chegou quando todos ainda se sentavam à mesa. Lavou-se e juntou-se aos outros, sem disfarçar o ar preocupado que trazia.

— Meu filho, o que aconteceu? Voltou tão diferente da Nascente – falou Carmem.

— Eu já esperava algo não muito agradável, minha mãe, mas fui entregar a carta para Arthur e fiquei até feliz quando soube que ele não estava na fazenda. Ele chegou logo em seguida, acompanhado de Suzana Antunes. Aparentemente estava bem, mas ao perceber de quem era a carta, descontrolou-se a ponto de maltratar uma das moças que ajuda na cozinha da fazenda.

Fez uma pequena pausa e, como ninguém fez comentários, Rodolfo continuou:

— Foi muito mal educado, inclusive com a Suzana, que anda pendurada nele, segundo o Sr. Thomas. Mas o que mais senti foram suas palavras dirigidas a mim; "não temos mais nenhum vínculo", ele disse. Não me senti bem, quis sair dali, mas o Sr. Thomas não deixou, disse que fazia questão de tomar um licor comigo, e assim foi. Mas foi difícil. Estou triste, mas também me sinto aliviado em não ter que aceitar, passivamente, ele convivendo com você, Diana, por conta das promessas de papai. Aliás, se papai estivesse vivo, com certeza não daria sua mão a alguém tão instável como Arthur. Estou decepcionado e triste!

— Antonio não permitira, isso meu filho, tenha certeza – disse Carmem, e continuou: — Ele tentaria ajudar Thomas com os problemas do filho, mas não jogaria sua irmã nos braços de um leviano, com problemas de caráter como você diz.

— Rodolfo, desculpa-me a intromissão, mas já que estou no meio da conversa, não posso me fazer de surdo ou fingir que estou surpreso. Talvez você não tenha enxergado a realidade, porque não procurou. Era fácil estar ao lado dele nas festas e nas reuniões que vocês participavam. Eu mesmo cheguei a ir a alguns eventos e por pouco não me deixei levar pela futilidade que ronda a todos nesses eventos – falou Marco Antonio.

Todos prestaram atenção às palavras do convidado.

— Não o estou culpando e, muito menos julgando, estou dizendo o que vi e senti. Arthur sempre esteve no meio daqueles que podiam lhe proporcionar o luxo e a vida fácil. Vive à custa do pai e trata todas as moças como se fossem objetos descartáveis. Não tem objetivos para o futuro, além de se casar com alguém de sua faixa social e que lhe aumente a fortuna. Resumindo, uma pessoa fraca de caráter. Posso auxiliar uma pessoa assim, se for necessário, mas não o teria como amigo no seio de minha família.

Todos ficaram em silêncio, pois Marco Antonio conseguiu sintetizar o perfil de Arthur. Somente não podia ser esquecido que Arthur era fiel a sua família, principalmente seu pai que era o único a quem respeitava e amava sinceramente. Até mesmo sua mãe que ele amava, não merecia o seu respeito, pois a considerava inferior a ele.

Finalmente Diana, quebrando o silêncio que pesava no ambiente, disse:

— Marco Antonio, como representante desta família, aqui neste fim de mundo como diz meu irmão, quero que saiba que é muito bem-vindo e que estamos felizes com sua visita e gentilmente o convidamos para passar o Natal com nossa família. Os amigos sinceros de meu irmão sempre terão as portas abertas – com o rosto pegando fogo e o coração aos pulos, percebeu que já havia escolhido aquele que seria seu companheiro.

Marco Antonio agradeceu apenas com um aceno e preferiu não dizer nada, pois poderia denunciar seus sentimentos.

Rodolfo e Carmem se entenderam com o olhar, mas também não falaram nada para não quebrar o encanto do momento. Embora a decepção fosse presente, a felicidade era maior.

Capítulo XIII
A volta

Algumas semanas se passaram e Oswaldo estava um pouco mais forte, mas era uma criança chorona e irritada. Ao mínimo barulho iniciava um choro que permanecia por horas, o que à noite, nas reuniões da Mansão, provocou a ira de Lavínia.

Este foi um dos motivos da carta de Lavínia para Arthur. O preço que haviam combinado antes de sua partida para a fazenda não era bom o bastante para aguentar o sumiço de alguns clientes e reclamações, teria que ser "no mínimo o dobro, ou o Sr. Eugênio encontraria a filha e o neto, mortos claro, mas encontraria", eram os termos da carta.

Silvana acabou sendo libertada sob a ameaça de ser morta no primeiro deslize e com ordem de deixar a carta no escritório de Rodolfo, que alguém daria um jeito de entregar. Rafael a acompanhou em todos os seus passos até ela chegar a casa e se trancar. Quem acompanhava os desmandes de Lavínia nunca entendeu muito bem como Silvana escapara viva, mas algumas vezes, mesmo com dificuldade, o plano espiritual consegue imprimir algum sentimento nos corações mais duros.

Foi um trabalho difícil e desgastante para os amigos do plano imediato, que nunca deixaram os envolvidos sozinhos, até que Clara e Osmar conseguiram falar com o Espírito de Lavínia, enquanto seu corpo dormia. Numa conversa nada amistosa, mas objetiva e utilizando das mesmas armas que eram familiares a ela, a espiritualidade conseguiu convencê-la da necessidade de soltar Silvana.

E assim foi. Silvana voltou para o conforto da casa que a acolhia com carinho. Ela ficou uns dias sem colocar a cara na janela, pois tinha muito medo de ver aquele homem horroroso que a tinha levado. Aos poucos foi se acalmando e pensando com mais clareza, mas preocupava-se com a irmã e Flávia. Qual seria o destino delas? Sem falar daquela criança que já nascera no meio da violência e do ódio – pensava em todo momento.

Silvana, materialmente falando, estava sozinha naquela casa, mas Clara, Osmar e Antonio, se revezavam e sempre havia alguém em sua companhia. Sempre realizava suas orações e teve fé num futuro melhor para todos. Agindo assim, era muito fácil aos Espíritos amigos transmitir a ela os fluidos necessários ao equilíbrio.

Pensou em se comunicar com o Rodolfo, contar para ele a "boa bisca" que era o Arthur, mas enviar uma carta, ela não tinha como, não sairia dali sem ser seguida. Além disso, tinha medo da carta cair em mãos erradas, não sabia exatamente onde Lavínia tinha ou não amigos.

Pensou em falar com Eugênio, mas não poderia falar com ele em local público; também não saberia explicar onde Flávia estava. Talvez fosse pior.

Silvana se angustiava pelos pensamentos que povoavam sua mente mas enviava pensamentos reconfortantes para suas companheiras de cativeiro e pedia a Deus que lhes dessem forças para não desanimar até Rodolfo voltar e poder contar tudo para ele.

Se alguém pode fazer alguma coisa é o Sr. Rodolfo, ninguém mais. Pensava ela.

Flávia e Julia se revezavam durante a noite para cuidar de Oswaldo e estavam muito cansadas. Flávia já havia se abatido bastante pela gravidez difícil; na semana em que Oswaldo nascera ela praticamente não se alimentou. Preocupada com o próprio destino e o de suas companheiras, não conseguia ingerir o alimento e este parar no estômago.

A amamentação estava lhe tirando o resto das forças, mas era o único momento em que a criança ficava quieta. Flávia às vezes tinha a sensação que ele ficava quieto por causa do contato entre eles, como se Oswaldo estivesse se ligando a ela somente agora, após seu nascimento. Ela não sentia isso quando ainda estava grávida.

E era verdade! O Espírito de Oswaldo tinha o sentimento da rejeição tão vivo na alma que não conseguia perceber que logo estaria entre os encarnados. A rejeição e o ódio eram tão fortes em seu Espírito que o deixava cego, e ele percebia somente os momentos que haviam ocorrido em vida pretérita: a negação e a expulsão da encarnação prometida.

Porém, neste momento Flávia cumprira com seus objetivos de amenizar os sentimentos baixos que existiam entre eles e o acolheu com amor e carinho. Ao acalentar seu filho, com o verdadeiro amor que somente alguns pais ou mães possuem, Flávia quebrava a fascinação que aquele Espírito se encontrava.

Muitas entidades o envolviam e, trazendo à sua lembrança a mesma imagem da rejeição sofrida, atingiam seus objetivos. O descontrole do Espírito, embalado por sentimentos de vingança e ódio, desestabilizava seu pequeno corpo físico, ainda muito frágil para poder ultrapassar os limites e controlar-se. Somente o amor e a paciência, o carinho de colocá-lo nos braços poderiam fortalecer o vínculo e fazê-lo perceber que desta vez ele não fora expulso e que era hora de se fortificar para aproveitar a encarnação que se iniciava. Ao reencarnar, ainda na primeira infância física, as crianças possuem uma ligação direta com o plano espiritual. E algumas impressões que trazem no Espírito, resultado de experiências já vividas, podem, por meio da aceitação ou rejeição dos pais, deixar o Espírito mais, ou menos, inseguro para os novos caminhos.

Assim acontecia com Oswaldo. Ao ter o corpo envolvido fisicamente pelos braços de Flávia e sentir o carinho sincero que ela tinha, ele aos poucos se livrava das imagens e ia tomando consciência de sua nova situação. Nós acreditamos que uma criança seja criança inclusive no Espírito, mas não é assim e muitas vezes cometemos sérios enganos por isso. O Espírito de Oswaldo conseguia compreender e assimilar tanto o amor de Flávia como as agressões fluídicas das entidades que só queriam atrapalhar a nova chance de acerto. Como qualquer um de nós, Oswaldo travava sua primeira batalha de se libertar.

Fazia quase nove meses que Julia e Flávia compartilhavam aquele destino infeliz. Presas sem saber o porquê, ou exatamente por quem, ainda nada sabiam sobre as verdadeiras razões de estarem ali. E era certo que suas vidas deveriam ser poupadas, pois Lavínia as tratava muito bem no tocante a alimentação e higiene. Oswaldo mostrava recuperação física e emocional. Não chorava tanto e estava bem mais forte.

O Natal se aproximava e Flávia entristecia-se em pensar que, pela primeira vez, passaria longe de seu pai. Estavam nas mãos de pessoas que viam nelas nada além do que mercadorias. Afinal não havia dúvidas que existia muito dinheiro envolvido em seu misterioso sequestro.

Julia pensava em Silvana! Flávia havia se tornado outra irmã querida, mas a angústia da prisão era quase palpável.

Numa tarde, quando as duas estavam dando banho em Oswaldo, escutaram um burburinho próximo da porta. A voz de Lavínia se destacava, mas havia a voz de um homem que Flávia tremeu ao reconhecer. Nem bem associou a imagem à voz que ela escutara, e a porta de abriu, com a pessoa ainda com a mão na maçaneta: Arthur!

Julia sem entender nada, pois não conhecia muito bem Arthur, amparou Flávia que visivelmente abalada e com o filho nos braços, já ia indo para o chão.

— Minha querida, não sabia que minha presença causaria tanta emoção – disse ele sorrindo e trancando a porta para agarrar a cintura de Flávia.

Julia começou a entender o que estava acontecendo e pegou Oswaldo, que começou a chorar de forma estridente, como se alguém o machucasse. Flávia entregou o filho e empurrou Arthur, com o pouco das forças que a surpresa lhe causou.

—Arthur! Eu devia ter imaginado que você estava por trás desta tragédia. Quem você pensa que é para me tratar assim ou a seu filho. Sim, embora você tenha dito para todos que o filho era de qualquer um, que podia ser, inclusive, de um homem casado, você sabe perfeitamente que este filho é seu. Infelizmente, Arthur, este filho é seu! – Flávia gritava.

Flávia carregava tanta raiva em suas palavras que Arthur ficou sério no mesmo instante. E constatou que Flávia havia mudado.

— Flávia, você está muito nervosa e sei que isso não é bom nem para você nem para o bebê. Eu só queria que soubesse que estou por perto e que na véspera do Natal, mais precisamente, eu passarei a noite com vocês. Teremos uma noite familiar, conforme manda as leis da sociedade – dizendo isso Arthur saiu e nem esperou resposta de Flávia.

Lavínia esperava do lado de fora apenas escutando o que Flávia diria e, se acaso ela tentasse contar a verdadeira história, arrumaria uma forma de interromper. Arthur soube de uma história completamente diferente. Lavínia confirmou que a sequestrou, mas que o sequestro foi para criar certo mistério e confundir as pessoas e que Eugênio, ao expulsar a filha, nem se preocupou com o sumiço dela.

Lavínia não esperava que Arthur voltasse solteiro para o Rio de Janeiro e para a antiga vida. Seria muito difícil esconder dele a verdade. Todos sabiam das histórias sobre a gravidez e o sequestro. Alguns chegaram a duvidar da veracidade do sequestro, acreditando ser mais uma desculpa de Eugênio para sumir com a filha e esconder a gravidez indesejada. Então talvez o melhor seria ficar quieta e esperar; no momento certo ela pensaria em alguma coisa.

As entidades que envolviam Lavínia e Arthur e toda a Mansão das Meninas eram de tamanha ignorância que muitos já perdiam a forma física. Seres ligados aos vícios químicos, ao sexo desvairado e aos sentimentos de ódio e vingança; muitos estavam por ali apenas para satisfazer as próprias necessidades que encarnados tiveram. Os fluidos exalados pelas drogas, que naquela época eram consumidas apenas pelos "rapazes finos" e nos prostíbulos, eram sugados pelo invisível junto com os encarnados que se saciavam no ópio e na cocaína.

As bebidas e o jogo também tinham seus adeptos e, logo após o "banquete", o quadro era complementado pela prática do sexo comprado, em que as mulheres, como objetos de prazer, serviam aos seus "senhores" o melhor que poderia haver no comércio dos prazeres da carne. Tudo isso era dimensionado pelo envolvimento espiritual que numa espécie de simbiose alimentavam os desejos dos encarnados e ao mesmo tempo se alimentavam dos fluidos exalados pelos encarnados, criando a dependência e a vontade de sempre querer mais dos dois lados da vida: espiritual e material. Paravam somente quando estavam ressequidos fisicamente e sem forças para continuar. O quadro era degradante.

A droga, espiritualmente falando, sempre produz fluidos pesados, mas naquela época não era do conhecimento da ciência que certos procedimentos ou hábitos poderiam gerar grandes danos à saúde física e/ou mental. Hoje já possuímos algum conhecimento sobre os problemas que os vícios trazem, sejam vícios físicos ou morais, então nossa responsabilidade ao contrair um vício também modificou. Não podemos cobrar do aluno a matéria não aprendida, mas ao longo da Vida o aluno aprenderá todas as lições.

Nesse turbilhão de energias pesadas, um pequeno ponto luminoso, quase como uma cabeça de alfinete, ascendia acima das orgias diárias que lá aconteciam. Eram Júlia e Flávia, que muitas vezes, sem conseguir dormir por causa do barulho ou então pelo choro de Oswaldo, oravam e recebiam forças para passar pelos dias que viriam.

Fazia alguns dias que Arthur, invadindo o quarto, disse que passaria o Natal ali com elas e Flávia pedia para que ele não aparecesse. Sabia o que a esperava e tinha muito medo. Receava por seu filho ficar sem a mãe, pois morreria, mas não se entregaria novamente a Arthur.

Julia, como se lesse os pensamentos e os medos íntimos de Flávia, abraçou-a e adormeceram, pedindo a Deus que as mantivessem juntas e fortes para poderem salvar Oswaldo do pai que tinha.

Capítulo XIV
Proposta

Diante do convite de Diana, Marco Antonio achou melhor voltar ao Rio de Janeiro, acertar o contrato sobre a prestação de serviços jurídicos com o juiz Amaral e retornar para as festividades do Natal. Marco Antonio estava muito feliz, acreditava ter encontrado a mulher de sua vida.

Antonio, no plano imediato, conversava com Geraldo sobre a felicidade que sentia ao ver-se livre da carne e poder assistir a almas tão queridas se encontrarem. Diana e Marco Antonio eram almas que não possuíam desequilíbrios de convivência e tinham objetivos comuns ligados ao aprendizado. Geralmente quando encarnam juntas, auxiliam-se mutuamente e também a um grupo de Espíritos, que necessitam de apoio para evoluírem.

Este era o caso da família de Antonio e de Thomas. Marco Antonio não tinha família carnal e se ligaria ao grupo por meio do casamento. Todos no momento oportuno teriam forças para auxiliar no reequilíbrio de sentimentos e necessidades de outro grupo também afim, mas ainda desgarrado: a família de Eugênio, Arthur e, quem sabe, alguns envolvidos com a Mansão. Os desafios pessoais como era o caso de Carmem, ao novamente ficar sem o companheiro, ou os acertos que Diana deveria realizar com Carlinhos, eram automaticamente auxiliados pela força do amor que existia entre eles. Rodolfo, por exemplo, tinha responsabilidades diretas com Arthur, e o amor de sua família o sustentava. Somos seres únicos, mas não somos seres isolados. Além disso, devemos sempre lembrar sobre a diferença entre auxiliar e se sacrificar. O auxílio está ligado ao amor e pode ser realizado de diversas formas, porém sempre respeitará as escolhas do auxiliado. O sacrifício traz sofrimento.

Chegando ao Rio de Janeiro, Marco Antonio imediatamente procurou o juiz Amaral e acertou os detalhes do contrato. Ressaltou que seu escritório não se envolveria nas execuções e retomada dos bens de ninguém e que se isso, por qualquer motivo, viesse a ocorrer, o contrato seria automaticamente cancelado, sem prévio aviso.

Essa observação surpreendeu o juiz, pois não esperava que advogados tão novos, em início de carreira, tivessem alguma restrição para conseguir se fixar no mercado de trabalho. Em contrapartida, trouxe ao juiz Amaral a certeza de ter contratado as pessoas certas. Pessoas com compromisso moral.

Tudo assinado, Marco Antonio pediu a Gorete, uma moça que os auxiliava nas escritas e nos recados, que mantivesse o escritório aberto até próximo ao Natal. Deu-lhe a chave do escritório, assinou alguns papéis que já estavam prontos e despediu-se da moça que, emocionada pela confiança, chorou abraçando Marco Antonio.

— Gorete, o que é isso? Parece que eu a despedi! Eu apenas disse "até logo", Gorete, apenas porque vou viajar – disse rindo da atitude da moça.

— Seu Marco Antonio, me desculpa, mas nunca me trataram assim. Hoje mesmo eu falei para minha mãe que achava que iria perder o emprego, e o senhor sabe o quanto é difícil pra gente arrumar um bom emprego, que tenha ambiente e pague honestamente o ordenado acertado. Vocês não voltavam e eu estava aflita.

— Pois nesta tarde você chegará dizendo para sua mãe que você virou chefe do escritório e ainda recebeu um aumento no ordenado, por causa da promoção. Gorete, nós não mandaríamos você embora sem motivo. Você começou aqui comigo e com Rodolfo quando não tínhamos clientes, aliás, só tínhamos dívidas! Vamos lá, enxugue essas lágrimas, ajeite as coisas por aqui e corra para contar as novidades à sua mãe. Tenho certeza que ela vai gostar da notícia! – tanto Marco Antonio como Rodolfo tinham verdadeiro carinho pela moça.

— Pode deixar, Seu Marco Antonio, já estou melhor – falou Gorete enxugando as lágrimas.

— No início do ano estaremos de volta, e você esteja preparada, pois teremos muito serviço por aqui – despediu-se novamente e saiu.

O Rio de Janeiro era uma cidade em expansão e muito interessante. Praticante da tolerância religiosa, era sede de diversas igrejas protestantes, como a Batista, a Presbiteriana e outras. O movimento romântico da época já pregava a necessidade do resgate da natureza, pois a Floresta da Tijuca já estava devastada pelas plantações de cana e posteriormente do café, afetando os mananciais da cidade.

Era uma cidade de vários perfis, iniciando a mistura de raças maravilhosa que temos hoje.

Havia alguns palacetes das famílias importantes e a construção de várias praças e passeios aproveitando os aterros. E as confeitarias eram a moda.

Marco Antonio pegou o bonde e parou próximo à casa de Rodolfo. Iria pegar algumas roupas, já que a viagem havia se estendido muito além das expectativas iniciais. Pegou a chave no bolso, entrou e já ia subir quando deu de cara com Silvana descendo as escadas. Não se sabe quem ficou mais assustado, ele ou Silvana.

Os dois riram e depois que Marco Antonio se desculpou e ia subindo para o quarto, pegar as roupas de Rodolfo, Silvana pegou-o pelo braço e subiu junto dizendo que precisava conversar e aproveitaria para separar as roupas do patrão.

Era a oportunidade perfeita para Silvana contar o que estava acontecendo. Marco Antonio era meio desconhecido; não frequentava as rodas da sociedade. Também era sócio de Rodolfo, então perfeitamente normal ele estar por ali. E a sua chegada até a casa era legítima, havia um motivo real, Silvana não o chamara. Ela tinha certeza que as pessoas que a vigiavam sabiam disso.

Rapidamente, enquanto arrumava as roupas numa valise, contou toda a história a Marco Antonio que ouvia atenciosamente cada detalhe, entre assustado e incrédulo. Não demorou na casa para não levantar muitas suspeitas. Sabiam que alguém vigiava os movimentos de Silvana, mas prometeu tentar fazer alguma coisa para ajudar a pobre moça, que nem conhecia direito, mas confiando na palavra de Silvana, não merecia todo aquele sofrimento.

Marco Antonio saiu pensativo e nem percebeu quando um homem de aspecto esquisito se aproximou. Era Rafael.

— Boa tarde! – falou o homem

— Boa tarde! – respondeu Marco Antonio, meio assustado, e resolveu consertar: — Desculpe, não percebi que o senhor estava tão próximo.

— Não tem problema não, o senhor é que saiu da casa parecendo que viu fantasma. O senhor viu?

— Não vi não, mas me assustei com a moça que trabalha na casa de meu sócio. Quando entrei na casa não a vi e, achando que a casa estava fazia, subi peguei as coisas que meu amigo pediu e ao descer dei de cara com ela. Nós assustamos um ao outro apenas isso. Só esperei um pouco ela se acalmar, pois ficou muito nervosa, tremendo; pensei que fosse desmaiar. Não sabia que meu amigo tinha uma pessoa tão esquisita trabalhando com ele – disse Marco Antonio tentando falar o mais próximo da verdade para não se confundir, ele era um péssimo mentiroso.

— O senhor não disse que era casa do seu sócio? – perguntou o homem tentando pegá-lo numa mentira.

— Sim, sócio e amigo, que ficará sem roupas se eu não partir ainda hoje – sorriu. Mas o senhor é quem? Um vizinho?

— Não sou não. Estou na casa de um parente aqui perto e sempre vejo a casa vazia, sem vida, achei mesmo que era assombrada! – disse dando uma gargalhada.

— A moça que está aí até parece assombração mesmo. Não abre a boca pra nada e anda sem fazer barulho... Não foi a toa que me assustei – Marco Antonio entrou na piada.

— Então boa viagem, moço. Até um dia – Rafael olhou desconfiado, mas tinha certeza que a velha não havia falado nada. A reação do moço seria outra, pensou.

O olhar daquele homem gelou Marco Antonio e percebeu o perigo que Silvana corria, mas tirá-la dali podia ser pior. Fez exatamente o que falara ao homem, imaginou que alguém poderia segui-lo. Pegou o bonde foi até a sua casa e, alugando uma carruagem com dois cocheiros, partiu.

As estradas de ferro ainda não chegavam às cidades mais afastadas, mas ir de trem até São Paulo e seguir a cavalo era o caminho mais curto.

Ao sair de São Paulo em direção a Ribeirão Preto, solicitou aos cocheiros que imprimissem um ritmo constante, que só parariam para cuidar dos cavalos. Queria chegar o quanto antes.

No ritmo imposto, Marco Antonio reduziu a viagem pela metade do tempo, e desta vez abraçou a todos, inclusive Diana, que correspondeu ao abraço ficando, logo em seguida, envergonhada.

— Meu amigo, já estava achando que você não voltaria. Aconteceu alguma coisa inesperada? O Natal está quase chegando e você não aparecia, começamos a achar que você havia mudado de ideia – disse Rodolfo, com muita alegria em ver o amigo.

— Meu filho, vá se lavar, tirar a poeira da estrada e venha comer alguma coisa que você deve estar faminto. O Jonas leva as suas malas para o quarto em dois minutos. Depois contaremos as novidades, não é melhor? – Carmem já havia "adotado" Marco Antonio.

— Realmente, Dona Carmem, eu estou com terra até nas orelhas, mas vou e volto logo porque tenho muitas novidades... Muitas mesmo!

Alguns minutos depois, Marco Antonio estava trocado e limpo. Esperou que todos estivessem à mesa e pediu-lhes a atenção. Diana mal o olhava, um pouco pela vergonha ainda presente, um pouco por ter medo de novamente abraçá-lo impulsivamente na frente de todos.

Marco Antonio iniciou a conversa, um pouco tímido, mas muito seguro no que dizia.

— Vocês sabem que não tenho ninguém. Minha família já se foi e tenho em Rodolfo um irmão, muito mais do que simples amigo ou sócio – respirou profundamente e continuou: – Dona Carmem, a senhora, trouxe de volta em meu coração o carinho da mãe preocupada e doce; Carlinhos, você traz sempre a alegria e isso faz muito bem para nossa alma.

Mais uma pausa e, levantando-se da mesa, pegou a mão de Diana falou:

— Diana, você é o amor, a companheira que faltava em minha vida.

Todos estavam emocionados e surpresos. Não esperavam esta declaração tão rápida. Percebiam, sim, alguma coisa no ar, mas não acreditavam que tudo fosse acontecer neste momento. Marco Antonio segurava Diana pelos ombros e, olhando em seus olhos, disse:

— Eu sei que eu deveria falar com você sozinha, Diana, primeiro porque você é dona da sua vida e sabe o que deseja e precisa; segundo porque posso levar o maior não de minha existência, mas resolvi falar a todos juntos porque desejo, se você me aceitar claro, providenciar o noivado e casamento em um ano no máximo. Já que a encontrei, não quero perdê-la. Se o destino me trouxe até você, exatamente no momento em que ele, o destino, lhe dava uma nova chance de encontrar alguém digno do seu respeito, da sua inteligência e do seu amor, eu não posso perder esta oportunidade. Eu nunca me perdoaria – Marco Antonio encerrava, beijando as mãos da mulher que escolhera como companheira.

Diana tentava se controlar ainda mais, respirando fundo e tentando segurar algumas lágrimas que caíam, como se tivessem vida própria.

— Por mim, eu me casaria amanhã – disse somente isso, baixinho, num fio de voz, mas bastou para que todos se abraçassem. Felizes e surpresos, brindaram ao repentino e inesperado noivado.

Capítulo XV
Descobertas

A vida na fazenda era pura felicidade, os preparativos para o Natal estavam a pleno vapor, e todos gostaram do noivo de Diana e Elvira dizendo "que já sabia" que isso aconteceria. Na sua simplicidade imaginou que Diana estivesse grávida, daí a correria, mas ao saber que eles nem haviam se beijado ainda disse: "você já perdeu muito tempo, minha Diana", e riu da cara da moça que ajudara a criar e gostava como se fosse filha.

Era quase impossível Diana e Marco Antonio ficarem sozinhos. Em raros momentos na sala, à noitinha, conseguiam conversar um pouco e, ao trocarem ideias, percebiam que possuíam muitas afinidades. Dotados de personalidade forte, eles sabiam exatamente o que queriam e não tinham medo de defender as próprias ideias. Para Diana isso era um pouco mais difícil de realizar na sociedade devido ao grande preconceito que existia sobre as necessidades e deveres da mulher. Mas sua família não pensava assim, nem Marco Antonio. Então era mais fácil.

Numa manhã Jonas chegou com dois cavalos e chamou Diana e Marco Antonio. Dando as rédeas nas mãos da moça disse:

— Acho que a senhora e o senhor seu noivo deveriam passear um pouco pela fazenda. Mostre a ele, Dona Diana, como é linda a nossa fazenda! Perto do lago tem até lugar para descansar e esperar os cavalos beberem água – e sorriu.

Foi o primeiro momento realmente a sós dos dois. Passearam pela fazenda, foram até o cafezal e depois foram para o lago, como Jonas havia sugerido. Os cavalos agradeceram, pois o tempo estava bem quente, estavam em pleno verão.

— Diana, eu quero lhe pedir novamente desculpas por ter feito tudo ao contrário: falei primeiro com a família antes de falar com você; primeiro a pedi em casamento e ainda nem tenho anel de noivado para lhe dar... Eu devia ter comprado um na cidade!

— Ah! Meu querido, eu adoro essas coisas fora dos padrões, por que temos que seguir tantas regras? Quem as inventou? Será que o inventor dessas regras experimentou de todas as formas realizar algo, para saber qual a melhor forma de se fazer? E, ainda assim, será que uma única forma é a melhor para todos? – dizia Diana.

— Eu ainda não me acostumei com esse monte de perguntas! – Marco Antonio ria dos argumentos, ou melhor, dos questionamentos que Diana sempre levantava. Definitivamente não estava acostumado a ter uma mulher tão questionadora.

— Os anéis, as joias não significam nada se não vem do coração. Gosto sim desses adereços, mas tem que existir o sentimento. Mesmo quando compramos alguma coisa, temos que nos sentir felizes em comprar, em ter, afinal trabalhamos para isso. Eu prefiro sentir o seu amor primeiro, depois você me dá o anel, a aliança e muitas outras joias que quiser me dar, mas que elas sempre venham com o seu amor, senão não terá valor.

Ficaram algum tempo parados, apenas se olhando. Marco Antonio observou a cor de mel dos seus olhos, um pouco mais claros que os dele, mas que também ficavam mais escuros nos momentos de raiva ou de decepção; nos cabelos quase negros, levemente cacheados, ela usava um "rabo de cavalo", um pouco acima da nuca. Depois fechou os olhos e suavemente passava a mão no rosto de Diana, como se quisesse gravar na mente o contorno e a maciez da sua pele. Acariciou os seus cabelos longos e os soltou e finalmente beijaram-se.

Pela primeira vez, sozinhos, se entregaram aos sentimentos que os invadia. Não havia dúvidas entre eles, um sabia o que outro sentia.

Passaram quase toda a tarde no lago, estava bem quente e ao longe ouviam os latidos de Penélope – Carlinhos estava por ali! Não demorou e o menino aparece, correndo até eles.

— Carlinhos, precisa correr tanto? Vai salvar alguém? – disse Diana, puxando o menino para si.

— Acho que não... Mas mamãe e Rodolfo... Pediram para eu te chamar... Chamar os dois... Tem visita. Tá lá em casa. – Carlinhos falou tentando retomar o fôlego entre uma e outra palavra.

— Você sabe quem é, Carlinhos? – perguntou Diana.

— Não. Não sei quem é.

Marco Antonio colocou Carlinhos junto dele no cavalo e voltaram para casa.

Logo que entraram, Diana pediu a Elvira que trouxesse refresco para todos, pois o calor era intenso. Viu Thomas sentado na poltrona que seu pai costumava sentar e uma gostosa saudade invadiu seu coração. O quanto ele estaria feliz, se estivesse aqui! – pensou.

Mas tanto Antonio como seus novos companheiros: Geraldo, Paula, Clara e Osmar estavam presentes. Felizes com os últimos acontecimentos, com certeza. Mas estavam ali para auxiliar aquele exato momento, no desenrolar dos fatos.

— Sr. Thomas, estou feliz em vê-lo – disse Diana, e apresentou o noivo, sorrindo. – Quero apresentar Marco Antonio, sócio de Rodolfo, amigo da família e, mais recentemente, meu noivo! – Diana era pura felicidade.

— Ora, ora... Eu sabia que uma moça como você não demoraria nada em arrumar um pretendente. Eu só espero que seja um bom partido!? – e riu, percebendo que estava constrangendo o rapaz.

— Sr. Thomas, encontrei um companheiro, isso é melhor que "bons partidos"...

— Com certeza, minha filha. Meu rapaz, pense bem em seus atos; se eu souber que esta menina está infeliz, vai ajustar contas comigo também! – Thomas tomou ares de brincadeira.

— Pode ter certeza, Sr. Thomas, que não darei esse prazer ao senhor, não precisará ajustar contas comigo, por essas razões – disse Marco Antonio no mesmo tom.

Depois que todos se refrescaram, esperavam alguma ação por parte de Thomas. Ninguém sabia seus objetivos. Ele não era de fazer visitas de cortesia, sempre havia um motivo. Quando Antonio estava vivo ele vinha quase diariamente, mas depois da morte do amigo, muito raramente aparecia, apenas um empregado da fazenda passava por lá para levar e trazer notícias.

— Meus amigos, vocês devem estar se perguntando por que diabos apareci por aqui, mas eu soube pelos empregados da minha fazenda que alguém havia chegado do Rio de Janeiro e pensei que talvez pudesse me ajudar – existia certa aflição em sua voz.

— O que aconteceu, Sr. Thomas – perguntou Rodolfo.

— Você sabe que alguns dias depois que você, Rodolfo, foi até a fazenda levar aquela carta, Arthur partiu. Até agora não mandou nenhuma notícia; o Natal está chegando e não recebemos nenhum comunicado se ele vem para casa. Não sei nem se ele chegou bem na cidade, pois não tive resposta das cartas que mandamos. Então como ele é bem conhecido por lá, achei que vocês talvez pudessem trazer alguma notícia.

Thomas esfregava as mãos, demonstrando seu nervosismo em não ter notícias.

— A mãe dele não para de perguntar, e a filha do Seixas também; toda semana manda alguém lá em casa perguntar por ele... Sem notícias estou vendo que vou ter que ir à cidade para saber. Para piorar a situação, na semana passada recebi uma carta, se é que podemos chamar de carta três ou quatro linhas, sem nenhuma explicação e pedindo um valor em dinheiro, bem superior ao que normalmente mando para ele. Não sei o que pensar – Thomas imaginava que algo muito grave acontecia com o filho. Era quase uma intuição. Só não imaginava que o filho era o algoz.

— Ele é o pai de Arthur? – cochichou Marco Antonio no ouvindo de Diana, que fez que sim com a cabeça.

Em seguida, Marco Antonio pediu licença e saiu para seu quarto, precisava pensar um pouco sozinho. Não havia contado nada ainda, primeiro porque não queria estragar o clima de felicidade da casa, mas entendeu que a vida cobrava uma atitude sua. Não podia ser egoísta naquele momento. Só não sabia se deveria abrir o jogo, logo para o pai de Arthur. Afinal, aquele homem acabara de conhecê-lo, poderia muito bem não acreditar em uma palavra e acabar criando um problema entre as famílias.

Nesse momento, Clara, aproximando-se de Marco Antonio, começa a conversar com ele, mentalmente sugestionando-o a falar toda a verdade que sabia. Sem omitir nada. Antonio, juntando-se a Clara, dizia que Thomas sabia muito bem quem era o filho e que não haveria problema. Ele não devia temer.

Marco Antonio era muito sensível espiritualmente, ele sabia que sempre recebia, dos Espíritos, as orientações corretas, muito embora não acreditasse que fosse sensibilidade mediúnica. Ainda na Europa, tanto Marco Antonio como Rodolfo tiveram a oportunidade de conhecer e ler a obra de um estudioso do "desconhecido", que se chamava O Livro dos Espíritos, de alguém chamado Allan Kardec. O livro confirmava a vida eterna e afirmava a existência de um plano imediato ao nosso, chamado de plano espiritual. Essas informações, tanto para Marco Antonio como para Rodolfo, tiveram um profundo impacto, pois tinham a sensação de estarem lendo o que já sabiam.

Depois desse conhecimento, todas as vezes que Marco Antonio precisava tomar alguma decisão importante, ele se recolhia alguns minutos para receber essas orientações, mas sabia que a decisão era somente dele.

Quando voltou à sala, Thomas já estava se despedindo, dizendo que logo após o Natal iria para o Rio de Janeiro. Rodolfo tentava convencê-lo a esperar para irem juntos para a cidade.

— Sr. Thomas, eu tenho informações de Arthur para o senhor – dizendo isso, Marco posicionou-se ao lado de Diana.

Todos sentaram automaticamente e, sem palavras, eles esperavam Marco Antonio falar alguma coisa. Afinal, nem mesmo os da casa sabiam que Arthur havia feito contato.

— Sei que parece estranho, pois não comentei nada com ninguém. E peço desculpas pelo meu egoísmo. Estava muito feliz com o noivado, que achei melhor falar depois. Não aconteceu nada com Arthur, que está gozando de muito boa saúde.

Alguns segundos que pareceram eternos, ele retomou a palavra.

— Sr. Thomas, quero esclarecer que conheço Arthur superficialmente. Poucas vezes o vi em nosso escritório quando ia falar com Rodolfo. O restante das pessoas que estão envolvidas, eu conheço de vista e outras nunca ouvi falar; perdoe-me novamente, Sr. Thomas, mas pelo que entendi Arthur é o mentor de uma das histórias mais absurdas e chocantes que já ouvi.

Marco Antonio contou detalhadamente tudo que ouvira de Silvana. O medo que ela vivia. Que estava sendo vigiada. Contou a conversa com o desconhecido muito curioso, enfim, tudo que sabia.

O silêncio estava pesado, Diana chorava baixinho, aliviada de ter escapado de alguém tão mau caráter, e também por imaginar a situação de Flávia, que nunca vira, mas sentia compaixão.

Rodolfo quebrou o silêncio levantando-se e pedindo que Elvira trouxesse vinho e alguns petiscos, já que ninguém tinha estômago para jantar e a conversa ali iria longe. Já era noite. O primeiro impacto da notícia deixou Thomas jogado na poltrona, não tinha forças para reagir. Diana pediu que Elvira preparasse um quarto para ele e chamou Jonas para avisar Isaura que ele resolvera voltar para casa somente na manhã seguinte, pois havia tomado muito vinho com Rodolfo, relembrando fatos e histórias da época com Antonio. A desculpa deu certo, e Isaura nada perguntou.

Todos estavam atônitos, ninguém conseguia entender como a mente de Arthur estava funcionando. Ao mesmo tempo ficavam imaginando onde Flávia estaria. Nenhum local que conheciam se parecia com o lugar que Silvana havia descrito.

Thomas, ainda jogado no sofá, não se mexia. Antonio e Clara mandavam energias revigorantes para que ele se recuperasse emocionalmente. Thomas e Rodolfo eram talvez os únicos que conseguiriam trazer Arthur à lucidez.

Rodolfo, Diana e Marco Antonio foram para a varanda. Carmem, ainda ao lado de Thomas, tentava demovê-lo do choque.

— Não posso acreditar que Arthur tenha um caráter tão fraco. Eu sempre soube que ele nunca teria uma carreira, mas esperava, sim, que ele formasse uma família, no mínimo. Eu sabia e não impedi, não fiz nada, absolutamente nada! – Thomas se culpava!

A culpa é um dos sentimentos que mais facilita a obsessão; assim, nesse instante, ele era envolvido por seres afins e por aqueles que esperavam esse vacilo de sentimento.

Ao nos sentirmos culpados, trazemos para nós responsabilidades que nem sempre são nossas, e acabamos abrindo as portas para algumas entidades que, pela ignorância, apenas se afinizam com os fluidos que o encarnado culpado emana. Também abrem-se as portas para aquelas que possuem o objetivo de causar dor e sofrimento, como forma de vingança.

Um grande passo evolutivo será dado, quando cada um for absolutamente esclarecido sobre a responsabilidade dos atos cometidos. No caso em questão, Thomas sentia-se culpado pelo erro do filho. Mas ao analisarmos perceberemos que, como pai, Thomas sempre esclareceu Arthur sobre as responsabilidades com a carreira, a família e com o próximo. Os princípios básicos da boa convivência em sociedade e que todos merecem respeito. Mas o filho, mesmo sabendo de tudo isso, escolheu outro caminho sem avaliar se a estrada escolhida lhe traria felicidade ou dor. Apenas seguiu em frente ressaltando seu orgulho.

Os resultados das atitudes de Arthur começavam a se delinear, e a dor causada por esses atos já estavam sendo sentidas por Thomas, que não cometeu erro nenhum. A responsabilidade era unicamente de Arthur. Se Thomas entrasse no caminho da dor, da culpa e da tristeza, estaria apenas sofrendo e não ajudaria em nada. Muitas vezes entramos nesse caminho por escolha e sofremos sem necessidade. Dizemos "sem necessidade" por sabermos que o caminho pode ser outro, não o do sofrimento. Muitas vezes gastamos energia, tentando recuperar a paz que jogamos pela janela, sem perceber, incorporando uma culpa inexistente e assumindo a responsabilidade pelos atos de outros.

Os três, após conversarem um pouco reservadamente na varanda, voltaram para a sala e tentaram tirar Thomas da culpa e da apatia.

— Sr. Thomas, perdoa-me a liberdade, mas neste momento não deve se culpar. Primeiro porque sabemos que Arthur cometeu o crime conhecendo as possíveis implicações; prova disso é a história que inventou para cada um de vocês. Ele tentou manipular todos vocês, para continuar vivendo a vida que sempre levou, sem assumir qualquer responsabilidade. A única culpa que o senhor pode chamar para si é o constante envio de dinheiro para pagar a boa vida que ele levava e ainda leva – disse Marco Antonio, com muita gentileza, mas eram palavras duras.

Mais uma vez o silêncio pesou. Após longa pausa, Thomas resolve desabafar:

— Eu sabia que Diana escolheria um homem de caráter. Está de parabéns, minha filha. Rodolfo, seu amigo tem razão, fomos todos manipulados por Arthur. Eu mesmo, que sempre me achei tão esperto e que nunca cairia nas histórias dele, caí. Não acreditei que ele estivesse apaixonado por Diana, como disse, e muito menos que a conquistaria, mas achei que havia certa dor, causada pela rejeição. Ele não sentiu dor nenhuma. Talvez nem saiba o que é isso – disse Thomas bebendo de uma só vez o vinho que estava na taça em sua mão. Ele tinha a voz embargada.

— Eu não tenho ideia de como fazer isso, mas não deveríamos tentar salvar Flávia? As autoridades sabem dos acontecimentos? Nenhum de vocês sabe o que realmente aconteceu? – perguntava Diana.

— Não, minha irmã. Não sabemos. O que posso dizer é a versão que Arthur me contou: que a gravidez não passou de um engano, que ele nem chegou a falar com o Sr. Eugênio, pai da Flávia, e que os dois, ele e a Flávia, de comum acordo, chegaram à conclusão de que o melhor seria se afastarem, já que não se amavam. Nesse meio tempo, Arthur começou a cobrar a realização da promessa de nosso pai, o casamento com você – esclareceu Rodolfo.

Pensou um pouco e continuou:

— Fiquei surpreso, pois acreditava que Arthur nem lembrava mais da tal promessa. Mas sabe como são as coisas, era a palavra de meu pai e eu não podia voltar atrás, mesmo sabendo que ele e Diana eram como água e vinho, não tinha como eu simplesmente dizer "não".

— Não sei o que meu filho tinha na cabeça, meus amigos! Eu só sinto que ele tenha envolvido tantas pessoas boas – Thomas estava muito amargurado.

Marco Antonio abraçou Diana, e Rodolfo pediu mais vinho. Ficaram calados pensando no que Arthur estaria reservando para seu futuro e como poderiam descobrir a verdade e ajudar aquela pobre jovem, presa sabe-se lá onde e em que condições.

Capítulo XVI
Primeiro Contato

As famílias de Thomas e Rodolfo passaram as festividades do final de ano juntas. O próprio Thomas contou toda a história para Isaura e Glória, e Carlinhos fora poupado, que em sua inocência infantil acabou por alegrar a todos nas noites que passaram juntos. Carmem e Isaura se entendiam muito bem e o sentimento que unia aquelas famílias era fortalecido a cada dia. Estavam mais unidas do que se o noivado entre Arthur e Diana tivesse se concretizado.

Logo na primeira semana de janeiro, Rodolfo e Marco Antonio voltaram para o Rio de Janeiro encontraram-se com o juiz Amaral e iniciaram os trabalhos. Combinaram que Diana e Thomas iriam logo depois, assim que os dois dessem andamento nos negócios da Santa Rosa e da Nascente. Isaura e Glória permaneceriam com Carmem, para não ficarem sozinhas e isoladas. Jonas e o capataz da Nascente, Sebastião, administrariam as duas fazendas nesse período, sem Thomas e Diana.

Diana aproveitaria para comprar algumas peças para o enxoval, mas o objetivo principal seria tentar saber mais detalhes sobre a história de Flávia. Nem a conhecia, mas sentia enorme compaixão por ela e se arrepiava ao imaginar como estaria vivendo. Silvana ficou muito feliz com a chegada de Rodolfo e mais ainda quando soube que Marco Antonio ficara noivo de Diana e que, em breve, ela também estaria junto deles.

Rodolfo e Marco Antonio, propositalmente, chegaram juntos da viagem, e logo perceberam a figura de um homem meio escondida entre algumas árvores e arbustos que havia na calçada oposta. Rafael evitou aparecer muito nos dias que se seguiram, para não levantar suspeitas. Talvez este fosse o momento mais delicado.

Silvana, sempre que saía, era cercada por Rafael, que mantinha o horror das ameaças. "Se você abrir o bico, eu vou saber e alguém vai perder a língua, pode ter certeza. Ou ficará sem a irmãzinha querida." Dizia e, com uma gargalhada, sumia em direção ao fim da rua. Diariamente, ao perceber que Silvana estava sozinha, Rafael batia à porta, pedia café e alimentava o medo que a corroia. Manter o terror era imprescindível. Lavínia e Rafael sentiam-se muito seguros de que Silvana nunca falaria nada. Algumas vezes a Madame pensou que seria melhor sumir com Silvana, mas mudou de ideia, pois daria mais trabalho e poderia gerar outras complicações. Lavínia acreditava que mesmo Silvana contando alguma coisa, o único problema era se seu nome fosse dito a Rodolfo. Talvez ele lembrasse algo, mas era difícil, e ela correria o risco; para providenciar o sumiço de Silvana, teria que remunerar muito bem mais dois homens, além do que já pagava a Rafael e ela não queria dividir seu tesouro com mais ninguém. Manteria a vigilância de todos. Com certeza, se alguém soubesse de alguma coisa, mudariam seus hábitos e seria o alarme para mudar as estratégias. Também contava com a lealdade de Rodolfo a Arthur; com toda certeza, antes de qualquer atitude, o rapaz falaria com o amigo, então ela teria tempo suficiente de tomar as "providências" necessárias.

Junto de Rodolfo e Marco Antonio, veio Juarez, irmão de Jonas. Ele era um pouco mais novo, mais alto, e mais forte que os rapazes, consequência de seu trabalho na lavoura desde muito jovem.

Juarez sabia de toda a história, então cada vez que saía observava para encontrar algum sujeito com as descrições que Marco Antonio havia dito. Não demorou muito e Juarez o encontrou, numa das vezes que voltava da mercearia.

— Bom dia, moço! – disse Rafael

— Bom dia! – Juarez respondeu.

— Eu trabalho aqui perto e nunca vi ninguém nesta casa, mas agora parece que está tudo tão movimentado; proprietários novos? – Rafael perguntou apontando para Juarez.

— Não, meu amigo, quem me dera se eu tivesse dinheiro para comprar uma casa assim. Eu sou empregado da fazenda do Seu Rodolfo, o dono da casa. Eu pedi pra ele que me trouxesse até a cidade, e eu nunca havia visto coisa tão linda! – Juarez não queria criar nenhuma animosidade e foi simpático.

— É, esta cidade é cheia de maravilhas! – Rafael sondava.

— Então eu vim e vou ficar uns tempos; ajudo meu patrão numas reformas que a casa precisa e também trago alegria àquela casa. A cozinheira tem uma cara muito feia, quase não fala, e se não fosse o "bom dia" e "boa noite" ou o "sim senhor", "não senhor" eu teria certeza de que ela era muda. Mas não tenho do que reclamar, terei meus fins de semana de folga e poderei conhecer a cidade melhor – Juarez jogava a isca para uma possível "amizade".

— Pois então, amigo, quando você quiser pode me chamar que eu te levo para conhecer os melhores lugares desta cidade, onde tem as melhores coisas... – Rafael falou sorrindo e já imaginando que faria aquele caipira de bobo. Sendo amigo daquele idiota, ele saberia dos comentários dentro da casa.

— Aviso sim, mas como é mesmo seu nome?

— Rafael, ao seu dispor – disse fazendo uma mesura com o chapéu.

— Na outra semana chega a minha patroa, a Dona Diana, irmã do Seu Rodolfo; ela ficou noiva e vem fazer umas compras para a fazenda e para o enxoval, mas nos domingos estou completamente livre – Juarez continuou no jogo.

Rafael sorriu satisfeito, mal trocou algumas palavras com o homem e ele já estava falando da rotina da casa. Este já estava na rede, pensava. Conseguira um "enorme peixe" e as notícias sobre a chegada de Diana e seu noivado voaram como folha seca. Quando Diana chegou ao Rio de Janeiro, toda a sociedade já sabia.

Juarez entrou em casa e Silvana estava pálida, pois havia visto, através da janela, os dois conversando.

— Calma, Silvana! Ele está todo confiante que enganou mais um bobo do interior do que qualquer outra coisa! – Juarez disse tentando acalmar Silvana que tremia, parecendo ter um ataque.

— Não, você não imagina do que essa gente é capaz! – Silvava tinha a voz trêmula.

— Sei sim, já lidei com muito capanga de fazenda, mulher! Tenha calma e esse aí vai nos levar direitinho onde a moça está – Juarez não tinha nada de bobo.

Embora Juarez tivesse total confiança no que disse à Silvana, não conseguia tirar da cabeça a figura de Rafael. Diana e Thomas chegaram ao Rio de Janeiro e ela foi direto encontrar o irmão. Thomas hospedou-se na cidade.

Tanto a família de Antonio, os Alves Almeida, como a família de Thomas, os Souto Ferreira, eram muito conhecidos na sociedade carioca, embora fossem do interior de São Paulo. Rodolfo e Arthur, moços ricos e solteiros, eram figuras constantes das festas e recepções. Eram bons partidos e a turma vigilante, preocupada com a "moral e bons costumes", sabia de todos os romances feitos e desfeitos pelos rapazes. Portanto, o noivado não realizado de Arthur e Diana era muito comentado na sociedade, como era também esperado que as famílias estivessem estremecidas entre si. Diana não esperara muito para ficar noiva de outro, que diziam "estar dando o golpe do baú". A fábrica da fofoca, como dizemos hoje, sempre existiu. Vivemos ainda preocupados com aparências e em apontar os defeitos alheios, julgando e condenando precipitadamente qualquer um que saia da linha. Ainda é o comportamento humano.

No dia seguinte à chegada de Diana e Thomas, por volta da hora do almoço, todos se encontraram no escritório de Rodolfo, e Gorete com ordens expressas de manter a porta de entrada trancada, avisaria sobre qualquer movimento diferente. Ninguém deveria saber daquela reunião. Era o primeiro encontro onde todos, ainda às escuras, tentariam encontrar caminhos que pudessem fornecer alguma informação ou direção.

Acertaram que Thomas procuraria Arthur ainda naquela tarde; quanto menos demorasse menor a chance de alguém desconfiar dos verdadeiros objetivos da viagem. Concluíram que seria melhor Arthur saber, pelo pai, que Diana viajara com ele e que estava noiva de Marco Antonio, embora desconfiassem que ele já soubesse. Rodolfo tentaria encontrar ocasionalmente Fernanda, a prima de Flávia; Marco Antonio e Diana passeariam, tentando observar Eugênio. Marco Antonio o conhecia de vista, mas nunca passaram dos cumprimentos formais.

Eles não sabiam exatamente os locais que eram vigiados pelos sequestradores de Flávia, portanto todo cuidado era pouco.

Arthur não havia dado nenhuma notícia; também não estava em casa ou no hotel, portanto imaginavam que ele estaria no mesmo local em que Flávia estava. Pela história de Silvana, as pessoas envolvidas não agiam sozinhas ou isoladamente, e isso trazia, para aquele grupo, o cuidado de analisar tudo em volta. Não sabiam em quem confiar. E acreditavam que da mesma forma que Silvana era vigiada Eugênio também deveria ser. Quem sabe alguém que frequenta a casa dele o vigia e ele nem imagina – alguns pensavam.

Saíram separadamente para almoçar e combinaram de se encontrar dali dois dias, quando esperavam ter novidades. Diana e Marco Antonio resolveram ir até a Confeitaria Cavé e encontraram Fernanda, sentada esperando alguém. Marco Antonio também a conhecia de algumas festas que frequentou com Rodolfo e Arthur. Não podiam perder a chance, falariam depois com Rodolfo.

Os dois começaram a falar um pouco alto os nomes de Arthur e Rodolfo, lembrando as passagens da infância que passaram juntos. Não demorou para chamar a atenção de Fernanda. Quando Diana percebeu a atenção da moça, sorriu, e Fernanda retribuiu o sorriso.

Depois de alguns minutos, um senhor, muito bem trajado, dirigiu-se até a mesa de Fernanda. Diana imaginou ser Eugênio e tentava ouvir o que falavam. Mal percebeu quando o tal senhor perguntava a Marco Antonio se poderia pegar uma cadeira da mesa deles, e para a surpresa de todos, Diana respondeu:

— Claro que sim! Desculpe se estou sendo intrometida, mas o senhor não é o Sr. Eugênio? – disse Diana tentando jogar e acertar.

— Sou sim. E perdoe minha deselegância, se eu os conheço, não estou lembrado. – disse Eugênio meio constrangido.

— O senhor é que deve desculpar minha noiva, Sr. Eugênio – disse Marco Antonio tentando emplacar uma conversa. – Marco Antonio Conrado, ao seu dispor. Esta é minha noiva e irmã de Rodolfo, Diana Alves Almeida – sabia que o sobrenome causaria algum impacto.

— Claro! Você, meu jovem, eu já vi, mas não sabia que Rodolfo tinha uma mocinha tão bonita como irmã! – Eugênio foi gentil.

— Eu moro na fazenda, Sr. Eugênio, por isso não participo dos eventos sociais. Vim para o Rio de Janeiro apenas para comprar algumas peças para o enxoval. Casaremos daqui a um ano, mais ou menos, e o senhor deve imaginar como é difícil organizar tudo, já deve ter passado pela situação – citou o casamento para desviar a atenção de qualquer um que pudesse estar ouvindo e, quem sabe, ele mencionaria alguma coisa sobre Flávia.

— Não, minha filha, permita-me chamá-la assim, pois sei que tenho idade suficiente para ser seu pai. Eu sou viúvo...

— E não possui filhos ou filhas? – falou alto e interrompendo Eugênio. Diana imaginou que por eles estarem num local público, Arthur poderia saber da conversa entre eles. Quem contasse deveria contar a sua surpresa em saber da história que o homem iria contar.

— Tenho sim, uma filha! Mas faz praticamente um ano que não tenho notícias dela. Se ela está viva ou morta, não sei dizer... – Eugênio tinha um ar bem entristecido que tocou Diana.

— Sinto muito, Sr. Eugênio! É muito triste quando acontece esse tipo de coisa na família. Eu não sei se teria coragem de deixar meus pais para sumir e não dar notícias – Diana percebeu que duas moças prestavam atenção na conversa então manteve o tom alto, embora sentisse muita pena daquele homem, que se mostrava completamente perdido com a situação.

— Não, minha jovem, Flávia não fugiu, ela sumiu mesmo. Não sabemos onde está. Muitos procuraram, dias e noites, mas nada encontramos. Não desisti, mas penso que nunca mais terei notícias de minha Flávia – seus olhos encheram-se de lágrimas.

Diana disfarçou, não poderia continuar com o jogo, por mais que a causa fosse nobre. Aquele homem sofria de forma muito dolorosa.

— Sr. Eugênio, eu sei que deve estar sofrendo muito, mas quero desde já convidá-lo para o nosso casamento. Sei que Rodolfo, com certeza, falaria com o senhor, mas vou me atrever e antecipar o convite. O senhor e esta bela moça, além de sua família, estão convidados – Diana procurava uma forma de encontrá-lo novamente.

— Desculpe, nem apresentei minha sobrinha Fernanda. Ela me obriga a encontrá-la uma vez na semana aqui na confeitaria. Diz que é para eu não ficar embolorado! – Eugênio falou forçando um sorriso.

— Sr. Eugênio, eu e Diana não frequentamos os eventos sociais da cidade, então farei outro convite: venha até minha casa no sábado. Nós faremos um jantar em comemoração ao nosso noivado. Seremos apenas nós dois e Rodolfo e não aceitaremos negativa – Marco Antonio teve a ideia e não perdeu a oportunidade.

— Meus filhos, este velho nem sai mais de casa... – Eugênio tentava se esquivar.

— Por favor, Sr. Eugenio! Seria muito bom ter alguém para trocar algumas ideias sobre a fazenda; se depender de meu noivo ou de meu irmão eu passarei a noite em completo silêncio – disse Diana sorrindo, percebendo que teria que existir algo mais para que aquele pobre homem aceitasse sair do refúgio de sua casa.

— Aliás, Sr. Eugênio, temos que confessar uma coisa, o senhor está diante da maior, ou quem sabe da única administradora rural do interior de São Paulo: apresento-lhe a administradora da Fazenda Santa Rosa – falou Marco Antonio, tentando deixar a conversa leve e também aguçar a curiosidade de Eugênio.

— Como assim? – Eugênio falou tentando entender o que aqueles dois diziam.

— Não sei se sou a maior administradora, mas sei que sou a única administradora de nossa fazenda, Sr. Eugênio – falou Diana rindo. — Depois que meu pai faleceu e como meu irmão já estava instalado aqui no Rio de Janeiro, não tive muitas opções. Minha mãe estava entregue à tristeza e nosso irmão caçula, ainda criança; acabei assumindo os negócios da família. Confesso que aquela fazenda é a minha vida – Diana se emocionava ao falar da fazenda.

— Meu rapaz, com toda certeza estarei nesse jantar. Não perderia a oportunidade de me gabar aos meus compadres negociantes que conheci e jantei com uma bela mocinha que sabe falar grosso nos negócios – desta vez Eugênio sorriu com vontade, afinal a situação de Diana não era comum.

— Então estaremos esperando o senhor, sem falta, às 20 horas – Diana falou sorrindo e um pouco ruborizada pela sinceridade do homem.

— Se nós não estivéssemos em público, eu a beijaria agora mesmo – cochichou Marco Antonio a Diana.

— Eu também, apenas pela sua ideia do jantar – respondeu ela.

Os dois saíram antes de Fernanda e Eugênio. Tinham certeza que Arthur saberia do encontro, mas também teria consciência que nada se acrescentou ao que toda a cidade já sabia e comentava. O nome de Arthur não foi mencionado e ele continuaria seguro.

À noite contaram as novidades a Rodolfo, que teve a certeza da ajuda dos Espíritos bondosos, pois tudo foi muito rápido e, inexplicavelmente, Arthur não estava na confeitaria, aonde ia todos os dias.

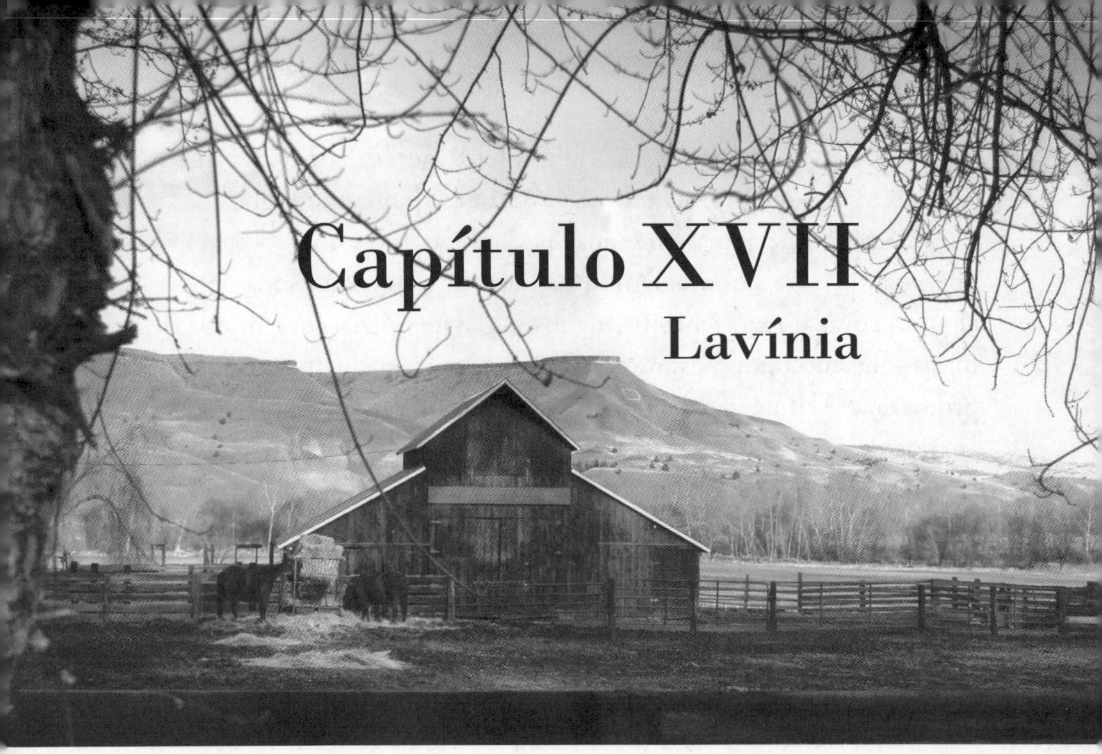

Capítulo XVII
Lavínia

Depois da visita intempestiva de Arthur, Flávia, a cada dia demonstrava sinais de desânimo e passava horas com o menino no colo apenas o olhando. Seus olhos não secavam, mas aquilo não podia ser chamado de choro, as lágrimas simplesmente caíam. Julia, preocupada, pediu às empregadas que avisassem Lavínia sobre o estado de Flávia e no dia seguinte apareceu um médico, com certeza, amigo da casa. Mas nada resolveu.

Com o passar dos dias Flávia nem se levantava da cama e Julia se desdobrava para cuidar dos dois. Mas mesmo em sua "ausência" Flávia fazia questão de amamentar Oswaldo e, nesses momentos, ela mantinha-se mais alerta, voltando à apatia quando o menino adormecia.

Oswaldo já não chorava tanto, mas sentia falta dos carinhos da mãe. Na noite de Natal, para surpresa de Arthur, Flávia estava com febre alta. Isso só acentuou sua raiva, pois já tentara muitas vezes possuir Flávia, sem êxito. Algumas vezes era barrado por Julia, que nesses momentos sentia-se invisível, pois Arthur parecia não enxergá-la. Outras vezes até Lavínia o segurava, percebendo que Flávia estava cada vez mais pálida e sem forças.

— Só me falta isso agora, essa infeliz morrer! Imaginei que fosse ter uma noite inesquecível de prazer! – Arthur espumava de raiva.

— Meu querido, as meninas podem dar tudo que você quer ou imagina, não precisa dessa aí. Aliás, não acredito que esta sonsa possa lhe dar alguma coisa. Prazer? Muito menos – Lavínia dizia com muito desprezo, mas ao mesmo tempo estava feliz que a proximidade do "casal" estava comprometida, Arthur não sabia da verdade. Sentia que recebia ajuda dos seus amigos do invisível. Lavínia não era religiosa, mas acreditava nas forças do sobrenatural, que alimentava com oferendas, como se ainda vivêssemos na época dos sacrifícios.

Mas a "ajuda" ocorria realmente. Se olhássemos mais atentamente, Espíritos da mesma ordem vibracional de Lavínia e Arthur mantinham-se grudados aos dois. Não só auxiliavam nas ideias que pareciam brotar na mente de Lavínia, como também na atitude grosseira de Arthur, que insistia em ter Flávia em seus braços a qualquer custo. A vontade dele era novamente sentir o prazer que desfrutou ao possuir a moça pela primeira vez. Ele acreditava, sim, ser o dono de Flávia, como se ela fosse uma mercadoria exclusiva dele, que ninguém poderia ter ou tomar; todos estes sentimentos eram intensificados pelos irmãos ignorantes do invisível.

Esses pensamentos e ações eram gerados por Lavínia e Arthur e alimentados por muitos irmãos que viviam da mesma forma, na espiritualidade. Homens e mulheres escravos das sensações do prazer carnal desenfreado, dos vícios e da falta dos valores morais.

Antonio, Clara e Paula se revezavam com Osmar e Geraldo para manter certo equilíbrio no quarto, onde aquelas três criaturas viviam em condições muito precárias. Embora Flávia aparentasse estar muito frágil e doente, Antonio, sempre ao seu lado, mantinha o mínimo de harmonia com passes espirituais. Seria bem melhor o passe misto, em que se utiliza também o magnetismo do médium, mas, como sempre, o plano espiritual trabalha com o material que possui e nós encarnados, ainda hoje, os encaramos como seres "milagrosos", acreditando que não temos participação nenhuma nos diversos trabalhos que os Espíritos realizam. Continuamos cegos!

O plano espiritual imediato trabalha com o material que providenciamos através de nossos pensamentos, ações e conhecimento, e muitas vezes esse material é escasso ou fica comprometido.

Exatamente por isso o codificador do espiritismo nos solicita e ensina a fé raciocinada e a constante procura do conhecimento, que automaticamente gera o autoconhecimento e o questionamento íntimo. Mas, infelizmente, muitos ainda esperam por "milagres" confortavelmente sentados.

Antonio tentava ajudar Flávia e, muitas vezes no descanso do corpo físico, contou com o Espírito de Eugênio, que sem lembrar ao despertar, auxiliava com seus fluidos materiais. Julia também enfraquecida não tinha condições de ajudar fluidicamente e precisava de muita força para manter as duas almas aos seus cuidados. A força e o auxílio recebido vinham das orações que Julia nunca deixou de realizar. Outros companheiros da espiritualidade tentavam afastar irmãos que eram atraídos pelos pensamentos negativos e de infelicidade que Flávia possuía. Existiam também irmãos ligados pelos sentimentos vingativos que só atingiam Flávia por causa do sentimento íntimo de vingança relacionado a Arthur.

Passou a noite de Natal, o Ano-Novo, e Flávia continuava no mesmo estado. O que ajudou a afastar Arthur, afinal ela de nada serviria daquele jeito. Ele esperava ter com ela uma noite de intenso prazer. O prazer que, após aquela primeira noite, em seus encontros fortuitos, não fora capaz de dar ou receber. Ele tinha certeza que, depois dessa esperada noite, ela não escaparia mais de suas mãos.

Em alguns momentos a imagem do filho povoava seus pensamentos, mas era imediatamente afastada, pois Arthur tinha plena convicção que não tinha responsabilidade como pai. Acreditava que os filhos são responsabilidade das mães; os pais devem apenas transformá-los em homens e isso ele podia fazer mais tarde, quando fosse o momento.

Julia permanecia ao lado dos dois com muita dedicação. Flávia a chamava de anjo, mas seu estado emocional e físico era crítico e constante, sem melhorar ou piorar. Por Flávia continuar amamentando Oswaldo, Arthur começou a achar que sua apatia era puro fingimento. Foi quando tentou, numa noite, beijar e acariciar Flávia, que imóvel em seus braços deu-lhe a sensação de acariciar um corpo morto. Isso causou impressões fortíssimas em Arthur, que se afastou convencido.

Janeiro já estava indo embora e Lavínia se preparava para a grande festa que seria realizada dali a alguns dias. Não poderia deixar passar a noite de Carnaval, que era comemorada em fevereiro, sem o tradicional baile de fantasias.

O Brasil aderiu às festas carnavalescas dentro dos padrões europeus, parecendo-se com as festas realizadas em Veneza. A monarquia trouxera para os salões brasileiros os bailes de máscaras, e o povo fantasiado saía pelas ruas da cidade, criando os cordões ou blocos de carnaval.

Naquele ano, no Rio de Janeiro, o carnaval seria comemorado com os tradicionais bailes de máscaras frequentados pela elite da sociedade local e um bloco de carnaval mostraria a primeira música, uma marcha, composta exclusivamente para eles e composta por uma mulher. A Mansão das Meninas não estaria fora dessa festa. Lavínia se empenhava em realizar uma recepção inesquecível aos seus clientes.

Num sábado, quando todos na Mansão se preparavam para abrir as portas aos clientes da noite, Arthur chega completamente bêbado, carregado por dois rapazes também frequentadores da Mansão.

— Madame Lavínia, sentimos muito, mas não sabíamos para onde ir, com ele neste estado – falou um deles.

— Sabemos que ele se encontrou com o pai, que chegou ao Rio na semana, mas não sabemos o que aconteceu. Já o encontramos neste estado aqui perto, jogado na rua, com isto na mão – dizendo isto o outro rapaz entregou a Lavínia um envelope lacrado.

— Meus queridos, levem este pobre coitado para o quarto de Lola, ela não irá trabalhar hoje, esta "naqueles dias" e poderá cuidar dele – disse com desdém.

Lavínia queria abrir o envelope, mas tinha receio, não tinha certeza se Arthur estava inconsciente, ou os rapazes poderiam contar que o envelope ficara com ela. Foi até a cozinha e pediu que fizessem um café bem forte e subiu com uma caneca fumegante.

— Vamos, Arthur, beba isso e me diga de uma vez o que aconteceu? Por que você ficou desse jeito? Tem a ver com teu pai? – Lavínia estava impaciente e mostrava o envelope ainda fechado.

— Calma, mulher! Eu não consigo nem pensar direito e você me enche de perguntas. É sim, foi meu pai! – resmungou Arthur.

— Mas o que aconteceu, homem? – Lavínia imprimia alguma preocupação.

— Nesse envelope que o Álvaro lhe deu tem parte do dinheiro que devo. Ele, meu adorado pai, resolveu cortar minha mesada pela metade – riu.

— Mas o que ele está fazendo aqui no Rio? – perguntava Lavínia, agora sim, preocupada realmente: a fonte estava prestes a secar. Será que o velho descobriu alguma coisa? – pensou um pouco preocupada.

— Como eu tinha pedido o dobro de dinheiro no mês passado, ele achou que havia acontecido alguma coisa comigo e resolveu que, depois das festas, viria pessoalmente saber como eu estava – Arthur falava com a voz arrastada e pesada. — Mas o mais interessante você não imagina, minha doce Lavínia, Suzana está grávida! – e gargalhou até começar a chorar, um sintoma da bebedeira que estava.

— Eu nem imagino quem seja essa Suzana, mas não me invente mais nada. Já chega esta aqui em cima que todo dia me lembra do arrependimento que tenho de ter te ajudado. Nem me conte mais nada. Não quero saber quem é, onde mora, nada! – Lavínia perdera vários clientes na época em que Oswaldo chorava a noite inteira.

— A metade do valor que lhe dou é quase o valor de três semanas de trabalho, então não reclame, Lavínia. Quanto a Suzana, nem quero saber! Meu pai soube, porque ouviu dos empregados, e pelo que falam não se sabe direito quem é o pai. Depois ela é do mato e que fique por lá. Eu já lhe disse que só me interessa abaixar a crista da Flávia. Mesmo que ela não queira, eu serei o único homem na vida dela, nem que seja pela força. Ela acabará se acostumando com quem manda – o olhar de Arthur se iluminava com a simples visão que criava em sua mente, do futuro com Flávia.

— Eu acho que você devia manter a calça fechada, meu amigo... Por uns bons tempos... – disse Lavínia, caminhando para a porta do quarto e deixando o amigo jogado na cama de Lola, que já se preparava para se deitar ao lado dele. Ao chegar à porta, virou-se e Arthur caía no sono. Lavínia pediu que Lola não saísse de perto dele e que a qualquer imprevisto a chamasse.

Desceu para a sala reservada onde ela ficava e onde alguns clientes especiais já se divertiam. No meio do salão comum, uma figura chamou sua atenção. Era alguém novo na casa. Percebeu que ele conversava com outro que não dava para enxergar quem era e ficou surpresa quando reconheceu Rafael ao se aproximar. Com olhar de reprovação a Rafael, que saíra de seu posto sem pedir, ou ser solicitado, cumprimentou os dois.

— Sr. Rafael, vejo que o trabalho o liberou para a diversão. E vejo também que veio acompanhado? – disse Lavínia tentando, disfarçadamente, saber o que Rafael fazia ali, sem autorização.

— Saí mais cedo, Madame, mas quero apresentar este meu amigo: Juarez. Trabalha na fazenda dos Alves Almeida. Chegou há umas semanas ao Rio de Janeiro para conhecer as maravilhas que só a cidade proporciona. Ele me confidenciou que a patroinha dele chegou da fazenda há dois dias e hoje foram jantar, ela e o irmão, na casa do noivo dela, aí ele ficaria sozinho com a "velha muda" como ele diz; então eu resolvi trazê-lo aqui. Pedi a um amigo, o Gonzaga, que continuasse no meu plantão. Fiz mal? – Rafael sabia que já dera argumentos suficientes para Lavínia se acalmar.

— Não, meu caro, claro que não fez mal. Vou cuidar do novo cliente pessoalmente, fique tranquilo. E, Sr. Rafael, as meninas estão com saudades! – Lavínia sorriu e, pegando no braço de Juarez, foi em direção ao balcão de bebidas. —Finalmente alguém interessante apareceu na Mansão – pensou.

Juarez era aproximadamente dez anos mais novo que Lavínia, mas isso para ela era ótimo, pois não se prestava a divertir velhos que davam mais trabalho do que diversão. Eram poucos que correspondiam ao ritmo de Lavínia.

O rapaz percebeu imediatamente a impressão que causou e aproveitou. Não tinha certeza, mas algo lhe dizia que aquele era o caminho que devia seguir para resolver o problema da pobre moça.

Juarez nunca vira Arthur na fazenda depois de formado. Ele o conhecia quando criança, mas depois que os moços saíram do interior para estudar na cidade e, posteriormente, na Europa, ele nunca mais viu o rapaz. Naquela semana Juarez viu Arthur de longe, numa tarde na confeitaria, onde Rodolfo o levou exatamente com esse propósito: ver Arthur. E ele não estava por lá, pelo menos não onde pudesse ser visto. Controlado e vigilante, Juarez queria aproveitar a noite que mal começava; e ficar com Lavínia não seria nenhum sacrifício, já que ela era uma bela mulher.

Não demorou para Lavínia levá-lo ao seu quarto íntimo, não o de trabalho, causando surpresa nas meninas. Lavínia simplesmente deixou de raciocinar com o roçar dos lábios do desconhecido em sua nuca. E quando ele, no meio do salão, a beijou apertando-a contra o seu corpo, acabaram as dúvidas ou medos. Somente um homem do mato para tratá-la do jeito que gostava: com firmeza, proporcionando-lhe o prazer adormecido e quase esquecido. Eram os pensamentos de Lavínia.

Quando subiram, Juarez percebeu que as escadas continuavam até um lance superior. Havia a porta normal denunciando um quarto talvez, mas o que chamou sua atenção foi uma porta de barras de ferro fechada com uma corrente e um cadeado, que antecedia a porta de madeira, também trancada com ferrolhos pelo lado de fora. Por que teria uma grade no meio do corredor? Para que ferrolhos do lado de fora de uma porta? Eram perguntas que mereciam respostas.

Tiveram uma noite de intenso prazer. Juarez seria o bibelô de Lavínia, assim ela planejava. Finalmente alguém lhe trazia alguma coisa que valia a pena. Rafael a surpreendeu e subiu de posto, no conceito da senhora da Mansão das Meninas. Para ela começava uma nova etapa.

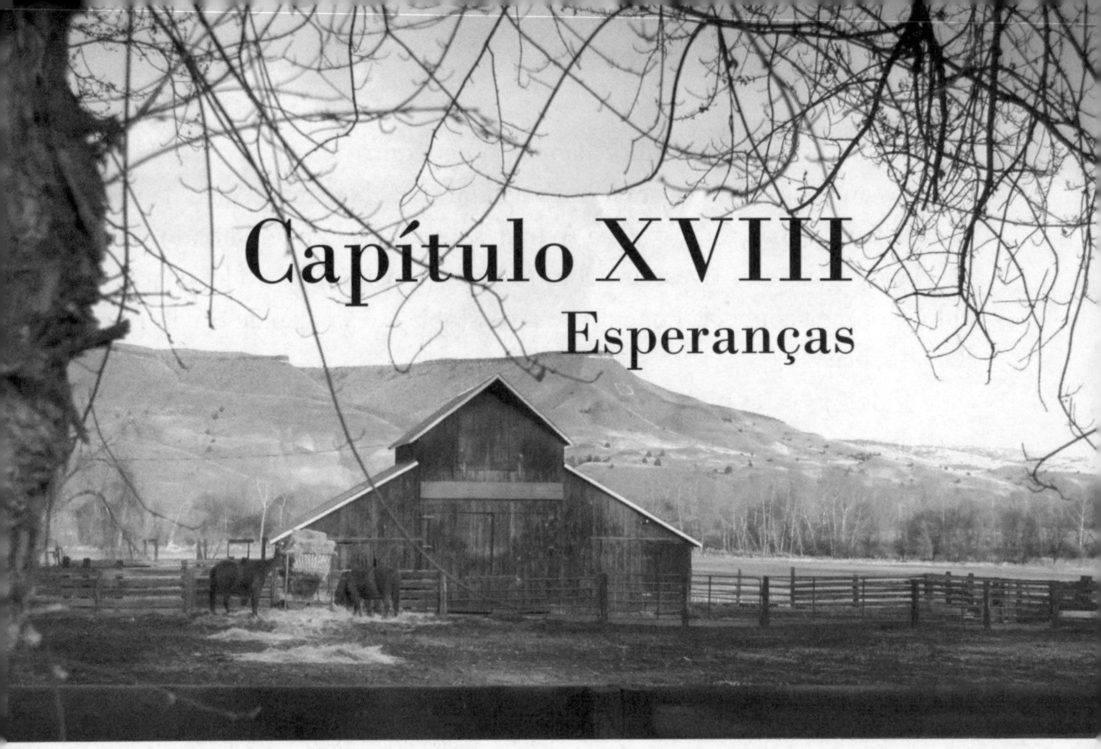

Capítulo XVIII
Esperanças

Silvana ficara sozinha em casa quase o dia todo, mas pela primeira vez se sentia muito tranquila, pois sabia que Juarez havia saído com aquele "homem horroroso", como costumava se referir a Rafael. Saiu de casa à tarde para o jantar marcado. Soube, por meio de Juarez, que Rafael colocaria alguém para vigiar a casa e viu o momento que o homem chegou. Quando estava pronta para sair, observou e, vendo Gonzaga no final da rua, saiu pela lateral da casa, uma saída que nunca usavam, e não foi vista.

Thomas, logo depois de falar com Arthur, se encaminhou para a casa de Marco Antonio. A tarde seria o melhor horário para entrar sem ser visto. Naquele horário, Thomas não seria seguido, imaginava. Seu filho não teria tempo suficiente para associar os acontecimentos e desconfiar. Foi uma grande sorte Diana e Marco Antonio encontrarem Eugênio e terem a ideia do jantar, pensava Thomas, enquanto se encaminhava ao seu destino. Os dois, Thomas e Silvana, entraram pelos fundos da casa, acessível pela rua paralela à entrada principal.

Rodolfo e Diana foram seguidos por Gonzaga, que, diante da casa de Marco Antonio, ficou a noite toda. Além dos noivos e de Rodolfo sabia que somente haveria mais um convidado. Ninguém mais.

Arthur soube, pelos informantes, do encontro de Diana com Eugênio uns dias antes e sabia do jantar, mas não falou nada para Lavínia; da mesma forma, Lavínia não falou nada a Arthur sobre Silvana ter realizado o parto de Flávia. Caso eles tivessem trocado essas informações, tudo estaria perdido. Gonzaga conhecia Eugênio, mas não sabia que era pai de Flávia. Apenas Rafael sabia.

Todos já estavam reunidos e ansiosos pela demora de Eugênio. Ao perceberem que o atraso era de apenas alguns minutos, acabaram rindo uns dos outros. Quando a sineta da porta tocou, Marco Antonio foi pessoalmente atender.

Marco Antonio não tinha ninguém que o ajudasse nos serviços diários da casa. Apenas uma senhora o ajudava com uma limpeza geral na semana, além de pegar as roupas sujas para lavar e passar, que fazia em sua própria residência. Silvana, naquela noite, prepararia o jantar e também serviria. Aproveitaria e observaria as reações de Eugênio para saber o quanto poderia ou não contar.

Assim que todos estavam presentes, foi servido um vinho e alguns canapés. Conversaram animadamente e sem tocar no sequestro de Flávia. Após o jantar Diana, que estava muito empolgada com as informações comerciais que Eugênio lhe dera, pediu gentilmente que eles a acompanhassem até a sala, onde seria servido um vinho do porto. Sentaram-se e Silvana entrou em seguida com os cálices e a garrafa. Serviu a todos, mas não saiu da sala. Eugênio estranhou, mas nada disse.

— Sr. Eugênio, o verdadeiro motivo para o senhor estar aqui hoje é bem diferente. Embora estejamos muito felizes e vivemos comemorando nosso noivado, nós o convidamos hoje para o senhor conhecer o Sr. Thomas e também para lhe contarmos uma história que soubemos apenas um pouco antes do Natal, por conta da vinda de Marco Antonio ao Rio, para pegar algumas roupas do meu irmão – iniciou Diana, prestando atenção às reações de Eugênio, que começou a escutar atentamente enquanto degustava o vinho.

— Sr. Eugênio, eu sou pai de Arthur, que o senhor bem conhece – disse Thomas, abaixando o olhar.

— Um ótimo rapaz! – disse Eugênio sem ter a menor noção do que estava para acontecer.

— Assim eu gostaria que fosse, mas sei dos desvios de caráter de meu filho e me envergonho muito por isso. Estamos aqui nesta reunião, para tentar resolver um problema muito sério causado por ele. Se é que ainda teremos tempo, ou condições, de resolver a situação – Thomas continuava olhando para algum ponto no chão, sem olhar para Eugênio.

— Não estou entendendo, será que vocês podem me explicar direitinho o que está acontecendo? Meu coração, depois que minha filha sumiu, não anda muito bom – Eugênio ainda tentava manter um tom informal, mas percebia que a conversa tomava um rumo estranho; continuava sem entender a presença de Silvana, que o deixava constrangido.

Percebendo o constrangimento de Eugênio, sem esperar mais, Rodolfo iniciou o relato das notícias que levaram ao jantar daquela noite.

— Sr. Eugênio, numa manhã, Arthur veio me procurar dizendo que Flávia estava grávida e que o filho era dele. Estava desesperado, sem saber que atitude tomar e sutilmente comentou que o momento não era nada bom, já que estava pensando em cumprir o acordo que nossos pais fizeram quando ainda éramos crianças, de juntar as famílias com o casamento entre ele e Diana. Comentei que ele deveria primeiro resolver o caso com Flávia e, logicamente, com o senhor. Fiquei surpreso, mas aliviado, quando, depois de alguns dias, ele me disse que tudo não passara de um susto, que Flávia não estava grávida e que podíamos partir para a fazenda, para realizarmos o noivado prometido.

Rodolfo fez uma pausa esperando qualquer comentário, mas o silêncio era total, então continuou.

— Chegando à fazenda soubemos pelo Sr. Thomas que o compromisso havia sido desfeito antes da morte de meu pai, por conta do próprio Arthur assim querer; dizendo que detestava a fazenda e não criaria raízes no mato; assim, o noivado não se concretizou.

Eugênio não dizia nada, apenas escutava, e Rodolfo perguntou a ele se queria fazer alguma pergunta. Eugênio apenas acenou com a cabeça negativamente, então Marco Antonio continuou.

— Nesse meio tempo, tive que ir até a fazenda para passar a Rodolfo alguns detalhes sobre um contrato de trabalho e fui convidado para as festas do final de ano que já se aproximavam. Aceitei e, como não estava preparado para ficar tanto tempo, voltei ao Rio para acertar as coisas no escritório e pegar umas roupas para Rodolfo. Minha surpresa foi encontrar Silvana – falou apontando a moça, imóvel no canto da sala – completamente assustada e confinada na casa de meu amigo. Ela era, e ainda é, constantemente vigiada por um homem que aborda qualquer um que entra na casa, com perguntas simples, mas que poderiam denunciar qualquer perigo.

— Sr. Eugênio, me perdoa eu estar participando da conversa dos patrões, mas a razão é bem simples – Silvana iniciou a conversa com muita timidez, quase não se ouvia a voz. — Num dia alguém muito desesperado batia na porta da frente; quando atendi era um homem dizendo que necessitava urgente dos meus serviços de parteira. Dei as costas ao infeliz para pegar minhas coisas, quando senti uma dor muito grande na cabeça. Acordei numa sala com uma moça tentando trazer à vida um pequeno ser que não queria sair de jeito nenhum, por isso eu fui chamada! Tive medo de ser tarde demais, mas conseguimos salvar mãe e filho.

Eugênio quebrou o silêncio, mas percebia-se o controle que se obrigava a ter para não agarrar Silvana pelo braço e obrigá-la a mostrar onde estava Flávia.

— Como você pode afirmar que essa "mãe e filho" fossem a minha Flávia e meu neto? E só posso deduzir que a senhora deve estar envolvida com as pessoas que a sequestraram, pois minha filha nunca a viu e não poderia chamar quem não conhece para realizar um parto – Eugênio, descontrolado, não agrediu Silvana porque se manteve sentado. Transbordava um sentimento represado há muito tempo.

— Por favor, Sr. Eugênio, sou simples, não desonesta! Em consideração ao seu sofrimento eu vou ignorar essa falta de respeito com minha pessoa e terminar de contar-lhe – Silvana impôs à própria voz uma entonação baixa, mas firme, e isso manteve Eugênio controlado novamente. E continuou.

— A moça que tentava trazer aquele pequeno ser à vida era Julia, minha irmã, e poucos sabem disso. O Sr. Rodolfo mesmo achava que eu tinha apenas uma parenta que trabalhava na casa do Sr. Arthur, aqui no Rio de Janeiro e, embora eu nunca tenha desmentido, isso nunca foi verdade; Julia apenas trabalhou em sua casa, Sr. Eugênio. Eu mesma não conhecia a menina Flávia.

Mais uma pausa, mas desta vez foi para a própria Silvana se controlar. Todos prestavam atenção.

— No período que ficamos lá, Julia me contou como tudo aconteceu; que ficaram presas alguns dias numa pequena cabana no meio do mato, perto de um povoado, só que a menina passava muito mal e então foram transferidas para o local onde estávamos – Silvana deu uma parada para avaliar as reações de Eugênio, que se remexia na poltrona procurando algo na roupa. Ele se lembrou do terço que acharam na cabana, que, desde aquele dia, trazia no bolso. Mostrou à Silvana, que tirando um terço exatamente igual do avental, contou que fora presente dos avós, quando ainda eram crianças.

Silvana continuou.

— Infelizmente, não sei onde é a casa que estávamos. Ficamos num andar superior, trancadas, e não tínhamos contato com absolutamente ninguém. Apenas umas criadas que limpavam traziam as refeições, mas entravam e saíam completamente mudas. Mesmo quando pedíamos qualquer coisa, apenas acenavam com a cabeça. Também eram vigiadas – encerrou Silvana.

— Meu filho está envolvido nisso tudo, Sr Eugênio, e me envergonha profundamente, mas do jeito que ele está, temos que tirar a menina e a criança das mãos dele, antes que aconteça qualquer tragédia – Thomas falou com os olhos ainda fixos no chão.

— Mas como pode ter certeza disso? Ele realmente não teve atitude de um homem de bem, porque para mim ele contou que Flávia estava grávida de alguém que ela não queria mencionar – falou Eugênio ainda incrédulo e muito confuso.

Após uma pequena pausa, Eugênio continuou:

— Pensando melhor agora e analisando o que ele me disse, eu fui induzido a pensar que minha filha era uma leviana, trazendo no ventre uma criança fruto de um romance proibido. Cheguei mesmo a pensar que um dos meus compadres, que frequentavam minha casa, havia se aproveitado de Flávia, mas nunca percebi nada e acabei esquecendo; a única coisa que me importava e importa é encontrar minha filha e meu neto. Mas daí a imaginar que Arthur fosse capaz de sequestrar Flávia e o próprio filho colocando-os sabe lá onde e correndo o risco de acabar com a vida dos dois?!

Todos estavam calados, prestando atenção ao relato de Eugênio, que continuou seu raciocínio.

— Meus amigos, eu agradeço a vontade de vocês tentarem trazer mais alguma esperança a este coração tão dolorido, mas Arthur já havia viajado quando tudo aconteceu e lembro de tê-lo visto um bom tempo depois do acontecido. Vocês estão enganados! Posso aceitar que ele não queria assumir o filho, mas participar desse plano, eu não posso acreditar... – terminou Eugênio meio desalentado.

— Sr. Eugênio, a própria Flávia nos disse que tinha certeza que Arthur estava por trás de tudo aquilo, mesmo que ele nunca tenha aparecido. Somente a dona da casa, que chamava Lavínia, aparecia muito raramente, preocupada em saber se os dois ainda continuavam vivos. Até hoje não sei como aquela mulher me deixou vir embora, mas sei que é um inferno viver vigiada – disse Silvana, tentando convencer Eugênio da participação de Arthur.

Quando Eugênio escutou o nome da mulher, fez Silvana repetir, e ele mesmo, repetiu várias vezes baixinho, como se buscasse na mente alguma lembrança, mas não conseguiu nada, embora tivesse a sensação de conhecer alguém com aquele nome.

— Eu lembro que algum tempo depois do sequestro, eu fui até a Cavé para pensar. Eu estava chegando de mais uma busca sem sucesso e uma senhora chegou até mim e puxou conversa dizendo que nos conhecíamos de uma recepção, acho que dos Seixas. Como eu não lembrava, ela se apresentou como senhora Lavínia Lins e Silva, mas não sei se trata-se da mesma pessoa. Agora de uma coisa eu me lembro: foi nessa conversa que acabei desconfiando de um homem que me procurou para realizar um negócio... O tal negócio que me segurou aqui quando a minha Flávia estava partindo com Julia para Petrópolis, mas no final achei que era tudo coisa da minha cabeça.

Enquanto Eugênio falava, Rodolfo se lembrou do encontro na confeitaria com Arthur e uma mulher muito elegante, e resolveu contar sobre o encontro.

— Sr. Eugênio, eu vi uma vez uma senhora conversando com Arthur na Cavé, um pouco antes de partirmos para a fazenda. Ela me pareceu muito íntima, disse ser amiga de Dona Isaura e que estava de partida para a Europa. Parecia se divertir com o embaraço de Arthur, logo que eu cheguei. Se não me engano o nome dela era Sra. Glória Amaral, lembro que era o mesmo de sua filha, Sr. Thomas. Achei um pouco estranho a forma como eles se olhavam e se falavam – disse Rodolfo.

— Tem algo estranho aí, Rodolfo. Não temos amigos que tenha uma "Glória Amaral" na família – disse Thomas.

Diana observava tudo e agradecia a Deus cada vez mais, por não ter caído nas mãos do louco que era Arthur. Também sentia certa dó de

Thomas, que tentava a todo custo manter vivo alguns princípios no filho, porém sem sucesso.

— O problema, meus filhos, é que pouco se sabe sobre essa mulher: quem ela realmente é? Será que se trata da mesma pessoa? Onde mora? Onde achá-la? Se é a mesma pessoa, não sabemos nem o nome verdadeiro – disse Eugênio.

— Não sei o sobrenome, mas o nome deve ser Lavínia mesmo, pois era assim que a chamávamos – disse Silvana.

Ali, ninguém faria qualquer ligação com a Mansão das Meninas. Rodolfo acompanhou Arthur até a Mansão, mas não gostou do ambiente que o local oferecia e mal prestou atenção às mulheres que o cercava; além disso, Lavínia se trajava de forma muito formal e elegante ao sair pelas ruas do Rio de Janeiro, ou participando das recepções da sociedade. Ninguém, pela sua aparência e trajar, desconfiaria de seu trabalho.

Ainda tentando achar uma ponta do novelo, eles continuaram a trocar informações e foi quando comentaram sobre Juarez ter feito amizade com Rafael, o vigia da casa de Rodolfo, que ganhando sua simpatia, naquela noite tinham saído juntos. Ao ouvir o nome de Rafael, Eugênio despertou.

— Meu Deus! – falou, e num salto ficou em pé com todos olhando para ele com total atenção. — Era esse o nome do tal homem que eu acabei de falar, que me procurou para fazer negócio com pessoas que nunca chegaram ao Rio, e foi por causa dessa negociação que eu não segui viagem com Flávia, permitindo que ela fosse com Julia na frente, como já disse; eu iria, mas somente na semana seguinte. Como falei, cheguei a desconfiar dele, quando estava conversando com a tal senhora! – Eugênio finalmente havia matado a charada. – Não há mais dúvidas, foi tudo muito bem planejado. Só não sabemos quantos estão envolvidos neste lixo! – desabafou.

No invisível, Clara e Osmar auxiliavam a todos com emanações de carinho e amor. Não era o objetivo que se acusassem, mas sim que se ajudassem. No momento certo, esse grupo deveria ajudar Arthur e a própria Lavínia, a única mentora do plano que aprisionava fisicamente Flávia, Julia e Oswaldo.

Ninguém falou mais nada, estava claro para todos como os acontecimentos se sucederam. Para eles, mesmo sem entender os motivos, Arthur foi quem planejara o sequestro e Lavínia o ajudara. Estavam longe da verdade, pois Arthur também era prisioneiro dos objetivos de Lavínia.

Capítulo XIX
O Socorro

Juarez acordou quando Lavínia entrava com uma enorme bandeja com café da manhã, como ele nunca vira. Comeram e mais uma vez saciaram a sede que sentiam um pelo outro.

Formas escuras envolviam Lavínia e ela se transformava; Juarez percebia isso muito claramente, mas faria o jogo dela, e tentava não se envolver naquela espécie de nuvem que percebia existir em torno de sua cabeça e ombros. Seus objetivos estavam bem definidos em seu coração e mente.

Ele recebia do plano espiritual forças para manter-se alerta e não se envolver, porém o ambiente era muito conturbado e Juarez se desgastava tentando manter o próprio equilíbrio; deixar se envolver era muito fácil. Ele precisava de uns dias de intervalo para se reequilibrar física e espiritualmente e se manter alerta.

Nossa evolução ainda permite a fraqueza diante de um ambiente muito poluído. Nossa vontade é fraca. Nossos pensamentos e atitudes são altamente influenciáveis. Assim, ficar exposto a um ambiente nocivo pode abalar alguém profundamente. No caso de Juarez, como ele tinha princípio morais bem definidos, era difícil, mas não impossível, que ele abandonasse tudo para entrar na "vida fácil" que lhe ofereciam, porém, com o passar do tempo e a convivência diária, tudo passaria a ser "normal" e suas defesas cairiam. Ele, provavelmente, não seria envolvido pelas formas obscuras que envolviam Lavínia por causa de seus pensamentos não serem ligados a sentimentos baixos – no caso a inveja, a cobiça, o ódio, etc. –, mas viveria rodeado de entidades ignorantes que drenariam constantemente suas forças e compartilhariam seus hábitos e gostos.

— Preciso ir, minha querida! Mas nesta semana eu volto – disse Juarez, pegando suas roupas jogadas no chão, ao lado da enorme cama onde Lavínia insistia em ficar, espreguiçando-se como uma gata e passando os pés suavemente nas costas do rapaz.

Ao escutar Juarez dizendo que iria embora, com voz suave, mas autoritária, questionou:

— Como assim nesta semana? Hoje é domingo, sei que você não trabalha...

— É verdade, hoje eu não trabalho, mas a irmã do meu patrão chegou e sei que ela não vai demorar por aqui. Não sei exatamente quando vai embora, mas quero separar algumas coisas que comprei e mandar para minha família – Juarez não mentiu.

— Você é casado? – perguntou Lavínia, apenas para saber.

— Não. São coisas para meu irmão e minha mãe que já tem bastante idade.

— Esta bem, então! Volte à noite se puder – Lavínia achou melhor não insistir.

Quando saíram do quarto, as meninas dormiam ainda e o silêncio era total. Na saída, Juarez deixou a porta um pouco aberta e voltou para beijar Lavínia que estava praticamente grudada nele. Beijou-a e delicadamente a afastou.

— Realmente preciso ir, mas assim que eu puder, estarei aqui em teus braços – beijou-a novamente nos lábios e voltou-se para a saída. Olhou para a grade, mas achou melhor não falar nada.

Ainda no alto da escada, ouviu um choro de criança, mas não precisou perguntar nada: Lavínia respondia imediatamente a pergunta calada.

— Uma de nossas meninas teve um bebê há pouco tempo – disse Lavínia muito sem graça e quase empurrando Juarez pela escada abaixo. Isso fez Juarez ter certeza que Flávia estava ali presa. Não tinha mais dúvida!

Prestou bastante atenção no caminho de volta da Mansão, embora Rafael tenha dado algumas voltas que não eram necessárias, para confundi-lo. Mas para alguém acostumado a andar pelo mato sem trilha, teria mesmo era que lhe privar os sentidos.

Logo quando chegou ao portão da casa de Rodolfo, viram Silvana mexendo no jardim. Ela encarou de um jeito muito feio tanto Rafael como Juarez e entrou sem nada dizer.

— Creio que temos uma "amiga" em comum – disse Rafael rindo.

— É, meu caro, acho que temos sim – respondeu Juarez

Juarez, assim que entrou, encontrou Diana, Rodolfo e Silvana logo atrás da porta, ansiosos pelas notícias. O rapaz passou direto por eles e foi sentar-se no sofá com os três parados olhando para ele com perguntas silenciosas, que suas expressões deixavam escapar.

— Vamos sentar, minha gente, que a conversa é longa! Mas está tudo bem – Juarez tinha uma alegria natural e sempre trazia um sorriso nos lábios.

Depois dessa afirmação, Silvana, mesmo curiosa, voltou para o jardim; queria também saber de todas as novidades sobre a irmã e Flávia, mas era melhor voltar para o jardim, sob os olhos do "homem horroroso".

Juarez contou tudo que viu e ouviu: o choro da criança, que o local era longe da cidade, bem escondido, e qual era a atividade praticada. Disse que caiu nas graças da tal Madame Lavínia, que era a dona do negócio. Falou que a frequência na casa era grande e que, pelas roupas dos clientes, eram homens da sociedade, políticos ou ricos negociantes, e meio ruborizado, contou que passara a noite com Lavínia, que imediatamente se encantou com ele.

— Tirar a moça de lá não vai ser tão fácil. É necessário um bom planejamento; existem vários homens armados do lado de fora da casa, vigiando quem entra e quem sai. Não sei se é só por conta da moça estar lá ou se por causa da freguesia da casa, ou se os dois – Juarez falava e revivia na mente tudo que vira.

Como ninguém falava nada, ele continuou:

— Eu preciso conhecer melhor as entradas e saídas que existem na casa, que é bem grande. O melhor é tentarmos resgatar todos de lá numa noite sem tanto movimento de clientes, então pensei em manter as visitas na casa e, nesse tempo, saber a rotina durante a semana. Assim, talvez, possamos tentar escolher o melhor dia. Acho arriscado nessas semanas, porque ela está organizando a festa para a terça-feira de carnaval – concluiu Juarez.

Foi Diana quem quebrou o silêncio que todos mergulharam após as novidades de Juarez.

— Tenho uma ideia, mas teremos que nos empenhar e usar Arthur. Vamos chamar o Sr. Eugênio e o Sr. Thomas e conversar – Diana falou quase pulando de alegria.

Novamente o grupo reuniu-se. Thomas e, principalmente, Eugênio tomaram todas as precauções para não serem vistos. A casa de Marco Antonio não era vigiada, afinal ele, Marco Antonio, era alguém praticamente invisível para Lavínia e Arthur. Não tinha dinheiro, não gostava das noitadas e não tinha amigos influentes, portanto para eles Marco Antonio não era ninguém, mas todo cuidado era pouco. Qualquer desconfiança por parte de Arthur, Lavínia ou Rafael poderia significar a diferença entre a vida e a morte de Flávia, era o que todos pensavam.

✤

— Diana você perdeu o juízo! – disse Marco Antonio ao ouvir a ideia da noiva – não posso permitir tamanha loucura!

— Meu querido, perdoe-me, mas não estou pedindo sua permissão, estou dizendo o que farei. Não terei a consciência tranquila enquanto Flávia estiver nas mãos de Arthur e dessa mulher; eles sim são loucos!

Diana foi firme e não deixou margens para qualquer intervenção ou negativa. Ficou acertado, mesmo com o visível descontentamento de Marco Antonio, que já no dia seguinte colocariam o plano em execução.

Juarez passou o resto da semana visitando a Mansão, para ver Lavínia e, sem ninguém desconfiar, observava atentamente os costumes da casa. Numa manhã, ele viu Lavínia pegar um pequeno molho de chaves no bolso de um casaco, pendurado na primeira porta de um pequeno guarda-roupa. Por achar que Juarez estava dormindo pesado, não foi muito cuidadosa.

O rapaz percebeu que Arthur vinha diariamente à Mansão e várias vezes pegou-o conversando com Lavínia e Rafael, que ao perceberem qualquer pessoa olhando, distanciavam-se disfarçadamente. Ele apenas não sabia ainda quais eram as condições do local que vira tão fortemente trancado. Observou que para sair dali teriam que obrigatoriamente passar pela sala principal; isso o preocupou, mas não o desanimou. Observou também que Arthur bebia cada vez mais e que dificilmente estava lúcido.

Durante três semanas Juarez sondou os hábitos e horários da casa. Sempre presente, mantinha Lavínia ocupada. Algumas vezes, na madrugada após a casa vazia, ele escutava o choro de Oswaldo. Isso mantinha, de alguma forma, a atenção aos objetivos traçados, pois já estava envolvido emocionalmente com Lavínia. Mais algumas semanas e ele, talvez, não conseguiria concretizar o plano.

Fevereiro chegou e com ele os grandes bailes de carnaval. Na segunda-feira, a Mansão não abriria as portas aos seus clientes costumeiros para realizarem os preparativos para o baile de máscaras do dia seguinte, porém Juarez e Arthur tinham entrada liberada em qualquer dia.

Na tarde daquela segunda-feira, mais uma vez Thomas procurou o filho, pois mesmo sabendo que o pai estava na cidade, Arthur dificilmente o encontrava; sempre fugia de qualquer local que pudesse encontrá-lo.

A viagem de alguma forma foi bem proveitosa para os negócios das fazendas. Tanto Thomas como Diana fizeram vários contatos e sairiam dali com muitos planos de diversificação.

O beneficiamento do café, muitas vezes, tirava parte do lucro de muitos fazendeiros. Diana e Thomas, mais tarde, se tornariam sócios numa máquina de beneficiamento, que juntos importaram nesse período.

Thomas encontrou o filho tomando vinho com alguns amigos, numa taverna um pouco afastada no centro da cidade. Percebeu o quanto Arthur modificara em sua aparência física, desde a última vez que falara com ele. Tinha aspecto meio sujo, embora suas roupas mostrassem limpeza. Os cabelos estavam longos e desgrenhados, sem o cuidado que sempre tomara. Thomas observou que em apenas um mês o filho envelhecera anos e, mesmo com a tristeza invadindo seu coração, entregou-lhe novamente um envelope com uma grande quantia de dinheiro, dizendo:

— Arthur, meu filho, você não mudou em nada; continua sem objetivos, para carreira ou vida familiar. Apenas quero avisá-lo que estou retornando para a fazenda e só pretendo voltar quando for necessário para os negócios –

era visível o nervosismo e o pesar de Thomas ao dizer essas palavras. — Vou lhe deixar este dinheiro que dá para você se manter no luxo que vive por uns seis meses, mas nada me peça depois disso. Estou cansado de financiar suas noitadas. Quero saber apenas o que digo para o Robério? Mais cedo ou mais tarde ele irá aparecer na fazenda. O filho é realmente seu? Você pretende assumir o filho que Suzana traz na barriga? – Thomas não continuou a falar; se continuasse seria muito provável não se conter e dizer tudo que sentia.

— Faça o que quiser e o que achar melhor, meu pai. O senhor sempre soube que eu não viveria na fazenda. E não mudei de ideia – Arthur não olhava para o pai. — Suzana é mais uma menina mimada que não sabe ouvir um "não". Vocês não a conhecem! Foi ela que me seduziu! – disse a frase com um sorriso malicioso, e concluiu. — Não sei dizer com certeza se o filho é meu, ela não era mais moça quando me deitei com ela – e caiu na gargalhada.

Thomas se controlou e, sem qualquer outra explicação, não prolongou o encontro. Entregou o gordo envelope e despediu-se do filho, partindo em viagem de volta à fazenda. Deixou claro que, se acaso o filho precisasse de mais alguma coisa, deveria ir pessoalmente buscar, como pai ele nunca fecharia as portas.

Nessa noite Arthur estava muito feliz quando chegou à Mansão, e não quis ver Flávia para não estragar sua felicidade com uma "semimorta"; era assim que ele a chamava, já que todas as noites ela estava jogada na cama, pálida e fria, e bebia para esquecer e tirar a sensação que tivera.

Juarez estava com Lavínia no quarto quando escutaram uma gritaria no andar de baixo. Lavínia colocou um roupão e desceu, deixando Juarez pela primeira vez, sozinho em seu quarto. Assim que ela desceu, ele procurou as chaves no bolso do casaco; olhou se estava realmente sozinho no andar e subiu.

Assim que abriu a porta, viu uma moça deitada e uma jovem sentada numa cadeira com um bebê nos braços. Rapidamente disse ser mandado por Silvana e pediu que se preparassem para deixar o local no dia seguinte, mas precisava levar a criança naquele momento, para, no dia seguinte, não serem descobertos. Julia não pensou muito, entregou a criança para ele com o coração aos pulos e se arrependeu no momento que ele sumiu, fechando a porta.

O que falaria para Flávia? Mas já era tarde, não tinha como voltar atrás. E se o moço estivesse mesmo falando a verdade? Afinal, ele disse que foi Silvana que mandou ele lá. Quando Flávia acordou, entregou-lhe umas roupas que o rapaz havia deixado numa sacola e contou que entregara Oswaldo aos cuidados do desconhecido. Inexplicavelmente, Flávia tinha certeza que Julia havia agido corretamente: Antonio passava-lhe a certeza.

Flávia pareceu adquirir novo ânimo, só não entendeu exatamente o que teria de fazer e como aquelas roupas iriam ajudar. Quando receberam o jantar, Flávia alimentou-se como há muito tempo não fazia. Queria estar forte para o dia seguinte. Julia, incrédula, observava a melhora inexplicável da amiga.

Juarez ainda ouvia os gritos lá embaixo, então, sabia que estava no tempo. Foi até a sacada do quarto de Lavínia, que dava para os fundos da casa, onde não havia guardas. O menino dormia, sem saber o risco que corria. Juarez pegou bem no fundo do armário duas grandes cobertas que havia "pedido emprestado" de duas meninas da Mansão. Com uma fez uma espécie de cesta, amarrando com um nó as quatro pontas, e com a outra fez um tipo de corda para diminuir a queda. O primeiro andar era mais ou menos, uns quatro metros do chão.

Olhou e viu Marco Antonio correndo em direção a casa. Em segundos, Marco agarrou o embrulho e sumiu no meio de umas árvores que escondiam a Mansão da vista da estrada. Milagrosamente a criança não emitiu um som, dormiu até chegar aos braços do avô Eugênio que, junto de Thomas, partiam para a fazenda.

Quando percebeu que o menino estava nos braços do amigo, fechou as janelas e voltou para cama, colocando as chaves no mesmo lugar que estavam. Lá embaixo os gritos continuavam, mas já se acalmavam.

Na sala da Mansão se desenrolava um quadro quase cômico: Diana completamente fora de si cobrava de Arthur o amor que dizia sentir e que havia prometido provar. Continuou gritando sem deixar ninguém falar, mostrava-se histérica e reclamava gritando a humilhação e rejeição sofrida. Não parou de berrar até perceber a bela mulher descendo a escadaria principal. Naquele momento Diana entendeu o fascínio que os homens tinham por aquela mulher, era a beleza a serviço do mal, pensou.

Arthur tentava acalmar Diana, que gritava cada vez mais alto. Lavínia tentou conversar, também sem sucesso. Foi quando alguém bateu à porta e entra Rodolfo, esbaforido, dizendo a todos que havia seguido a irmã até ali.

Todos na Mansão escutaram Diana gritar e brigar por quase vinte minutos, quando finalmente parecia começar a acalmar-se.

— Diana, eu não sabia que você se sentia assim, mas a verdade é que eu nunca a amei de verdade e disse aquilo muito mais por orgulho ferido além disso, eu soube que você já ficou noiva! – disse Arthur.

— Claro que fiquei noiva. Pergunte a qualquer mulher aqui se não usaria das mesmas armas para fazer ciúmes. Achei que, quando você soubesse do meu rápido noivado, voltaria e cumpriria sua promessa de me conquistar. Por que razão você acha que eu vim com seu pai na viagem? Eu queria que você soubesse, por isso vim para o Rio de Janeiro, com a desculpa da compra do enxoval, e pensei que você fosse me procurar. Depois de nossa conversa na fazenda eu soube que o amava – Diana ainda gritava. — Mas não se preocupe mais, vou me casar e o deixo em paz.

Para encerrar o drama, Diana enfiou o rosto no peito do irmão, que tentava segurá-la, e simulou um compulsivo choro, completamente escandaloso. Não havia um ser naquela sala que não sentiu pena de mais uma moça "largada" por Arthur, que no fundo sentia-se vingado pela humilhação que sofrera em sua própria fazenda.

— Por favor, eu peço desculpas pela minha irmã; será que alguém pode nos acompanhar até a saída? – a intenção de Rodolfo era que aquele que o acompanhasse visse que não havia nada na carruagem.

Arthur fez questão de acompanhar os irmãos, mas antes de sair pediu, discretamente, a Lavínia que visse se tudo estava certo. Era um sinal, e Diana e Rodolfo esperavam por isso. Sabiam que eles poderiam desconfiar. Não estavam lidando com amadores.

Chegando à carruagem, Diana ainda no choro incontrolável, e com a cabeça enfiada no peito do irmão, não queria olhar para Arthur. Por sua vez, Arthur os segurou um pouco para receber, disfarçadamente, o sinal de que estava tudo bem.

— Rodolfo, eu gostaria de saber como sua irmã chegou até aqui? – perguntou Arthur, para ganhar tempo e ao mesmo tempo sanar sua curiosidade.

— Ela viu você e o seu pai conversando hoje à tarde perto do centro da cidade e resolveu o seguir. Contratou a carruagem e veio. Como você não estava em casa nem no hotel, eu deduzi que você estaria aqui, quando Marco Antonio chegou ao escritório dizendo que viu Diana pegando uma carruagem logo atrás de você. Por sorte encontrei o Bento com a carruagem livre, que conhece bem este caminho e me trouxe até aqui. Unir os pontos não foi difícil, meu amigo, se é que ainda posso chamá-lo assim – Rodolfo colocou a mão no ombro do amigo.

— Pode sim, Rodolfo, eu ainda sinto sua falta nas festas. Formávamos uma grande dupla – Arthur sorriu.

Nesse momento Lavínia sai na porta:

— Você irá com eles, Arthur? Aqui está tudo certo; se quiser ir, não tem problema, só quero fechar a porta – era o sinal que esperavam.

Os irmãos seguraram a respiração: não contavam com essa possibilidade e Arthur pensava...

— Não vou com vocês. Acho que minha presença seria pior para Diana. Respeito seus sentimentos, mas nunca fui homem do mato nem de uma única mulher. Eu soube que você estava noiva e pensei que você, Diana, tinha encontrado alguém que a mereça. E talvez seja verdade! Dê uma chance ao rapaz. Me esquecer é o melhor. Não sou homem para você. Tenho um caráter duvidoso, como diz meu pai – Arthur era sincero e os irmãos sentiram isso.

Diana e Rodolfo partiram aos olhos de todos, somente os dois na carruagem, além de Bento, o cocheiro. A primeira parte do plano estava completa.

Lavínia voltou para os braços do amante, sem nada desconfiar. E Arthur passou boa parte da noite bebendo até não aguentar mais e cair no meio do salão, e lá ficar até a manhã seguinte.

O dia da grande festa de Lavínia chegara e ela contava com os lucros. Já naquela época, a data era deturpada por alguns, e em vez de brincarem de forma sadia, muitos usavam a noite para, atrás das máscaras que escondiam ou dificultavam a identificação do fantasiado, extrapolar na "diversão". Na Mansão o consumo do ópio, das bebidas e da cocaína aumentava; as máscaras também facilitavam a entrada de muitos homens que não entrariam lá sem elas, para saciar os desejos de ordem sexual, afinal consideravam-se "homens de família". Era triste!

No plano espiritual, muitos irmãos já se colocavam à disposição para auxiliar nos desencarnes que ocorriam pelo exagero com as drogas. Logo quando as festas do Carnaval começaram no Brasil, praticamente um século antes e tinha outro nome, Ângela, uma das moças de Lavínia, desencarnara por causa do ópio, misturado com bebida. Usou para poder deitar-se com tantos homens que não se lembrava ao certo o número. Um deles, descontente com a performance da moça já esgotada, deu-lhe nova dose da droga. Quando se satisfez, apenas fechou a roupa sem perceber que a moça já estava morta fisicamente.

Depois de um grande período de recuperação, Ângela ali estava compondo um dos grupos de apoio e auxílio. E pela primeira vez surpreendeu-se com o ambiente que vivia quando encarnada, sem nunca perceber ou desconfiar. Estava feliz em ajudar.

Uma observação: as drogas que condenamos hoje, nessa época eram utilizadas e comercializadas normalmente. Vendidos como remédio – analgésico, anestésico, em vinhos, balas para dor de dentes (cocaína) e em alguns xaropes para tosse e asma (heroína), indicadas inclusive para crianças – traziam, além da cura, o "bom humor", e algumas gotas de ópio eram indicadas para "acalmar" bebês recém-nascidos. A ciência não sabia dos efeitos nocivos, como sabe hoje. Alguns estudos iniciavam, mas nada conclusivo existia. Porém, assim como hoje, qualquer substância consumida sem necessidade, sem controle, apenas para entorpecer ou para saciar vontades, é considerada como vício; e vício vem acompanhado de dor e sofrimento a todos os envolvidos, direta ou indiretamente.

Capítulo XX
Baile

No dia seguinte, logo cedo, Juarez voltou para casa e soube que tudo havia corrido conforme o combinado. Rafael tinha vindo com ele e, como todos os dias, fingia entrar numa casa no final da rua.

Os três, com tudo repassado, tomaram a rotina normal de um dia de festa. Afinal quase todos os salões, naquele dia, realizariam o baile de máscaras e fantasias, comemorando o carnaval. O dia correu tranquilo e Rodolfo, Diana e Silvana ficaram em casa – e fizeram de tudo para serem notados, pois Rafael não arredou pé da frente da casa. Juarez conversava com Rafael e tentava convencê-lo a ir para a Mansão, mas o homem dizia que o patrão deu ordens expressas de não sair de seu posto. Então, pela primeira vez Juarez foi sozinho, deixando Rafael para trás. Ordem de Lavínia, que já confiava em Juarez. Quando chegou à Mansão, surpreendeu-se com a decoração fina e colorida do local. Lavínia estava no quarto colocando a fantasia, e ele subiu.

Lavínia o beijou longamente, depois pegou uma sacola e deu para ele trocar-se, pegou as chaves do bolso e saiu dizendo que iria olhar a despensa. O rapaz achou ótimo ela subir antes da festa, pois ganharia tempo depois.

Juarez havia instruído as moças a colocarem as roupas da sacola após uma hora do início da música, que elas ouviam de lá de cima, com toda certeza.

Juarez, sem ser visto, saiu um pouco do quarto e, dali, ouvia o que Lavínia dizia às moças. Quando a ouviu comentar que não escutava o choro do menino há algum tempo, ele gritou seu nome batendo à porta do quarto em seguida, desviando a atenção e obrigando-a a descer. Ela entrou no quarto e atendeu Juarez, que dizia não saber ao certo como vestir a roupa que ela havia lhe dado. Disfarçadamente Lavínia recolocou as chaves no mesmo bolso, e não percebeu que o rapaz olhava atentamente seus movimentos. Ela realmente confiava que ele não sabia de absolutamente nada.

A festa começou e, logo no início, Arthur parecia emendar uma bebedeira em outra, ainda não conseguira realizar seus desejos com Flávia e isso o estava deixando louco. Existiam também as palavras de seu pai que ainda ecoavam em sua mente, como um aviso. Ele não sabia como seu pai conseguia ter tanto poder sobre ele.

Lavínia estava muito feliz e despreocupada, ao contrário de Juarez, pois a parte final do plano estava para começar. Para Lavínia, Eugênio nunca ofereceu perigo e Silvana estava muito bem vigiada. Soube por Juarez que todos haviam ficado em casa e isso a tranquilizou. Se Rodolfo e Diana tivessem aceitado algum convite para aquela noite, seria difícil vigiar Silvana e os irmãos.

Lavínia desceu para as últimas ordens antes de abrir as portas e deixou Juarez sozinho no quarto para que ele pudesse trocar a roupa. Esse seria o momento mais difícil e perigoso para ele. Assim que Lavínia sumiu na escada, Juarez subiu e destrancou os cadeados, avisou as moças que as trancas estavam abertas, mas só deveriam sair após uma hora do início da festa, elas escutariam a música.

— Eu vou deixar os cadeados abertos, vocês tirem e recoloquem, não deixem a porta aberta. A tranca, vocês não recoloquem, pois foi a própria Lavínia que deixou fora, não sei explicar como, acho que se assustou quando chamei, e isso facilitará a saída. Sejam rápidas e se misturem com os convidados; com estas fantasias e as máscaras, não vão perceber quem realmente são. As portas da frente da casa estarão abertas e vocês devem sair por elas; uma por vez, e não fiquem juntas. Devem tomar muito cuidado para descer as escadas. Quando saírem, verão uma carruagem do lado direito da casa puxada a três cavalos escuros e um branco. Perguntem ao cocheiro se Arthur está com ele, se ele responder que sim, é a carruagem que espera por vocês. Subam e partam imediatamente.

— Como saber se nós podemos confiar em você? – perguntou Flávia num sussurro de voz.

— Não saberão! Mas se quiserem sair daqui, sou a única chance de vocês. Vocês decidem! Boa sorte e fiquem com Deus, nos veremos daqui algum tempo – o rapaz foi direto e preciso em sua resposta, não havia tempo.

Juarez fez tudo conforme disse e, olhando do andar de baixo, qualquer um juraria que tudo estava trancado. Foi difícil para Flávia e Julia esperar o momento certo, mas saíram. Não tinham nada a perder e, mesmo parecendo loucura, Flávia confiava naquele estranho que apareceu do nada.

A música começou e Lavínia não subiria mais, com toda certeza. Vestiram as fantasias masculinas. Os cabelos curtos que usavam desde que chegaram à Mansão facilitou muito. Flávia, um cavaleiro, tinha na cabeça um elmo, escondendo toda a cabeça. Julia, como um pirata, amarrou um lenço para esconder a parte dos cabelos e por cima usava um chapéu e uma máscara que escondia todo seu rosto deixando à mostra apenas os olhos.

Juarez voltou ao quarto e, assim que entrou, percebeu Lavínia subindo; ela não o viu descer, mas ele ainda estava com as roupas que chegara, então rapidamente tirou as roupas e deitou-se. Assim que ela entrou, ele sorriu dizendo que estava à sua espera.

Lavínia sorriu e fez um enorme sacrifício para não deitar ao lado do amante, pois sua presença era solicitada novamente no andar debaixo. Juarez colocou as roupas e também desceu feliz pelo andamento das coisas.

A festa corria solta. Música alta, muito álcool e "balas" circulavam soltos pelas mesas ou entre os que dançavam num frenesi macabro. Homens com duas ou três mulheres, ou com um casal, se esfregavam pelo salão como se participassem de um ritual de acasalamento. Podia-se sentir no ar o cheiro do sexo sem responsabilidade. Juarez sentiu-se enojado e só por lealdade a Diana e a Rodolfo ele se manteve firme.

Arthur não oferecia perigo algum. Completamente apagado num canto do salão, mal enxergava quem passava à sua frente. Foi quando Juarez percebeu uma figura descendo a escada: Flávia!

Imediatamente seus olhos procuraram por Lavínia que, na outra ponta do salão, caminhava em direção à escada. Juarez correu e pegou Lavínia pela cintura e rodopiou com ela pelo salão, levando-a para o canto oposto da escada. Encostou-se à parede e colocou os braços em volta de Lavínia, deixou-a presa à sua frente e de costas para a escadaria do salão. Logo depois viu Julia descendo. Flávia já se encaminhava para a porta da frente muito calma, dançando.

Todos já estavam muito envolvidos com a festa para perceber qualquer coisa estranha.

Depois que as duas saíram, Juarez soltou Lavínia e foi pegar uma bebida. Depois de alguns minutos ele voltou e sugeriu a Lavínia que a festa deveria correr por si só e subiram para o quarto. Ele, na frente, olhou para a grade e viu que suas instruções foram seguidas à risca. Tudo trancado. Percebeu o olhar de Lavínia também investigando, mas nada disse e, antes que ela pensasse em subir, começou a acariciar sua nuca com os lábios; sabia que isso tiraria qualquer ideia de sua cabeça por algumas horas. Tempo suficiente para as moças se distanciarem.

Lá fora, Flávia viu a carruagem e, quando ia se encaminhando para ela, uma moça veio ao seu encontro e insinuante tentava levá-la para dentro novamente. Marco Antonio era o cocheiro e percebeu o embaraço. Viu que logo atrás vinha outra moça e, pela fantasia que usavam, soube que eram Julia e Flávia. Precisava fazer algo.

Julia, que vinha atrás de Flávia, chegou perto da moça que já se esfregava em Flávia.

— Saia de perto do meu homem! – disse Julia empurrando a moça e rezando para que ela não tivesse nenhuma reação. Uma briga naquele momento estragaria tudo.

— Não sabia que ele estava acompanhado... E também não quero isso aí... Não tem muita coisa para uma que dirá para duas! – e saiu rindo, completamente embriagada. Era provável que, no dia seguinte, nem lembraria o ocorrido.

Flávia estava gelada, foi quando viram um homem chegando até elas e imaginaram que tinham sido descobertas, mas não fizeram nada, nenhuma reação, até porque perceberam em volta outros homens armados. Mesmo assim, quando o homem estava bem próximo, Flávia lhe perguntou alto se Arthur estava com ele, e quase desmaiou quando a resposta foi afirmativa. Era Marco Antonio.

Discretamente, Julia e Marco Antonio ampararam Flávia, como se fosse um rapaz bêbado sendo levado. Entraram na carruagem e partiram.

Não muito longe dali Bento, o cocheiro, esperava. Trocaram de carruagem e Marco Antonio continuou pela estrada. O cocheiro deveria voltar à Mansão e esperar por Arthur. Recebera um bom dinheiro para falar, a quem perguntasse, que os rapazes que ele havia levado embora eram amigos de Arthur, mas por causa das máscaras não saberia dizer quem seriam e que os deixou no Centro do Rio, onde outras festas aconteciam, com perfil mais familiar.

Bento era velho conhecido de Rodolfo e Arthur e, pela bebedeira, era muito provável que Arthur nem lembrasse direito como ou com quem chegou à Mansão. Uma pessoa conhecida, afirmando que ele havia chegado com dois amigos, no mínimo lhe confundiria.

Marco Antonio seguiria para a fazenda com as moças e só parariam quase no meio do dia seguinte, para tirarem as roupas que vestiam. Dentro da carruagem havia comida e água para todos, evitando que parassem muito. Embora muito cansativo, era o melhor a ser feito. Neste caso, a viagem de trem não era a melhor opção. As duas, mesmo cansadas, não reclamavam, o que as esperava compensava tudo: a liberdade.

Lavínia só descobriu a fuga das duas no dia seguinte, quando mandou as criadas levarem água e o jantar. Por causa da festa, ela havia mandado comida suficiente para o jantar da terça e almoço da quarta. Porém, ao contrário do que todos esperavam, ela nada falou nem denunciou o sumiço das moças e da criança.

No sábado seguinte, Juarez ouviu Lavínia conversando com Arthur. Ela dizia que precisava de uma enorme quantia em dinheiro para pagar o tratamento de Flávia, que estava muito doente. Havia sérias instruções do médico para ninguém perturbá-la. A Madame pegou quase tudo que Arthur tinha. Juarez, então, percebeu o que ninguém imaginara: que Arthur também era vítima dos planos de Lavínia, e sentiu pena dele.

Lavínia mandou Rafael vigiar constantemente os passos de Silvana e de Rodolfo, ela sentia que alguma coisa havia naquele meio. Também enviou alguns de seus guardas para a estação de trem; mesmo que estivessem acompanhadas, duas mulheres e uma criança de colo não passariam despercebidas. Porém não obteve as respostas que desejava. Em suas visitas às confeitarias, ela descobriu que Eugênio havia viajado uns dias antes delas fugirem e achou que "o velho" não teria condições e inteligência para enganá-la daquele jeito. E intimamente, Lavínia, admirava a pessoa que idealizou e realizou tal plano.

Depois de alguns dias sem saber de Flávia, não escutar o choro de Oswaldo e só escutar que tudo estava na mesma, Arthur pegou a chave e subiu sem Lavínia perceber, foi quando descobriu a traição da amiga. Saiu da Mansão sem nada dizer, mas jurou vingança; nenhuma rameira, faria ele de bobo!

Nesse período Rodolfo colocou o juiz Amaral a par dos acontecimentos. O próprio juiz indicou seu sobrinho, Gustavo Souza Leite, também advogado, para trabalhar com eles e, na ausência dos dois, ele próprio ajudaria no que fosse possível. Gorete aprovou, já que não ficaria sozinha e o rapaz era tão educado quanto Rodolfo e Marco Antonio.

Rafael não ficava mais na porta da casa de Rodolfo, e Juarez trouxe a informação de que Lavínia dispensara boa parte dos guardas que ficavam durante o dia em volta da Mansão, mas a grade continuava trancada como se Flávia ainda estivesse por lá. Lavínia andava irritada e já não aguentava mais as bebedeiras de Arthur e chegou, numa das vezes, a colocá-lo para fora e impedir sua entrada. Foi quando Arthur percebeu que algo não estava certo, afinal Lavínia não jogaria a galinha de seus ovos de ouro pela porta afora. Logo depois, ele descobriu.

Estava no início de março e todos deveriam viajar na semana seguinte, pois já havia passado tempo suficiente para afastar qualquer desconfiança e não serem seguidos. Juarez conversou com Rafael e disse que iria embora, mas não falaria a Lavínia, pois temia sua reação. Rafael entendeu e o apoiou, e disse que ele também iria voltar para Mato Grosso, onde tinha família. Se era verdade ou não, Juarez não podia saber, mas tinha certeza de que Rafael estava se retirando da cena, para não pagar, sozinho, os erros de sua patroa.

Partiriam num domingo à tarde, quando foram surpreendidos pela visita de Arthur. Diana estremeceu, mas manteve sua confiança nos Espíritos bons, como os passou a chamar depois de uns estudos que fez junto com Marco Antonio e Rodolfo. Ela tinha tanta certeza e confiança nas palavras daquele livro – O Livro dos Espíritos – que imaginava sempre estar rodeada por Espíritos lúcidos e iluminados.

E realmente acontecia. Diana mantinha seus pensamentos e suas ações voltadas para o bem. Tentava manter o ânimo, e sempre ser positiva; constantemente vigiando seus pensamentos, ela mantinha-se ligada aos seres superiores e com aqueles que vinham orientar e socorrer os ignorantes. Mas ela não imaginava que o Espírito que fora seu pai era um dos que já trabalhava, auxiliando.

Ela aprendeu que, quando perdemos um ente querido, não devemos acreditar que a pessoa, simplesmente por estar em outro plano, nos ajudará ou resolverá nossos problemas. Do lado de lá o ser pode sofrer, tanto ou mais que nós, a separação. Dependendo do grau de ignorância do ser e de sua vibração, sofrerá mais com nossas cobranças, tristezas e angústias. Ela então fazia o que o livro ensinava: não esqueceu o pai, mas lembrava dele com amor e dos momentos mais alegres da convivência que tiveram. Quando se lembrava dele, emanava sentimentos de gratidão e amor. Antonio sentia seus pensamentos e beijou suavemente a filha, que sentindo seus fluidos sorriu à lembrança gostosa do pai.

Junto de Antonio, Clara e Geraldo se preparavam para a nova etapa que surgia. O auxílio a Arthur.

Capítulo XXI
Afinidades

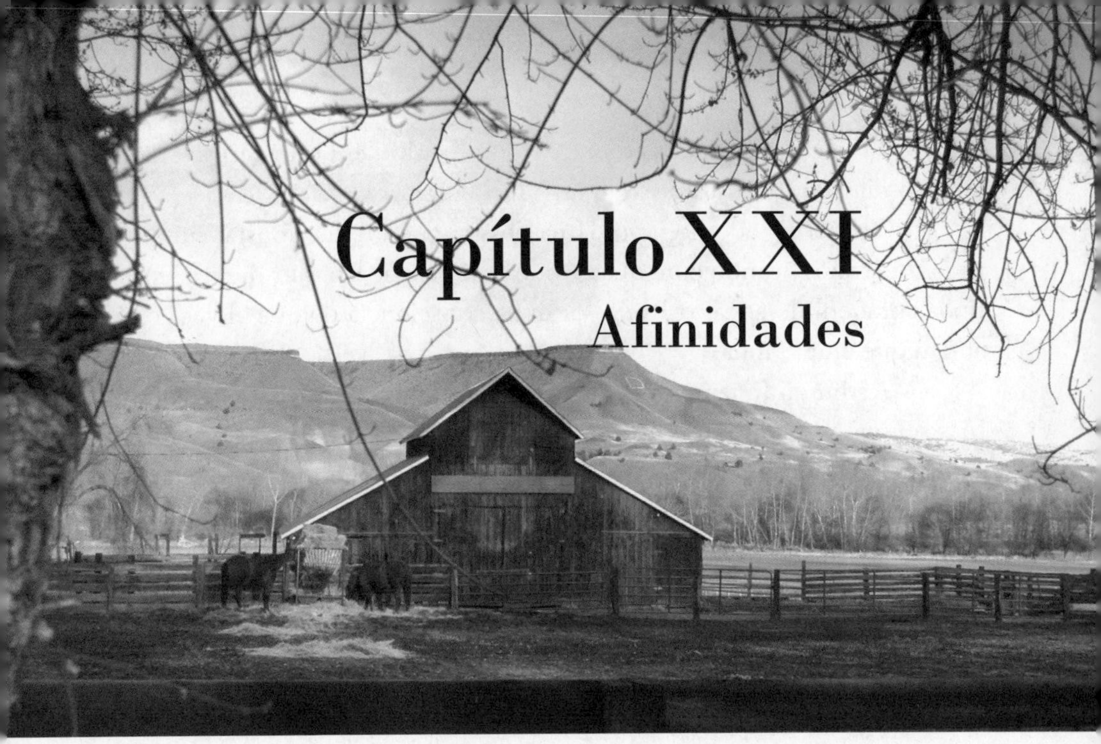

Rodolfo desceu e tentou ser o mais cordial e normal possível. Logo que entrou na sala, anunciou que viajaria naquela tarde, acompanhando Diana, já que Thomas tinha partido um mês antes.

— É, meu pai se foi, e acho que para sempre... – Arthur fez uma pequena pausa e continuou: — Estou praticamente sem dinheiro e sem amigos!

— Como sem dinheiro, Arthur? Seu pai antes de viajar esteve comigo no escritório para avisar que não esperaria Diana; disse que deixaria uma boa quantia com você, um valor que o deixaria em boa situação até se acertar, digamos assim – disse Rodolfo dando abertura para que o amigo falasse algo, pois já sabia que o dinheiro estava com Lavínia.

— Não é tão simples, Rodolfo. Você sabe o tipo de vida que tenho e...

— Sei sim, mas mesmo no ritmo que vive não tem como gastar tudo em um mês Arthur! – insistiu Rodolfo.

— Rodolfo, eu me meti numa enorme encrenca. Não achei que fosse virar o que virou e muito menos que seria traído pela pessoa que mais me ajudou, quando precisei.

— O que aconteceu, Arthur? – Rodolfo falou em tom amigável, queria que o amigo se abrisse, mas veio uma nova mentira.

— Eu perdi tudo no jogo. Uma pessoa que me fez apostar numa "barbada" me traiu, ficando com quase todo o dinheiro – Arthur mentia, mas não tinha coragem de encarar Rodolfo, tinha consciência de que ele era o único amigo que ainda tinha.

— Arthur, infelizmente, eu não tenho muitas opções para poder ajudar. Mas seu pai me confiou um valor para lhe dar daqui algum tempo, se você ainda não estivesse bem. Eu vou te dar, mas aconselho que você se aprume, ou deixe o orgulho para trás e vá para a fazenda de seu pai. Você sabe que será sempre aceito por seus pais. Eles te amam! – Rodolfo enfatizou as últimas palavras.

— Não, Rodolfo, eu não volto lá. Meu pai foi muito claro quando se foi: ou eu tomo jeito ou ele me esquece – disse Arthur abaixando a cabeça.

— Você sabe que isso não é verdade! Seu pai te ama e nunca te daria as costas. Falou isso para ver se você toma um rumo na vida – Rodolfo chegou a sentir pena de Arthur, mas percebeu que não era o momento, ainda, de estender-lhe a mão. Era claro que o amigo ainda tinha um caminho a percorrer. Mentiras não fazem parte da realidade de quem pretende seguir o caminho correto.

Diana desceu e, pedindo desculpas, lembrou o irmão dos horários que precisavam cumprir se realmente quisessem sair de viagem naquele dia. Arthur, entendendo o recado, apenas esperou que Rodolfo lhe desse a quantia que supostamente o pai deixara e saiu. Mal olhou para Diana.

— Que dinheiro era aquele, meu irmão? – questionou Diana, embora soubesse a resposta.

— O dinheiro era meu, Diana! Eu sei e também acredito que Arthur só vai despertar quando o dinheiro lhe faltar, mas o valor que o pai deixou já voou, e não seria bom ele voltar agora para a fazenda – disse Rodolfo.

— É só por isso? – perguntou Diana vendo a angústia de Rodolfo.

— Não, eu realmente gosto dele, Diana. É doloroso ver ele se afundar cada vez mais. Daqui uns dias ele não terá mais nada, nem ninguém – Rodolfo tinha certo pesar na voz, ele gostava sinceramente do amigo e talvez visse nele sentimentos que mais ninguém via.

Espiritualmente Rodolfo tinha todas as ferramentas para ajudar Arthur a se levantar, mas nada podia fazer enquanto o amigo não estivesse pronto.

Só podemos ajudar quem quer ajuda, quem se permite ser ajudado. No plano espiritual, todos se concentravam agora no auxílio daquele Espírito perturbado e ainda adormecido que era Arthur. Clara, Osmar e Geraldo ficariam com ele na cidade e nos momentos do sono material, tentariam despertá-lo para o caminho. Antonio e, Paula acompanhariam os irmãos e os que se encontravam nas fazendas.

Quando estava tudo arrumado para saírem, o juiz Amaral chegou com alguns papéis que Rodolfo devia assinar. O juiz tornou-se amigo da família depois dos últimos acontecimentos e veio pessoalmente, pois queria que Silvana ficasse na casa dele, enquanto Rodolfo estivesse fora. Embora ela não achasse necessário, já que Rafael não estava mais por ali, aceitou o convite e, enquanto Silvana arrumava uma pequena maleta, Rodolfo assinou tudo e agradeceu ao juiz pela ajuda e preocupação.

O juiz Amaral era viúvo e tinha duas filhas, uma inclusive com o casamento marcado, que passava o dia nas grandes lojas comprando as últimas peças do enxoval. Ele acreditava que Silvana poderia ajudar.

Silvana e Julia eram as únicas filhas de um jurista muito conceituado, Rubens Peixoto. Porém ficaram órfãs muito cedo e o tio, que ficara como tutor das duas, apenas gastou todo o dinheiro que o irmão, pai das meninas, havia deixado como herança. Quando as irmãs se viram sem dinheiro e praticamente sem casa para morar, pois o tio também a vendera, elas resolveram trabalhar. O mercado de trabalho, naquela época, não oferecia muitas vagas para mulheres, e mesmo elas possuindo cultura e educação, não conseguiram muita coisa além das vagas como cozinheiras ou arrumadeiras nas grandes casas. Porém, as duas eram conhecidas socialmente e as famílias que as contratavam tinham dificuldades para aceitá-las como empregadas. Cada vez mais as dificuldades aumentavam, até que Julia foi trabalhar com Eugênio, um viúvo que precisava de alguém jovem que o ajudasse com a filha que começava a frequentar a sociedade. Julia tinha 25 anos e era a companhia perfeita para Flávia, então com 15 anos.

Silvana tinha oito anos a mais que Julia e soube por meio da irmã quando Antonio reformava a casa para o filho morar. Silvana foi até lá e conversou pessoalmente com Antonio que, imediatamente, simpatizou com ela. Embora fosse pouco mais velha que Rodolfo, a vida lhe trouxera ensinamentos profundos de caráter e responsabilidade. Antonio a contratou e ficou satisfeito com os cuidados que ela dedicava a Rodolfo. Silvana era muito recatada, mas não submissa, simplesmente não cumpria as ordens que violavam seus princípios. Perdeu algumas chances por causa disso, mas ganhara o respeito de muitos pelo mesmo motivo.

Rodolfo deixava um vigia por precaução, caso alguém aparecesse fazendo perguntas ou mesmo que tentasse invadir a propriedade. Sabiam que os envolvidos no sequestro de Flávia eram pessoas perigosas e, com o sumiço de Juarez, alguém poderia aparecer e era bom saber o que esperar no retorno. O vigia lá ficou, cuidava do jardim e da casa, e existindo qualquer problema, deixaria um sinal previamente combinado, no portão da frente, e Rodolfo iria direto à casa do juiz Amaral, quando retornasse. O fato de Silvana aceitar o convite do juiz tranquilizou a todos.

Deixaram instruções para que periodicamente alguém também visitasse a residência de Eugênio. Mesmo ele tendo partido antes de Flávia ser libertada, era bom saber e ficar atento a qualquer sinal. A casa não estava vazia, as senhoras que ajudaram na criação de Flávia, os jardineiros e alguns jovens que o ajudava nos negócios estavam sempre por perto.

Quem também passava pela frente da casa nos últimos dias era Arthur.

Ao saber, Rodolfo imaginou se Arthur havia desconfiado de alguma coisa sobre o misterioso sumiço de Flávia e do filho do cativeiro. Mas não se preocupou, e pensou que Arthur poderia estar sentindo uma pequena amostra do que Eugênio havia passado, mas eram apenas suposições. Não sabia com certeza o que o amigo sentia ou sabia. A visita daquela tarde mostrou a Rodolfo que Arthur nada desconfiava sobre seu envolvimento no desaparecimento de Flávia, pois se o amigo desconfiasse de algo, não conseguiria esconder.

Juarez não confiava em Arthur, mas contou a todos que acreditava ser Lavínia a única mentora de todo o plano de sequestro, o que trazia sofrimento a ele, pois no início, acreditava que Lavínia tivesse se envolvido pelo charme de Arthur e aceitado compactuar com um plano tão sórdido, mas via que era o contrário: Arthur era ingênuo perto de Lavínia, ela conseguia manipular todos à sua volta e só não fez isso com ele, Juarez, por acreditar que ele não passava de um bicho do mato. Obviamente, com a convivência ela perceberia que não era bem assim e faria o mesmo com ele. As meninas o alertaram. Mas já era tarde, o rapaz já estava apaixonado por Lavínia.

Lavínia era um Espírito muito duro e, em várias encarnações, embrenhara-se na vida fácil, no ódio e na vingança, acumulando Espíritos afins e também vários inimigos. O sexo desenfreado era constante em suas encarnações e sempre se perdera nessa estrada. Numa encarnação, como homem, desviou inúmeras moças e viveu como gigolô. Algumas vezes, como soldado era um dos mais agressivos ao tomar um povoado, violentando todas as mulheres que lhe passavam pela frente; em outras, viveu de pequenos crimes e roubos. Como mulher, não era a primeira vez que vivia como dona de uma casa onde meninas e moças alegravam os homens da cidade.

Houve uma vez, numa encarnação mais recente, que o Espírito de Lavínia nascera em família de posses medianas e chegara a se casar e constituir família. Porém seus instintos falaram mais alto e ela largou marido e filhos ainda pequenos, por causa de um rapaz que passava pela cidade em busca de aventuras, novamente caindo na vida desregrada.

Muitos tentaram ajudar sem sucesso. Na espiritualidade ela tinha seu próprio grupo de escravos; estava acostumada a manipular e dar ordens. Talvez, somente numa encarnação dolorosa e limitada seu Espírito despertaria, e mesmo assim sempre há a chance de tudo se repetir.

O livre-arbítrio sempre é respeitado. Não é o plano superior que impõe a dor, é o próprio Espírito que sente dor ao se perceber nas limitações da carne e não poder realizar tudo o que deseja. Infelizmente há Espíritos cujo despertar não acontece se não existir essa dor. Lavínia teria uma próxima encarnação muito limitada, para tentar não prejudicar mais ninguém e perceber que os verdadeiros valores são os vindos de Deus, do Pai que nos abençoa diariamente.

Um grupo de Espíritos afins tinham objetivos de auxiliar Arthur, Oswaldo e Flávia e mesmo Lavínia, numa tentativa derradeira de despertá-la. Mesmo uma parte do grupo encarnada e outra desencarnada, atuando sempre no amor, a situação era muito delicada. Como não se deixar ser dominado pelo ódio e pela vingança? Como entender que o Espírito pode viver na ignorância por séculos? Como abrandar o coração e perdoar a quem trouxe tanta dor e desespero?

Diana e Carlinhos também estavam sendo auxiliados e Rodolfo poderia ainda enfrentar alguns problemas, pelas escolhas que faria ao longo de sua existência. Dependendo da decisão, do caminho tomado por Rodolfo, as consequências poderiam ser desastrosas para ele e para Arthur.

Tudo acertado, Diana, Rodolfo e Juarez partiram para uma nova etapa de suas vidas. Silenciosos e agradecidos pela liberdade de Flávia, cada um viajava absorto em seus pensamentos: Diana avaliava tudo o que aconteceu e agradecia a Deus e aos seus amigos do invisível por não estar presa a Arthur numa união sem amor; Rodolfo deixava uma parte de seu coração com o amigo, de quem gostava muito e queria ajudar de alguma forma. Era o único, além de Thomas, que não nutria por Arthur apenas o desprezo; Juarez se lembrava dos momentos que viveu com Lavínia e tinha a sensação de que ela realmente gostava dele. Mas como ele, um rapaz do mato e sem posses, poderia ajudar alguém tão apegado ao dinheiro e ao prazer dos vícios? Sem perceber e mesmo distante, ele se ligaria cada vez mais àquela mulher fascinante.

Capítulo XXII
Saudades

Thomas e Eugênio saíram do Rio de Janeiro no primeiro trem para São Paulo, logo na manhã seguinte, e viajaram em vagões separados. Oswaldo ia junto de Maria Tereza, irmã de Judite, uma das senhoras que criara Flávia. Maria Tereza viajava no mesmo vagão de Thomas, mas longe dele, e somente após estarem bem longe do Rio de Janeiro e com a certeza de que não havia conhecidos, os dois se juntaram à moça. Fazia 15 dias que estavam na fazenda todos juntos e os avós não cabiam em si de contentamento. Carmem também estava na fazenda dos Souto Ferreira, agora muito amiga de Isaura.

Quando Thomas e Eugênio chegaram com o pequeno Oswaldo, as duas já haviam tomado todas as providências necessárias para o conforto de um bebê. Muito pequeno para quatro meses de vida, as duas pediram a uma moça da fazenda que havia dado à luz recentemente e também era solteira, que gentilmente amamentasse Oswaldo. A moça aceitou e, junto de Maria Tereza, cuidavam das duas crianças no quarto de hóspedes da fazenda.

Logo depois de tomarem conhecimento do plano maluco de Diana, Rodolfo achou melhor avisar a família que se preparassem para receber visitas, "e se os novos negócios não se concretizarem nos próximos 40 dias, peçam a Jonas vir para o Rio de Janeiro e procurar o juiz Amaral", dizia a carta enviada sem mencionar absolutamente nada sobre o plano e quem exatamente chegaria à fazenda. Carmem entendeu a mensagem do filho e, mesmo temerosa, manteve o ânimo de Isaura e prepararam tudo. Só não imaginava que "os negócios" chegariam por partes. As mesmas instruções seriam seguidas por Thomas e Eugênio e assim por diante até que todos estivessem em segurança, na Santa Rosa e na Nascente. Pediu também que todos orassem por eles, pois precisariam de todo auxílio para manterem "os negócios fora das mãos do concorrente".

Para a felicidade geral o plano estava dando certo e hoje os avós "babavam" pelo neto, que já ganhara peso em poucos dias. Estavam todos ansiosos! Sabiam que eles demorariam a chegar, pois não utilizariam a estrada de ferro e sofriam com a espera.

Eram setecentos quilômetros percorridos nas patas de vários cavalos, trocados a cada parada obrigatória. O galope constante, o chacoalhar, enjoavam Julia e Flávia, mas não podiam se dar ao luxo de parar e descansar, uma noite que fosse. Logo na primeira parada, Marco Antonio contratou um rapaz, Tião, que o ajudava na condução da carruagem, assim paravam o mínimo possível e enquanto um dirigia o outro tentava dormir. Foram longos dias seguindo viagem por pequenas estradas, sem banho e com pouca comida, mas a felicidade de encontrar os outros e o gosto da liberdade mantinha o ânimo de todos.

Estavam todos na Santa Rosa e se preparavam para o almoço quando um alvoroço de cavalos fez com que todos se levantassem e fossem para fora. Uma carruagem se aproximava com Carlinhos pendurado pelo lado de fora, agarrado ao suporte de um irreconhecível cocheiro, com um ajudante ao lado. Penélope latia e corria fazendo festa para o tal desconhecido. Parecia um negro, mas não tinham certeza. Ao mesmo tempo, a alegria e o medo habitavam o coração de todos. Elvira, que estava ao lado de Carmem, correu para o quarto onde Oswaldo dormia; qualquer problema eu fujo com ele, pensou.

Quando a carruagem parou, perceberam que o suposto negro era Marco Antonio, completamente sujo e empoeirado pela estrada. Mas tinha um sorriso de satisfação na face que tranquilizou a todos.

Eugênio mal conseguia sair do lugar. Acabava-se um ano de espera para abraçar a filha querida, e quase não a reconheceu quando ela saiu de dentro da carruagem, ainda meio fantasiada e de cabelos curtos. Eugênio não conseguia sair do lugar, suas pernas não obedeciam e, caindo de joelhos, agradeceu a todos que, de alguma forma, se envolveram no resgate de sua amada filha, e a Deus que permitiu tal fato. Não conseguia falar, apenas chorava ajoelhado. Flávia, quando o viu, partiu em seu encontro e também se ajoelhou para poder abraçá-lo.

Indescritível era a emoção que dominou a todos.

Não existem palavras que possam descrever um sentimento tão forte e profundo.

Os dois ficaram ali chorando e se abraçando como se não acreditassem no que estava acontecendo. A impressão que tinham era que, se um deixasse de tocar o outro, um deles desapareceria. Ninguém tinha coragem de quebrar aquele momento em que a dor extravasa e se acaba, dando lugar à alegria e à serenidade. Foi o choro de Oswaldo que os despertou.

Flávia imediatamente se levantou e pegou o menino, estava suja e empoeirada, mas não se importava, parecia estar vivendo um sonho e não queria acordar. Eugênio abraçou Julia sem reservas, pois ganhara outra filha; ele seria agradecido pelo resto da vida por sua dedicação à Flávia.

Marco Antonio pediu desculpas, mas precisava urgente de um banho. Todos riram da situação do rapaz, que, para piorar, tinha a cachorra puxando as barras das suas calças e Carlinhos pendurado às suas costas.

Naquele dia o almoço da Santa Rosa sairia mais tarde, mas todos estavam muito felizes por participarem de uma refeição com quase todos em volta da enorme mesa que decorava a sala de refeições. A paz era quase completa; ainda faltava Diana, Rodolfo e Juarez, que ainda demorariam uns vinte dias para chegar. Era parte do plano não saírem imediatamente do Rio de Janeiro, para não levantarem suspeitas e também para saberem das reações e possíveis providências de Lavínia e de Arthur.

Agora era Carmem quem sofria a angústia da espera por seus filhos. A chegada deles seria a confirmação de que tudo saíra conforme o planejado. Flávia, que nunca tinha visto Diana e mal olhara Rodolfo nas festas que frequentava com Arthur, também estava ansiosa para ter notícias. Thomas e Isaura sofriam pelas escolhas do filho, mas esperavam que todos chegassem com boas notícias. Glória, por um período, parecia estar alheia a todos os acontecimentos, mas se apaixonou pelo sobrinho e até sua timidez parecia dissipar-se, dando lugar à simpatia e à alegria da juventude.

Os dias se arrastaram, e numa tarde quente, Flávia conversava com Carmem na varanda da casa grande da Santa Rosa. Thomas, acompanhado de Eugênio, andava pela fazenda, pois a época da colheita estava próxima e, por conta da ausência de Diana, eles se desdobravam em administrar as duas fazendas. Mesmo com a ajuda de Jonas, Thomas teve que tomar algumas decisões nas negociações da produção.

Para Eugênio aquela era uma vida completamente nova e não escondia a surpresa ao imaginar Diana exercendo a função sozinha, apenas com a ajuda de Jonas. Aquilo não era para qualquer um fazer, exigia atenção, dedicação e também certa visão do mercado internacional. Diana não existia!, pensava Eugênio, e se divertia, ao imaginar a cara de alguns de seus amigos ao saber do que aquela moça de aparência delicada era capaz.

Flávia tentava diminuir a própria ansiedade conversando com Carmem sobre Rodolfo e Diana. Queira conhecer seus heróis. Já se encaminhavam para o final da tarde, quando ouviram os latidos de Penélope e os gritos do Carlinhos, os repórteres da fazenda! Não demorou e a silhueta de uma carruagem foi vista para alegria geral. Alguns intermináveis minutos depois, Carmem se desmanchava em lágrimas abraçando os filhos e Juarez. Flávia não se conformou com um simples cumprimento e abraçou Rodolfo, que mesmo sem jeito correspondeu ao abraço. Marco Antonio beijou Diana na frente de todos, o que não era muito comum, mas ninguém falaria nada, não naquele momento. Juarez foi chamado de anjo por Julia e Flávia, num longo abraço, regado a muitas lágrimas de felicidade, compartilhadas pelo invisível presente.

Antonio não segurava a emoção, e grossas lágrimas caíam pelo seu rosto, necessitando do auxílio de Clara para controlar-se. Sabiam que ainda havia muito trabalho pela frente e o controle era imprescindível.

Julia e Flávia, ainda grudadas ao braço de Juarez, lembravam o momento em que ele entrou pela primeira vez no quarto, para pegar Oswaldo.

— Eu senti que podia confiar em você – disse Flávia. — Mesmo sem tê-lo visto, eu sabia que podia. Em minhas preces, junto de Julia, nós sempre pedíamos força para resistir até nosso salvador chegar. Foi o que aconteceu.

Você foi nosso anjo salvador, Juarez! – Juarez, também emocionado, beijou a mão de Flávia que retribuiu beijando-o na face. Julia fez o mesmo.

Todos riram do jeito de Juarez, que vermelho como um pimentão saía para abraçar o irmão que chegava a cavalo. Logo atrás, Thomas e Eugênio chegavam e novamente as lágrimas apareceram. Eugênio emocionou a todos quando afirmou que nunca esperava ter uma família tão grande em tão pouco tempo.

— Há pouco mais de um ano, uma tristeza tomava conta do meu coração. Pensei que nunca mais ele bateria de forma alegre. Várias vezes, eu pensei e perguntei a Deus por que permitia que meu coração continuasse batendo, pois não tinha motivo para ele continuar a bater, eu pensava. Havia perdido minha querida esposa, a filha, e nada mais me restava. Perdi completamente a vontade de viver e não tirei a própria vida porque sempre temi a Deus – Eugênio se emocionou. Respirou profundamente e continuou:

— Nunca passou pelas minhas ideias que aquele casal que julguei meio maluco, por puxar conversa do nada e me convidar para um jantar de comemoração de noivado, fossem anjos salvadores. Convidar alguém completamente desconhecido? Cheguei a desconfiar, e só fui ao tal jantar por insistência de Fernanda, que apareceu em casa com a mãe, minha irmã Fátima, para ter certeza que eu cumpriria a palavra dada a vocês. Nunca imaginei que esses acontecimentos seriam a razão de minha alegria hoje. Vocês me trouxeram, além da filha, um neto e outros filhos que hoje moram no meu coração. Muito obrigado é pouco! Só sinto que minha Adelaide não esteja aqui – Eugênio enxugava uma pequena lágrima que teimou em cair. Mas para alguém que tanto chorou de tristeza, as lágrimas de alegria eram bem-vindas!

Adelaide, ao contrário do que imaginavam, compartilhava a cena e a emoção. Junto de Antonio e Clara, abraçava a todos distribuindo fluidos de paz e amor. Era um Espírito mais elevado que a maioria dos que ali estavam e, portanto, tinha outras responsabilidades, mas não podia negar o convite de Geraldo, para compartilhar a etapa vencida e abraçar os entes queridos.

Eugênio tinha realmente uma etapa a vencer com Flávia, e essa chance de acerto foi solicitada por eles mesmos, ainda no plano espiritual antes do reencarne de ambos. Flávia já era um Espírito muito querido de Adelaide, quando assumiu o compromisso de acerto com Eugênio. Adelaide então resolveu ajudá-los e reencarnou junto deles. Os anos que Adelaide viveu junto de Eugênio foram importantes, e ajudaram no equilíbrio que eles precisavam alcançar. Foi a lembrança de Adelaide que fez o coração de Eugênio aceitar a gravidez da filha, numa época em que as mães solteiras eram deixadas à margem da sociedade hipócrita, que escondia a própria sujeira embaixo do tapete.

Três anos após o nascimento de Flávia no plano material, Adelaide desencarna repentinamente, deixando a família carnal sob as responsabilidades do marido. Começava a tarefa de Eugênio e Flávia. A escolha de Eugênio em dedicar-se à educação da filha, o carinho em procurar alguém para lhe dar a atenção necessária e a constante presença nos momentos mais difíceis da vida da filha foram decisivos para dissipar qualquer sentimento baixo que pudesse aparecer. Eugênio sempre conversou com Flávia sobre os assuntos que a preocupava ou afligia e sempre preservou a lembrança da mãe, de forma suave e constante. Eugênio manteve a união familiar e, quando trouxe Julia ao seio de sua casa, também deu oportunidade a um Espírito frívolo e infantil, para aprender sobre os valores de família, responsabilidade e dedicação, que todos haviam negligenciado em encarnação passada.

Eugênio, em encarnação pregressa, abandonou todas as responsabilidades com a família, quando deixou as irmãs completamente sozinhas, após a partida dos pais para o plano espiritual. Flávia (Gisele) era a irmã mais nova e acabou caindo nas graças de um Conde. Ela foi amante do tal Conde até ele "achar" outra para lhe fazer as vontades. Gisele sai da Corte envergonhada e foge para um povoado próximo onde tentou, em vão, arrumar trabalho. Foi quando conheceu Anselmo (Arthur) que, ao levá-la para a prostituição, assumiram outras responsabilidades com o Espírito de Oswaldo. Catarina (Julia), a irmã mais velha, casou-se logo que o irmão partiu e, dizendo-se vítima da vida, mal cuidava dos filhos que teve. As duas irmãs partiram para o plano espiritual precocemente.

No dia seguinte, todos voltaram às suas rotinas. Marco Antonio e Rodolfo não poderiam demorar tanto desta vez e Diana precisava retomar os negócios. Eugênio, Flávia e Julia dividiam o tempo ora numa fazenda, ora noutra. E a vida do campo foi retomada sem atropelos.

Os rapazes deveriam partir no meio da semana, e no domingo todos foram almoçar com Thomas e Isaura. Tomavam café na sala de estar. Glória e Carlinhos sentados, no chão, brincavam com Oswaldo e Maria Tereza, quando Robério Souza Antunes e a esposa, Eleonora, chegaram de surpresa.

Thomas soube da gravidez de Suzana pelos empregados da fazenda, um pouco antes de viajar no início do ano. Chegou a falar com Arthur, que o deixou mais confuso e sabia que em algum momento Robério bateria em sua porta, cobrando uma posição da família, mas com todos os acontecimentos, acabou esquecendo, e agora, a notícia lhe batia à porta. A única que ainda não sabia era Flávia.

Todos se cumprimentaram de forma muito cordial e formal, e os amigos estavam prontos para se retirar da sala, quando Thomas solicitou que todos ficassem.

— Sr. Thomas, creio que seria melhor uma conversa apenas entre nós e nossas esposas – disse Robério, muito secamente.

— Não, meu caro! Estas pessoas são de minha total confiança e podem saber de nossa conversa, tenha certeza – afirmou Thomas, pois já sabia qual seria o assunto.

— Se assim prefere, que assim seja. Mas adianto que o que me traz aqui não é nada agradável para ser exposto dessa forma – insistiu Robério.

— Vamos logo resolver isso, Robério. Se eles preferem assim, não insista. Fale logo para que todos se envergonhem! Inclusive nós! – disse Eleonora, muito irritada.

— Por favor, Sr. Thomas, Sr. Eugênio, eu peço permissão para me retirar com Flávia e as crianças. Creio que seja melhor – Rodolfo enfatizou bem as palavras, passando o recado, que foi imediatamente entendido.

— Claro, meu jovem, tem nossa permissão – disse Eugênio.

Logo que saíram, Robério iniciou seu discurso:

— Thomas, somos velhos conhecidos, nunca fomos amigos íntimos, mas seu filho passou dos limites de qualquer relacionamento que pudéssemos ter – Robério quase gritava.

— Quando soube que Suzana estava grávida, seu filho já havia voltado ao Rio de Janeiro. Soube que ele era o pai, somente na semana passada, quando apertei minha filha de todos os jeitos, para arrancar-lhe a verdade. Ela me respondeu chorando, que não quer sair de casa por vergonha e por medo. Medo que o bandido do seu filho impingiu a ela dizendo que ela estava sendo vigiada... – Robério não terminou a frase e foi interrompido por Thomas.

— Robério, não precisa continuar, já sei da história, porém não sei como posso reparar, dentro da honra, os erros que meu filho cometeu. Ele já é homem e, infelizmente, age conforme sua própria cabeça. Sente, que lhe contarei outra história – disse Thomas.

Todos que estavam presentes apenas ouviram o relato de Thomas sobre os últimos aconteci mentos, omitindo detalhes que não eram necessários confessar.

Robério parecia surdo, e sem modificar o jeito grosseiro e mal educado de falar, praticamente ignorou o que Thomas acabara de relatar.

— Eu entendo vocês como pais e espero que vocês entendam a mim também. Como posso conviver com essa realidade agora? Suzana, nem solteira, nem casada, com um filho nos braços e que só chora! Eu tenho que pensar na honra de minha filha. Se o senhor, Sr. Eugênio, não se importa que sua filha seja falada, eu me importo com a minha. Exijo a reparação. Quero que seu filho se case com ela imediatamente – Robério exigia a reparação da honra de sua filha.

— Mesmo ele sendo quem é? Mesmo sabendo que a felicidade de sua filha será comprometida? Apenas para o povo não falar? Cuidado, Robério, é da vida de sua filha que estamos falando – avisou Thomas, visivelmente incomodado em ter que salientar o caráter do filho.

— Não me importo. Ele pode casar e nunca morar com Suzana; ela fica comigo, em minha casa, mas casada. Não abro mão disso, Thomas. E nós já vamos indo. Já disse tudo que queria. Não sei como nem onde você irá achar seu filho, mas trate de chamá-lo à fazenda – Robério perdeu completamente a educação e falava em tom ameaçador. – Não podemos realizar o casamento antes, Suzana já está barriguda, mas se não me procurar até a criança nascer, eu volto aqui, e se você não tomar as providências devidas, eu tomarei! Não respondo pelos meus atos – Robério nesse momento apoiou a mão na arma que trazia, constantemente, na cintura.

— Robério, como você mesmo disse, já falou tudo que devia e o que não devia também. Passe bem e não precisa voltar aqui. Eu o procuro no momento certo – Thomas encerrava a conversa e já indicava a porta de saída.

Quase empurrando o casal, pela porta fora, Thomas só sossegou quando viu a charrete de Robério sumir atrás de uma nuvem de poeira.

Voltando à sala de sua casa, Thomas desabou na poltrona; sentia-se cansado, muito cansado.

— Thomas, meu amigo, tens um caráter invejável. Não sei o que faria em seu lugar. Não faço questão nenhuma que Flávia case com seu filho. Aliás, junto de Diana, soube de umas terras que estão à venda por aqui e penso encerrar minha vida na cidade e me dedicar à criação de gado. Daqui algum tempo, quem sabe ela ache alguém que a complete e que entenda sua situação. No momento estou feliz em tê-la ao meu lado, e meu neto junto. Se esse homem faz questão do casamento, então que Arthur case com ela. Eu não tenho nenhuma objeção e tenho certeza que Flávia também não terá – Eugênio no fundo tinha certo dó de Thomas.

— Eu sei, Eugênio, que você não faz questão e acredito que Flávia nunca mais queira ver Arthur na frente, muito menos como marido. O que me espanta é um pai querer um marido para a filha com as "qualidades" que meu filho possui – Thomas estava muito triste. Não conseguira passar ao filho um mínimo de decência.

Rodolfo e Flávia entraram logo depois. Flávia, com o rosto afogueado, passou em direção aos quartos. Diana sorriu para o irmão, que retribuiu o sorriso abaixando os olhos e se dirigiu à sala.

Rodolfo e Flávia passavam boa parte do tempo juntos. Conversavam e passeavam pelas fazendas. Oswaldo já estava bem forte e não havia mais as crises de choro. Era muito agarrado à Julia, que não o largava e fazia todas as suas vontades. Juarez aparecia de vez em quando e também ficava muito com o menino que, com a graça dos seus quase seis meses, já tentava sentar e fazia algumas gracinhas. Juarez sentia-se meio responsável pelas moças e pela criança e sempre que podia estava por perto.

Durante a semana, Rodolfo e Marco Antonio voltaram para o Rio de Janeiro, deixando saudades. Eugênio acabou comprando uma propriedade que fazia limite com a Santa Rosa. Flávia ficava geralmente com Diana, para ajudá-la com os preparativos do casamento. Eram tantos detalhes, tantas coisas a decidir que Diana deixou quase tudo nas mãos de Flávia, pois não deixava a administração da fazenda.

Os dias seguiam calmos e cheios de alegria e quase não se lembravam dos dias de tristeza. Somente Thomas sentia que havia falhado como pai e lidava com a impotência diante das escolhas do filho.

Um dia por semana todos se reuniam na Santa Rosa para manter o hábito adquirido por Diana junto dos rapazes, ainda no Rio de Janeiro: a leitura e o estudo das obras do estudioso Allan Kardec. Thomas e Isaura também participavam, com muitas reservas, mas foi o que ajudou os dois não perderem as esperanças e acreditar que para tudo existe solução e uma lição a se aprender.

Na época, poucos se atreviam adotar outra crença, eram em sua maioria católicos. Porém o espiritismo trazia uma nova proposta e não impedia ninguém de realizar suas orações e não proibia a frequência à igreja. Para alguns, as explicações contidas nos livros trazia esperança e força para continuarem. Como até hoje acontece, muitos são adeptos dos estudos espirituais, mas não deixam suas crenças adquiridas no berço.

Capítulo XXIII
Recomeço

Depois de praticamente arrancar todo dinheiro de Arthur após o sumiço de Flávia, a fonte de renda extra de Lavínia secara completamente. Ela não tinha explicação como tudo havia acontecido: nem a fuga das moças com a criança, nem como Arthur havia descoberto – afinal, enquanto Arthur não soubesse ela poderia continuar recebendo algum dinheiro. Chegou a esbofetear algumas das suas meninas, mas nada descobriu. Ninguém sabia de nada!

Rafael também partiu. Depois da fonte seca não havia mais dinheiro para pagar vigias e capangas, então era melhor ir embora mesmo. Se o pegassem era mais um que ajudaria a colocá-la em situações desagradáveis, concluía Lavínia. Assim, ela mesma incentivou Rafael a voltar para a família que deixara em Mato Grosso. Mas o que mais doía em seu coração era o desaparecimento de Juarez, que foi embora sem se despedir.

Logo após a partida de Juarez, Lavínia desconfiou que ele talvez estivesse envolvido com a fuga das moças, mas Rafael garantiu que não, que ele nada sabia sobre o assunto. O capanga contou que antes de Juarez partir com o patrão, eles haviam conversado e o rapaz não tinha muita opção, tinha realmente que ir embora; confessou que mesmo sem desconfiar do moço, ele ficara por perto para ver quem iria viajar, e viu o momento em que apenas os três saíram. Logo depois, pensou em apertar Silvana para verificar se ela sabia de alguma coisa, mas na hora que ia abrir o portão para entrar na propriedade, um homem saiu de lá com ela, dizendo: "Foi ótimo Rodolfo permitir que você faça o jantar de noivado da minha filha". Acho que aquele velho é sócio do Seu Rodolfo, encerrou Rafael, dando os últimos detalhes que sabia à patroa.

A vida para Lavínia, a partir de então, estava ficando cada vez mais difícil e mesmo a Mansão estando todos os dias com lotação garantida, os valores que recebia não bastavam para os luxos aos quais se acostumara com o dinheiro fácil que vinha todo mês. Arthur nunca mais apareceu e ela não fazia questão nenhuma de encontrá-lo. Se fosse procurar alguém, seria Juarez.

Lavínia, mesmo com todo o empenho do grupo de almas dispostas a ajudar, era um Espírito que, nessa encarnação, dificilmente mudaria. Ainda com sentimentos endurecidos, de ódio, ganância e vingança; propagando o vício e corrompendo outros tantos Espíritos frágeis, possuía uma vasta bagagem de difícil transporte e se emaranhava, cada vez mais, em sua própria teia.

Rodolfo e Marco Antonio, quando chegaram ao Rio, iniciaram seus afazeres profissionais de forma absolutamente normal, mas sempre tentavam saber se havia novos comentários sobre um deles ou sobre a família de Eugênio. Graças a Deus e aos bons Espíritos, ninguém falava nada além dos assuntos normais e corriqueiros que existem na sociedade. Rodolfo, definitivamente, havia modificado seus hábitos e não frequentava mais as festas e as recepções sociais, como antes.

Marco Antonio mudou-se para a casa de Rodolfo e, a pedido de Eugênio, os advogados providenciaram a venda dos imóveis da sua família, Pereira Lopes, ficando por último apenas o sobrado que ele morou com a filha. O transporte dos empregados para a nova moradia, a Fazenda Amélia, foi providenciado; apenas um deles não seguiu viagem, pois não queria deixar a família que já morava na cidade, mas os outros ficaram felizes pelo patrão mandar buscá-los. Depois da partida de todos e da mudança ter seguido seu rumo, Rodolfo e Marco Antonio foram até a casa fazer uma pequena vistoria para providenciar a venda. Ficaram muito assustados, ao perceberem um mendigo deitado na varanda que antecedia a porta da frente. Surpresa maior foi perceber que o mendigo era Arthur. Parecia estar desmaiado e nem notou a presença deles.

Rodolfo pediu a Marco Antonio que fosse até em casa para pegar algumas roupas limpas, Silvana poderia ajudá-lo. Assim que Marco saiu, Rodolfo tentou insistentemente acordar o amigo quase irreconhecível, sujo e cheirando mal. Quando Arthur despertou, ficou parado olhando Rodolfo como se buscasse na memória quem era aquele à sua frente. Demorou para Arthur reconhecê-lo.

Com muito cuidado, Rodolfo levantou Arthur e o levou para dentro da casa. O cheiro era insuportável e Rodolfo arrependeu-se de não ter pedido uma muda de roupa para si mesmo. Foi procurar alguma coisa onde poderia pegar alguma água para aquecer. Por sorte algumas tinas ficaram por ali, mas o banho teria que ser frio mesmo. Como a casa estava vazia, resolveu improvisar uma banheira ali embaixo mesmo, subir com Arthur seria problemático. De maneira paternal, Rodolfo despiu o amigo e o colocou na água. O choque da água fria pareceu despertá-lo, mas em seguida voltou ao estado anestésico que inicialmente estava. Falando coisas desconexas, citando o nome de Flávia algumas vezes, mostrava a confusão mental na qual se encontrava. Rodolfo lembrou-se das reuniões com Marco Antonio, Diana, Flávia e Julia quando estavam na fazenda e estudavam as descobertas de Allan Kardec, e, iniciou uma oração, pedindo auxílio para socorrer aquela alma em dificuldade. Segundo o que liam nos livros, com certeza Arthur estava sofrendo influência de Espíritos energeticamente afins.

Rodolfo, sem saber, já contava com o auxílio de Antonio, Geraldo, Osmar e Clara. Os quatro, juntos de um instrutor, iniciavam uma nova fase de aprendizado: o tratamento e o envolvimento de Espíritos relacionados aos vícios. Emocionalmente, veriam os estragos que o remorso e a culpa propiciam e facilitam.

No mesmo instante que Rodolfo iniciou sua oração, Arthur, como se tomado por novo fôlego, partiu contra ele, agarrando-o pelo pescoço e gritando, dizendo palavras ofensivas e de baixo calão. Rodolfo, pego de surpresa, caiu para trás, mas conseguiu segurar o rapaz que tentava sair da água para continuar a agressão. Nesse momento, Marco Antonio, que entrava na saleta, ajudou a segurar Arthur que, da mesma forma inesperada, caía no torpor da semi-inconsciência que estava segundos antes.

Rodolfo explicou a Marco Antonio que havia apenas, iniciado uma oração. Sem dizer mais nada, os dois iniciaram nova oração com muito amor por aquela criatura que, era claro, precisava de toda ajuda.

De roupas limpas e já na casa de Rodolfo, Arthur tinha momentos de consciência e demorou a reconhecer a casa do amigo, ou mesmo Silvana, que ao seu lado perguntava se precisava de alguma coisa. "Uma bebida" foi o que conseguiu balbuciar, numa das vezes, para cair, em seguida, num sono que mais parecia um desmaio. Arthur dormiu por quase 12 horas seguidas, acordando um pouco melhor, mas sem lembrar como foi parar na casa do amigo. Era um sábado e Arthur seguiu o som da voz de Rodolfo, que vinha da sala de jantar. Era cedo ainda e todos tomavam café da manhã. Silvana, sentada com Rodolfo e Marco Antonio à mesa, conversavam sobre os preparativos do casamento que se aproximava. Também planejavam voltar à fazenda, pois precisavam de alguns documentos da propriedade.

Diana resolvera trabalhar com Eugênio na criação de animais e, para tanto, resolveram destinar um lote das duas fazendas, que funcionaria como outra propriedade pertencente às duas famílias. Além disso, os rapazes precisavam estar na fazenda quando a máquina de beneficiamento de café fosse entregue, por conta dos documentos de importação. Pelas estimativas, a máquina chegaria dali trinta ou quarenta dias.

Rodolfo confiava na irmã e sabia que ela não acreditava numa única fonte de renda, pois observou que os fazendeiros que sempre apostaram numa única cultura acabavam com grandes prejuízos. Para ela, a criação de gado e a exploração de seus derivados era uma tentativa de novas fontes de renda para a fazenda – era melhor tentar e errar agora do que se estivessem aderindo ao negócio como tentativa de manter a fazenda, caso o mercado cafeeiro tivesse problemas. Se chegassem a esse ponto, não teriam tempo para erros, então era melhor tentar agora. Por causa do clima e por questões econômicas, a agropecuária começava a ter seus maiores adeptos nas regiões sul e sudeste.

Com a máquina de beneficiamento, diminuiria o próprio prejuízo que tinha na venda dos grãos e, além disso, geraria outra linha de renda ao beneficiar o café dos vizinhos da região, que também teriam um maior lucro ao vender a produção já beneficiada. Dificilmente os negócios da Santa Rosa traziam lucro e exclusividade apenas para ela. Todo esse investimento gerava emprego, inclusive para alguns imigrantes que, arrependidos e desiludidos, deixavam as iniciais propriedades que ainda tentavam fazer deles escravos brancos.

O juiz Amaral mais uma vez prontificou-se em ajudar no escritório e "cuidar" de Silvana. No momento em que Arthur entrou na sala, eles brincavam com Silvana sobre os "cuidados" do juiz, que ocorriam em espaços de tempo cada vez menores. Assim que Arthur entrou, Silvana levantou-se e providenciou louça e talheres para ele se alimentar.

Estavam inseguros, pois não sabiam exatamente o que Arthur conhecia sobre a fuga de Flávia. Silvana nunca confiou plenamente nele, embora Rodolfo sempre tenha dito a ela que ele não era mau; resolveu ficar quieta e apenas observar. Condenar alguém apenas por condenar só leva a erros.

— Olá, Arthur, bom dia! Imaginei que fosse dormir o resto do dia – disse Rodolfo em tom de brincadeira, esperando alguma reação do amigo.

— Bom dia, Arthur! Espero que esteja se sentindo melhor – disse Marco Antonio, tentando ser cordial.

— Bom dia! Sinto como se estivesse "cozido" por dentro e meio tonto também – Arthur tinha a voz fraca.

Todos esperavam uma explicação, afinal o que estava acontecendo? Como chegou àquele estado? Mas ao mesmo tempo tinham receio da reação dele às perguntas. Não sabiam exatamente o que esperar ou pensar.

— Não me lembro de muitas coisas, nem mesmo como cheguei aqui. A última coisa que sei é que estive na casa de Flávia, mas não vi ninguém por lá. Será que o Sr. Eugênio também morreu? – Arthur soltava as palavras como se estivesse falando consigo mesmo, sem perceber as pessoas ao seu lado.

— Por quê, Arthur? Acha que alguém morreu? – perguntou Marco Antonio.

— Não sei! Aquela mulher era bem capaz de matá-la, mas não ganhando o dinheiro que ganhava... – Arthur praticamente falou sem perceber.

— Como disse, Arthur? – perguntou Rodolfo.

— Nada. Acho melhor tomar meu café e voltar para a cidade. As belas moças me esperam, não é mesmo? – Arthur tentava trazer na voz a mesma despreocupação e jovialidade que um dia existiu.

— É bom tomar cuidado, meu amigo. Encontramos você numa situação que não gostaria de presenciar novamente – disse Rodolfo.

Tomado pela mesma raiva que o fez agredir Rodolfo no dia anterior, Arthur se levantou e saiu sem tomar o café que Silvana já havia servido. Depois de dois dias foi outra vez encontrado na frente da casa de Flávia, desacordado, completamente bêbado.

Com a mesma paciência Rodolfo o pegou e o levou para casa. Silvana preparou um banho e Arthur, novamente aos cuidados do amigo, recebeu carinho e atenção. Porém Rodolfo sabia que aquela situação não poderia continuar. Arthur tinha que se recuperar... Pelo menos tentar.

Rodolfo decidiu que não iria ao escritório naquela manhã. Teria uma conversa com Arthur e tentaria convencê-lo a ir para a fazenda com ele e Marco Antonio. Sabia que não seria uma tarefa fácil, mas tentaria; talvez longe dali, teria alguma chance de ajudar Arthur. Assim que Arthur acordou, Silvana quase o obrigou a tomar um reforçado café da manhã. Ao começar a comer sentiu que fazia tempo que não se alimentava e a fome, até então adormecida, obrigou-o a comer e a repetir algumas guloseimas. Quando terminou, percebeu Rodolfo encostado na porta observando-o.

— Obrigado, Rodolfo, pela acolhida. Eu realmente estava precisando me alimentar. Mas agora vamos ao trabalho, não é mesmo? – disse Arthur um pouco sem graça sob o olhar atento de Rodolfo.

— Não, Arthur, eu não vou trabalhar hoje nem você, já que não tem emprego, não é mesmo? – disse Rodolfo

— O que você está tentando dizer? Quer cobrar pela "estadia"? – ironizou Arthur, um pouco agressivo.

— Não! E você sabe muito bem disso! Mas quero sim que você se sente e converse comigo. Acredito que atualmente, meu irmão, somente eu ainda tem paciência e ainda enxerga o potencial que existe em você. Creio que nem você mesmo veja isso – Rodolfo falou com muita calma e tentou passar o amor que ele realmente sentia por Arthur. Era o Espírito de Arthur que teria que ouvir Rodolfo.

O tom do "meu irmão" dito por Rodolfo sensibilizou Arthur que compulsivamente desabou num choro comovente e incontrolável. Quando parou de chorar, imediatamente pediu uma bebida, que foi gentilmente negada.

O choro funciona como uma válvula de escape. Quando tomamos consciência de determinados erros, ou quando despertamos para os assuntos do espírito, o choro – numa linguagem muito longe da real ou formal, mas de forma figurada ou ilustrativa do que acontece – atua como se estivéssemos "descolando placas" de nossa alma e automaticamente cicatrizando. É óbvio que, por sermos seres únicos, cada um de nós trilha o caminho que lhe parece mais adequado, mas o choro é comum à maioria. O termo que usamos quando encarnados está bem próximo da verdade: o choro lava a alma!

— Arthur, você não acha que deveria viajar comigo para a fazenda? – Rodolfo iniciava talvez a última chance de recuperação de Arthur.

— Ir para quê? Encarar meu pai, que no último encontro me desprezou como filho? – falou Arthur.

— Você sabe que não é verdade, Arthur. Seu pai queria que você acordasse e passasse a viver de maneira mais condizente com sua cultura e mesmo com a posição social que vocês têm. Vocês não são pobres, para passar necessidades alimentares como você esta passando! – Rodolfo dizia e ao mesmo tempo analisava as reações de Arthur, que era muito materialista, então este era o melhor caminho.

— Está certo, Rodolfo, eu também me formei na faculdade assim como você, mas não quero ser mais um advogadozinho cuidando de papelada e documentos inúteis – retrucava Arthur.

— Obrigado! – disse Rodolfo rindo.

— Não estou falando de você, Rodolfo, sabe disso. Não tenho, nem nunca tive, vocação. Estudei por estudar, porque meu pai dizia que, se eu não estudasse, não tinha dinheiro. Acontece que a vida toma caminhos que não esperamos e, sem perceber, de repente, estamos enrolados em situações que nunca pensamos viver. Tenho a sensação que até algum crime ainda cairá sobre minhas costas – Arthur estava amargurado.

— Arthur, a vida não toma caminho nenhum deliberadamente; ela toma, sim, os caminhos relacionados às escolhas que fazemos. Não somos vítimas da vida, somos vítimas de nós mesmos, meu irmão – Rodolfo mantinha o tom calmo e esperou um pouco as palavras "fazerem efeito" para poder continuar.

— Arthur, eu insisto: viaje comigo para a fazenda, fique na Santa Rosa se preferir, só não vá se ficar muito enciumado, porque Marco Antonio vai junto. Afinal ele e Diana casam logo, logo – brincou Rodolfo, esperando aliviar a tensão de Arthur.

— Ora, Rodolfo, eu já esqueci este fato, e espero que ela também tenha esquecido, até porque nunca amei Diana de verdade, apenas usei a promessa que seu pai fez para me safar de algumas situações que você conhece – Arthur ensaiava falar o que lhe machucava a alma, mas mudou de tom imediatamente. — E sem ofensas, ela não é para mim. Está melhor com o "almofadinha" do Marco – e riu.

— Vou fazer de conta que não falamos sobre isso! – aceitou a sutil piada do amigo. — Vamos, Arthur, estamos partindo no final da semana que vem. Vou com você, pegamos suas roupas e sairemos daqui logo no sábado pela manhã.

— Rodolfo, se eu for com vocês, vou sem nenhuma bagagem. Minhas roupas estão na Mansão das Meninas e lá eu não ponho novamente os pés. Não sei o que pode estar me esperando por lá – Arthur não sabia ao certo o que esperar se aparecesse na Mansão.

Era visível o terror nos olhos de Arthur. Ele imaginava que alguém havia acabado com a vida de Flávia, Julia e o filho, que nem sabia o nome, nunca prestara atenção. Pela própria imaginação e com a ajuda de entidades que o envolvia, Arthur chegava a "ver" o banho de sangue, resultante do assassínio dos três. Após breve pausa e cenas horríveis em sua mente, Arthur, num tom de desespero, pediu a Rodolfo:

— Pensando bem, Rodolfo, me leve junto sim. Mas não desista de mim se eu sumir novamente antes de partirmos. Eu não fico longe mais que algumas horas de uma garrafa de bebida e, embora saiba que isto esteja me matando aos poucos, não tive, até vocês aparecerem, nenhum motivo para querer melhorar e sair deste buraco que me encontro. Um dia, talvez, eu tenha coragem de lhe contar tudo que fiz. Da responsabilidade que tenho na morte de duas pessoas, e de uma pobre criança que mal abrira os olhos para a vida – Arthur começou a chorar novamente.

— Meu amigo, deixemos isso para depois. Como você mesmo disse, quando criar coragem, mas não tire conclusões apressadas. Muitas vezes enxergamos apenas o que queremos ver e não a realidade – Rodolfo tentou amenizar o remorso do amigo, mas contar para ele toda a verdade poderia acabar com qualquer chance de levá-lo à fazenda. Lá todos poderiam ajudar. Juarez tinha razão quando disse que Arthur era mais uma vítima nas mãos de Lavínia – Pensou. Ele estava realmente sofrendo.

Arthur fugiu quase todos os dias daquelas semanas, logo após o café da manhã. E sempre o achavam jogado diante da casa onde, um dia, Flávia morou. Para Arthur era o lugar onde ele mais sentia a presença dela; como ele mesmo dizia: "se existe mesmo vida após a morte, com certeza iremos para os lugares que conhecemos". Então para ele Flávia estava por ali, no lugar onde sempre morou e fora feliz.

Havia muitos Espíritos que envolviam Arthur. Alguns por conta do vício não o abandonavam e, além da necessidade física comum ao vício, existia também a necessidade fluídica dos irmãos que ultimamente andavam grudados nele. Existiam também os Espíritos que se aproximavam de Arthur por questões emocionais. O remorso e a culpa alimentavam dois grupos de entidades: os que por afinidade de sentimento alimentavam-se dos fluidos gerados, fazendo Arthur sentir-se o pior ser humano da Terra; e outro grupo, que aproveitava seu estado para impingir pensamentos cada vez piores, relacionados à suposta morte de Flávia. Imagens dela sofrendo todo tipo de tortura, com aqueles capangas usufruindo sexualmente de sua beleza, e no fundo a voz de Lavínia dizendo que era tudo a mando dele. Esta era uma parte dos pensamentos que vinham à sua mente.

Quando não, eram imagens relacionadas ao filho, que mal vira o rosto e nunca sequer havia sentido o calor. Imaginar o sangue daquele pequeno corpo se esgotar em enormes poças no chão da sala onde haviam estado era demais para seu coração. Ele era culpado. O único culpado. O torpor causado pelo álcool somente o ajudava a tirar essas imagens da cabeça.

Obviamente qualquer ser que tentasse se colocar no meio dessa possessão espiritual, que trocava fluidos e sensações agradáveis aos dois lados, seria atacado fortemente. Foi o que aconteceu com Rodolfo e com Marco Antonio, que quase trocaram socos, numa discussão que ninguém sabia ao certo como havia começado.

Quando os dois, na sala de reuniões do escritório, berravam um com o outro, Gorete entrou na sala e mandando os dois calarem a boca colocou em cima da mesa dois livros, e com voz quase irreconhecível, mandou os dois prestarem atenção no que estavam fazendo. Rodolfo e Marco Antonio, antes de qualquer coisa, se assustaram, pois era a maneira como o senhor Antonio falava; era Gorete que falava, mas tinham certeza que "era ele". Pegaram os livros e, para maior espanto, eram os livros de Kardec. Pegaram os livros e foram para a recepção.

Gorete os encarava e, ainda com as maneiras do Sr. Antonio, disse pausadamente:

— Vocês deviam praticar, além de estudar. Se pelo estudo vocês detectaram o que acontece com Arthur, comecem a praticar a ajuda que ele necessita e não se deixem envolver. Vocês por acaso são fracos? Creio que não. A ajuda que pedem está atuante, façam por merecê-la! – assim que terminou de dizer essas palavras, Gorete se sentou calmamente na cadeira, e dali alguns minutos ela espantava-se com dois moços de olhos arregalados fixos nela.

— Por favor, Sr. Rodolfo, diga que não fiz nada de errado, de vez em quando tenho essas ausências... – disse Gorete esperando pelo pior.

— Não fez não, Gorete, fique calma – respondeu Marco Antonio sem se aprofundar no assunto, pois percebeu que a moça não sabia exatamente o que havia acontecido, nem eles, sinceramente falando.

Rodolfo, sem dizer nada, visivelmente emocionado, retornava para a sala de reuniões com os livros na mão. Quando Marco Antonio entrou, ele lhe disse:

— Creio que temos todas as respostas que precisávamos! Estes livros não são ficções absurdas ou fantasiosas, como alguns dizem. Os Espíritos existem sim! A mediunidade existe, se não, que explicação você me dá para o que acabou de acontecer? Era meu pai, Marco, ou eu estou alucinando? – uma mistura de sentimentos invadia Rodolfo.

— Não está não, Rodolfo, era ele com certeza. Estes livros estavam escondidos, Rodolfo, você sabe disso! Gorete não sabe que estamos estudando exatamente estes títulos e sabe menos ainda que nós pedimos ajuda a alguém ou que estamos ajudando, Arthur! – concluiu Marco Antonio.

O cuidado que os dois tinham com o estudo do espiritismo era muito grande. O Novo Código Penal da época perseguia os espíritas e a situação deles como advogados era bem mais delicada.

Os dois mais controlados e vigiando constantemente as próprias atitudes e pensamentos, passaram os dias ajudando Arthur e ignorando qualquer coisa que os afastassem do objetivo traçado: levar Arthur até os pais – era a primeira etapa a ser vencida.

Rodolfo enviou uma carta a Diana explicando mais ou menos a situação, antes mesmo de Arthur aceitar viajar. Além de alertar sobre o estado do amigo, queria prevenir encontros desagradáveis. A carta chegou alguns dias antes da chegada dos rapazes, tempo suficiente para tirar Flávia e Oswaldo da fazenda e avisar Eugênio e Thomas. Rodolfo não comentou na carta que Arthur imaginava Flávia, Julia e o filho mortos, mas falou no que ele havia se transformado.

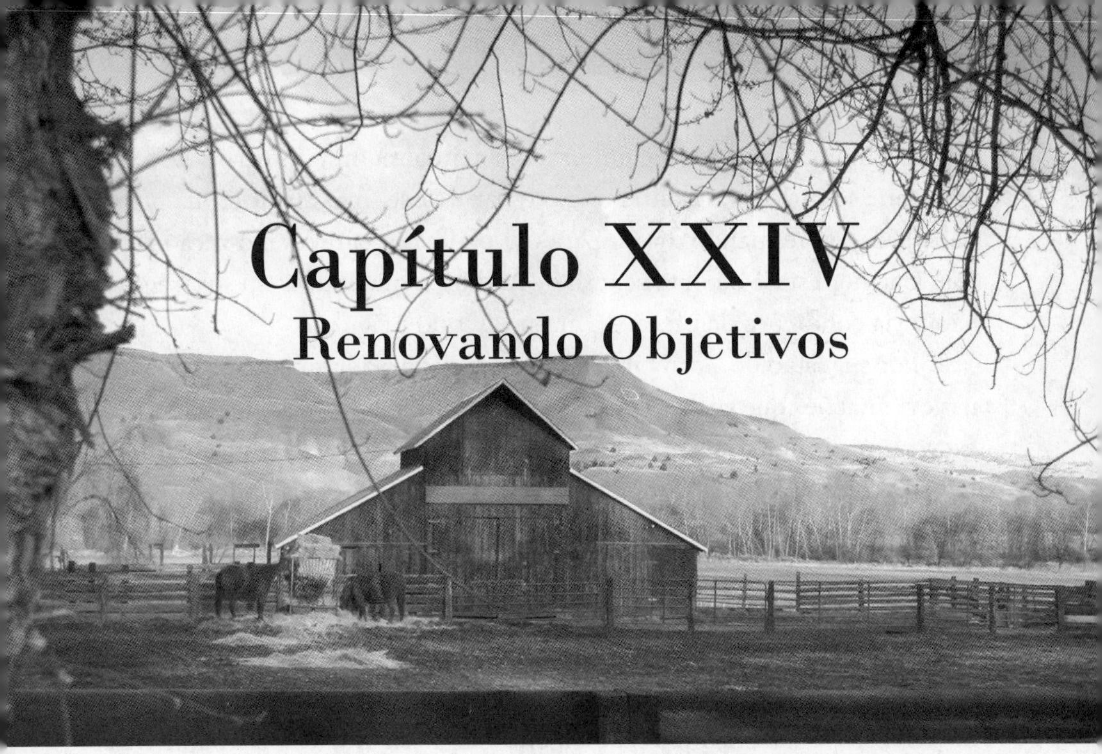

Capítulo XXIV
Renovando Objetivos

Os rapazes foram recebidos por Diana e Carmem com muita alegria e carinho. Estavam ansiosos para conversar, mas deixariam para depois, Arthur não poderia desconfiar de absolutamente nada, até estar forte o suficiente. Durante a viagem ele foi vigiado por Marco Antonio e Rodolfo, para não fugir em busca de bebida.

Eles pretendiam ficar na fazenda por aproximadamente dois ou três meses, tempo suficiente para resolver os novos negócios da Santa Rosa e ajudar os fazendeiros locais que haviam solicitado alguns esclarecimentos. Precisavam de orientações, pois podiam perder tudo, como acontecia com a maioria dos fazendeiros que conheciam.

O juiz Amaral reduzira seus horários e pretendia dar maior apoio ao escritório de Rodolfo e Marco Antonio. Gustavo tornara-se sócio dos rapazes, a clientela aumentava e o juiz estava muito feliz com a parceria.

Arthur pediu para ficar com eles até ter coragem de procurar o pai. Queria poder se controlar diante dele. Seria vergonhoso se chegasse ao ponto que chegou, quando estava no Rio.

Carmem, após se reequilibrar espiritualmente, mostrou o Espírito forte que sempre foi. Aceitou que o rapaz ficasse, mas alertou: "na primeira bebedeira, eu te mando direto para teu pai!". Ele entendeu o recado e aceitou. Carmem seria o porto seguro de Arthur, o que Isaura em sua fragilidade não teria condições de oferecer, mesmo sendo mãe dele.

Por sugestão de Carmem, Arthur começou a acompanhar os advogados nas orientações que realizavam, nas fazendas vizinhas. Fazia uma semana que estavam realizando o trabalho e, para surpresa de todos, Arthur mantinha-se fiel às promessas feitas para Carmem. Também foi decisão dela que todos ajudassem, e o vinho do porto rotineiro após o jantar deu lugar ao café.

Numa manhã Arthur voltou da metade do caminho, não se sentia bem. Ao chegar, deixou o cavalo no estábulo e veio andando até a porta de entrada da casa grande.

Ao entrar viu Diana brincando com uma criança que deveria ter uns nove meses. Diana não percebeu a entrada de Arthur e assustou-se quando escutou sua voz, perguntando:

— De quem é essa criança? – disse indo na direção dos dois.

— É da filha de um vizinho nosso. Mudaram-se há pouco tempo – Diana não mentiu, mas devia estar pálida; sentia suas mãos geladas e trêmulas.

— Mas você está sozinha com ele? – preocupou-se Arthur.

— Não a moça que cuida dele está na cozinha, foi buscar uma fruta para dar a ele. – por sorte era Maria Tereza, que Arthur não conhecia. Flávia acabara de sair dali junto com Julia e Glória, em busca de alguns tecidos.

— Posso vê-lo? – pediu Arthur

— Claro! – Diana estranhou, mas permitiu que Arthur chegasse perto.

Estranhamente, Oswaldo sorriu para Arthur e estendeu os bracinhos. Ele estava começando a engatinhar e achava divertida a novidade. Arthur, completamente desajeitado, pegou Oswaldo no colo e o levou para fora. Diana não tirou os olhos dos dois, nem por um segundo.

A equipe espiritual presente aproveitava e afastava de Arthur muitas entidades que, em vão, tentavam reascender os sentimentos de rejeição e ódio que existia entre seus Espíritos. Com muito esforço e dedicação, inclusive de Diana, eles conseguiam. Arthur, não sabia que tinha o próprio filho nos braços, mas seus Espíritos se reconheciam. O amor dedicado por Flávia já havia auxiliado Oswaldo a sair da fixação no sentimento de rejeição e ele aproveitava esse momento, mesmo sem ter consciência fisicamente. Arthur estava calmo e imaginava que, se ele tivesse agido diferente, sem tanta ganância e orgulho, poderia estar com o próprio filho nos braços. Tudo isso só ajudava o invisível a retirada de irmãos ainda fixados no ódio.

— Quem é o pai dele, Diana? – perguntou Arthur com o olhar fixo em algum ponto à frente da casa.

— O pai dele não mora com a família. A mãe acabou entregando-se a paixão que sentia, e quando engravidou... Bem, você deve saber o resto da história! – respondeu com a verdade.

— Imagino! – Arthur de repente abraçou a criança que continuava em seu colo muito confortável. Começou a chorar e entregou o menino para Diana, saindo da sala.

Quando todos souberam do ocorrido, preocuparam-se com Arthur. O que ele sentiu? Rodolfo o chamou e ele, muito contrariado, saiu do quarto aceitando ir até a sala de estar, onde todos conversavam.

De repente Arthur começou a suar e quase caiu, não fosse Marco Antonio perceber e segurá-lo antes que ele batesse com a cabeça no chão. Da mesma forma que acontecera no Rio de Janeiro, Arthur passava por um ataque de abstinência física relacionada ao vício, intensificada pelos Espíritos que também sofriam com a falta dos fluidos aos quais estavam acostumados.

Na época médicos não eram consultados para largar a bebida, ou qualquer vício. Não acreditavam que o corpo "sentiria falta", era apenas uma questão de controlar a vontade de beber ou não. Espiritualmente Rodolfo percebia as energias pesadas em sua volta e, ao se ligar a Arthur, inexplicavelmente sentiu vontade de agredir todos os presentes, até mesmo sua mãe que estava próxima.

Todos possuem sensibilidade mediúnica, uns mais fortes, outros, sintomas quase imperceptíveis, mas, repetindo: todos possuem a mediunidade natural que se manifesta por meio da intuição rotineira. "Sentir ambientes pesados" é um tipo de mediunidade, mas infelizmente ao longo do tempo nos acostumamos a nomear como médiuns apenas as pessoas que possuem sintomas aparentes, como é o caso das comunicações por meio da voz, ou da escrita e os casos de vidência, audiência entre outras.

Rodolfo não possuía essas habilidades aparentes, mas tinha a sensibilidade aguçada e percebia movimentação energética, acentuada ou sutil. Assim percebia claramente, quase como vidência, os envolvimentos espirituais aos quais Arthur estava exposto. Achava o amigo corajoso: aceitou a viagem e também aceitou as condições de Carmem e a todo custo tentava cumprir as promessas feitas. Fazia dias que não colocava uma gota de álcool na boca e durante aquele dia, com certeza, ele sofreu um grande golpe, imaginando que o filho, que julgava morto, poderia estar ali em seus braços, exatamente como aquela criança estava.

Carmem orava, enquanto Rodolfo, Diana e Marco aplicavam passes no corpo convulsivo de Arthur. Durante quase uma hora os quatro ali permaneceram, sem desanimar. No plano espiritual Antonio e Geraldo auxiliavam. Uma equipe socorrista e outra de limpeza retiravam do ambiente entidades violentas, algumas muito agressivas, pela falta dos fluidos da bebida; outras adormecidas eram carregadas para um pronto-socorro espiritual para receber tratamento e esclarecimento.

O socorro somente era possível pela unidade de pensamento e oração que todos os presentes se colocaram. Os corações como única unidade trabalharam com os mesmos objetivos: doar amor a um ser em descontrole e em estado de ignorância, um necessitado.

Rodolfo percebeu quando os irmãos foram afastados e pediu ajuda a Marco Antonio para levar Arthur para a cama. Assim foi feito. E Arthur dormiu a noite toda como há muito tempo não dormia.

Espiritualmente, Arthur encontrou-se com os amigos do invisível. Clara o acolheu e com imenso carinho fortificou aquele ser que tanto amava. O Espírito de Arthur recebeu instruções dos amigos do alto e renovou os objetivos traçados ao reencarnar.

No dia seguinte todos já haviam tomado o café quando Arthur se levantou e, muito gentilmente, foi até a cozinha pedir a Elvira se tinha alguma coisa para comer. Sentia seu estômago fundo. Quando terminou, agradeceu e saiu atrás de Rodolfo e Marco Antonio; precisava participar sua decisão.

Logo que desceu as escadas da frente, viu Diana voltando a cavalo. Esperou que ela chegasse até ele e perguntou sobre os rapazes: eles deveriam voltar em breve, pois tinham ido numa fazenda bem próxima, mas ela não sabia exatamente qual. Arthur entrou e passou o resto da manhã muito pensativo. Quando estavam todos se sentando para o almoço, Arthur muito sério pediu a atenção de todos.

— Esta noite foi a melhor noite que tive nos últimos tempos. Acho que desde os tempos de nossa primeira viagem juntos, Rodolfo, para esta fazenda, eu não durmo tão bem. Mas existem coisas que vocês nem imaginam a meu respeito, coisas terríveis que fiz e hoje me arrependo. Mas nestes últimos dias, percebi que chorar pelo passado não me leva a lugar nenhum – Arthur demonstrava o quanto estava sendo difícil falar. Com a voz carregada e baixa ele quase sussurrava, e continuou:

— Acredito que para conquistar minha tranquilidade devo, no mínimo, confessar meus erros e decidi ir até a Nascente. Ficaria muito feliz se vocês todos me acompanhassem, inclusive a senhora, Dona Carmem, que considero como uma segunda mãe. Aliás, não sei se minha mãe teria a força que a senhora teve, para manter-me sóbrio. Agradeço o apoio de todos, se puderem me acompanhar – falando ainda no mesmo tom baixo e embargado Arthur se expôs e pediu ajuda.

— Pode contar com o apoio de todos nós, Arthur – respondeu Marco Antonio.

Todos estavam emocionados com a atitude de Arthur, mas tinham medo da reação que ele poderia ter ao saber que Flávia, seu filho, Julia e Eugênio eram os novos vizinhos. Que ele próprio já estivera com o filho nos braços, e que Flávia e Rodolfo estavam apaixonados.

O noivado não se concretizou e a data do casamento não fora marcado, por causa da lealdade de Rodolfo ao amigo. Queria tudo esclarecido antes de tomar qualquer atitude. Era o futuro de suas famílias que estava em jogo e Rodolfo não iria interferir nas decisões de Flávia. Mesmo sabendo que ela não amava Arthur e que não queria casar com ele, Rodolfo acreditava que somente após uma conversa clara e sincera entre eles ficaria confortável em casar com Flávia e criar Oswaldo.

Somente romperia os laços de amizade com Arthur se assim ele o desejasse.

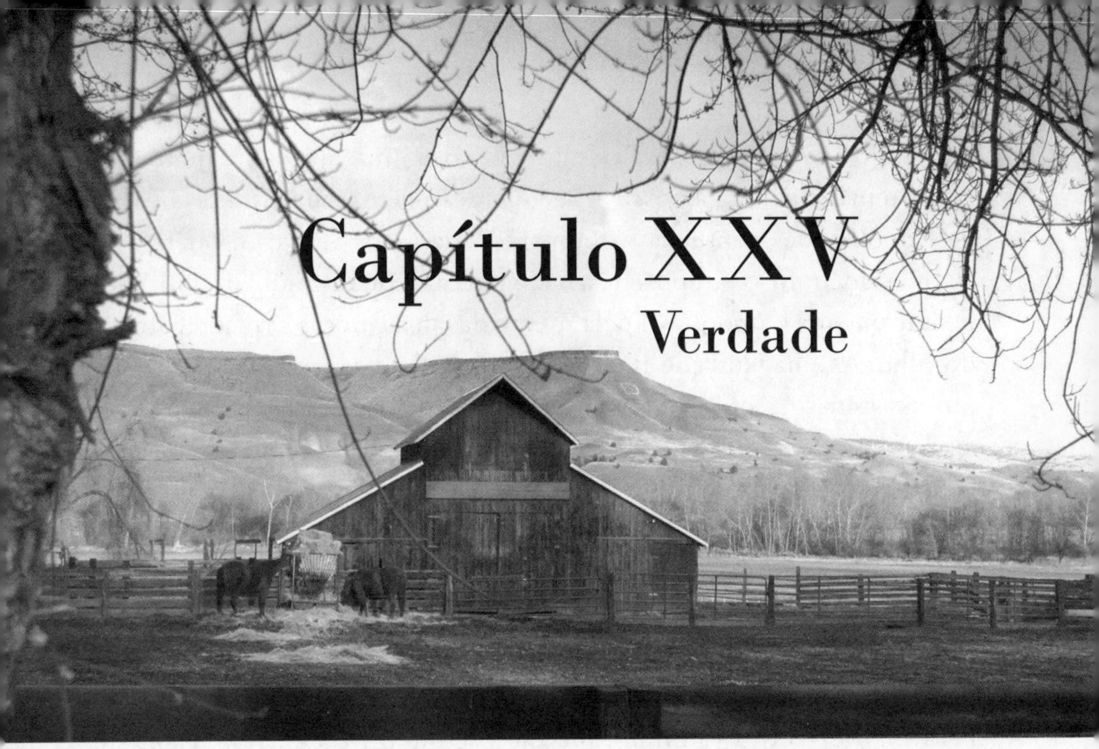

Capítulo XXV
Verdade

A história de Rodolfo e Flávia havia começado antes dos rapazes retornarem ao Rio de Janeiro. Rodolfo chegou a falar com Eugênio sobre seus sentimentos, porém esclareceu que não iria assumir nenhum compromisso formal antes de Arthur saber toda a verdade e aceitar seu casamento com Flávia.

Rodolfo e Flávia iniciaram uma amizade logo quando ele chegou à fazenda. Entre um passeio e outro percebeu que muito do que Arthur dizia na época sobre Flávia ser mimada, sem personalidade etc., não passava de conclusões sem fundamento, feitas por alguém que não possui vínculo com nada nem com ninguém. Arthur nunca tentou realmente conhecê-la.

Flávia contou a Rodolfo seu romance com Arthur, como as coisas realmente aconteceram e como foram seus dias no cativeiro. Impressionou a força da moça para ter o filho e cuidar dele, mesmo sentindo-se tão doente e, de alguma forma, agradeceu a Arthur pelo dinheiro que ele havia dado a Lavínia, caso contrário, Flávia e Julia, com absoluta certeza, seriam mais duas "meninas" para encher os bolsos de Madame Lavínia.

Todos sabiam sobre Rodolfo e Flávia, mas naquele momento o assunto principal era a possível recuperação de Arthur. Essa preocupação de Rodolfo era acentuada e compartilhada pelos amigos espirituais que auxiliavam todo o grupo encarnado. Arthur ficou muito fragilizado ao pensar que era responsável pela morte das duas moças e, principalmente, do filho. As imagens que muitos Espíritos lhe passavam do possível triplo assassinato, com a intenção de vê-lo sofrer cada vez mais, acabou ajudando a deixá-lo mais acessível às investidas dos amigos que estavam constantemente presentes.

Quando Arthur aceitou voltar à fazenda, todos que se prontificaram a auxiliar no seu despertar estavam juntos. Porém, Arthur precisava ser forte e decidido em seus novos propósitos. Sem a vontade dele, ninguém faria nada.

Rodolfo estava certo em preocupar-se e recebia do alto forças para manter-se no caminho que ele escolhera. Logo, tentariam subir mais um degrau.

Thomas sabia que Arthur estava na casa de Carmem, mas respeitou o momento que o filho passava. Tudo que Thomas queria era poder ter sua família reunida e feliz novamente.

O resto da semana se arrastou para Arthur que, mesmo acompanhando os amigos nas longas conversas com os fazendeiros, mantinha-se agitado e nervoso. Numa tarde Diana, percebendo sua ansiedade, resolveu pedir a Arthur que a acompanhasse num encontro com um negociante local, pois necessitava de ajuda; "ele é intratável", foi a desculpa que usou. Aparentemente deu certo, pois Arthur animou-se com as atividades de Diana e divertiu-se muito ao ver a cara do tal negociante quando soube que era "a moça", como a chamou diversas vezes, quem decidia os preços, se vendia ou se comprava.

Chegando à fazenda, Diana percebeu a charrete de Flávia logo na entrada e simulou um desmaio, não era ainda o momento de Arthur conhecer a verdade. Arthur, muito atrapalhado, não sabia se a pegava no colo, se a deitava no chão, ou se chamava alguém. E se o assunto não fosse tão sério, ela com certeza teria se divertido com as trapalhadas do amigo. Logo que viu a charrete virar e sair pelo caminho lateral da fazenda, "milagrosamente" como diria mais tarde, Diana se recuperou.

E assim passaram-se os dias, até que no domingo, logo após o almoço, estavam todos na sala de estar de Thomas que, junto de Isaura e Glória, abraçavam Arthur. Um Arthur bem diferente daquele que meses antes saía esbravejando pela porta da frente, dizendo que nunca mais pisaria naquela fazenda.

— Meu filho, você não sabe a alegria que sinto em ver você novamente entre nós – disse Isaura, tentando enxugar as lágrimas.

— Eu sei, minha mãe! E antes que iniciemos qualquer outro assunto, eu tenho que conversar com todos vocês. Talvez, depois de saberem o que tenho para falar, nem me desejem mais por perto, mas sinto a necessidade de soltar este fardo que tanto me pesa. – Arthur falou de forma pausada e de cabeça baixa.

— Vamos todos sentar. Vou pedir que tragam um porto para bebermos... – disse Thomas, automaticamente, praticamente sem pensar, quando foi interrompido por Rodolfo, quase num grito.

— Não! Perdoe, Sr. Thomas, mas não estamos tomando nada que contenha álcool, para ajudar Arthur a se recuperar. Soubemos por meio da leitura de alguns estudos realizados na Europa, que o melhor a se fazer diante do vício do álcool é parar completamente com a ingestão de qualquer bebida que contenha o álcool, e nós estamos fazendo isso, não é mesmo Arthur?

— O que posso garantir, meu amigo, é que vocês são os anjos que me recolheram e estão me ajudando, e concordo que o fato de não ter a presença da bebida me ajuda a tirá-la da ideia. Algumas vezes eu me pergunto por que eu bebia tanto? E chego à conclusão de que era unicamente para tentar tirar da cabeça algumas imagens, mas essas imagens apenas saíam quando eu perdia a consciência. Ao acordar elas estavam todas lá, como se nunca tivessem saído. Talvez se eu tentar enfrentá-las, elas se vão – respondeu Arthur entristecido.

Se todos pudessem enxergar o ambiente que se apresentava na sala, veriam um conjunto de entidades, formado pelos amigos espirituais que, felizes, auxiliavam Arthur a manter-se controlado. E outro conjunto, formado por farrapos humanos, verdadeiros maltrapilhos, alguns inclusive com nuances animalescas, tentavam se agarrar a Arthur por motivos diversos: vingança, para impor a vontade do álcool, e ainda, aqueles que se alimentavam de sua culpa e tristeza.

Antonio, Geraldo e Clara amparavam e fortificavam os pensamentos de Arthur. A fase que iniciavam era uma conquista de todos. Há muitos séculos todos se empenhavam em acabar com as diferenças entre aqueles Espíritos amigos, que ao longo de suas existências, ora como amigos, ora como inimigos, acumularam mágoas e decepções.

Arthur sempre fora um Espírito rebelde; sempre acreditou na "falta de sorte" que o rondava e nunca se responsabilizou pelos erros e crimes que cometeu. Mais uma vez a Vida lhe dava a chance de correção. Era apenas uma parte, pois ainda teria que encarar Flávia, Julia e Eugênio. E não podemos esquecer: Oswaldo, que mesmo em sua inocência de criança, recebia a mesma oportunidade de equilíbrio.

Rodolfo mantinha-se em oração; Diana em silêncio passava, por meio de seus pensamentos, força e coragem ao colega de infância que nos últimos tempos aprendeu a amar como um irmão.

Foi servido um refresco e, com muita dificuldade, Arthur começou a falar. Olhar nos olhos de cada um, certamente lhe tiraria a voz. Parado, olhando fixamente para as próprias mãos que seguravam o refresco, começou a falar como se estivesse falando com o copo que segurava.

— Não preciso dizer onde tudo isso começou, mas preciso dizer como começou. Rodolfo, eu o usei como nunca devemos usar qualquer ser humano, e você era meu amigo, foi meu primeiro erro. Diana, eu queria fazer de você minha esposa, para garantir meu futuro, para fugir de situações que eu mesmo procurei e não sabia como resolver. Meu pai, eu queria matá-lo por não mandar as enormes quantias que sempre me mantiveram na nata da sociedade – falava com grande dificuldade, mas continuou.

— Para minha surpresa, os inimigos que criei em minha mente são os amigos que me socorreram e que me socorrem. Antes de contar tudo que fiz, dos crimes que cometi, quero que saibam que tenho na consciência a morte de duas moças inocentes e a morte de um anjo. Uma criança que mal abrira os olhos e já conheceu a morte. Não fiz tudo sozinho! Absolutamente. Mas quero assumir a minha culpa e tentar trabalhar para realizar um pouco daquilo que, hoje, acredito ser a verdadeira conduta.

Por mais de uma hora Arthur contou tudo o que fizera. As mentiras, os planos sórdidos que realizara com Lavínia. Até o momento que deixara a Mansão das Meninas e entregou-se à bebida acreditando ser ele o assassino do próprio filho, que mal pegara nos braços. Confessou que não sabia exatamente quando ou como os três morreram, mas sabia da responsabilidade que tinha ao facilitar os acontecimentos. Só não compreendia o porquê da decisão de Lavínia, já que dinheiro nunca faltou.

Ao terminar, chorou o choro dos justos, e limpou da alma as chagas do arrependimento. Arthur estava sinceramente disposto a reiniciar a vida junto de sua família e, quem sabe, formar a sua própria família. Sabia que deixava para trás as festas, as belas moças e as facilidades da vida que a sociedade lhe trazia e que sempre gostara, mas dali para a frente seria diferente.

O primeiro a falar foi Rodolfo.

— Meu amigo, perdoe-me, mas já sabíamos dessa história. Obviamente não sabíamos o que se passava na sua cabeça quando planejou tudo isso e, muito menos, quando se associou à Madame Lavínia. Antes de julgar seus atos, queríamos saber o que o estava levando a realizar tantos feitos sem propósito e sem moral.

Agora era Arthur que mantinha o silêncio, mas ainda olhava para o copo.

— Confesso que quando soube que você, Arthur, havia sido desmascarado pelo seu próprio pai no tocante ao noivado com Diana, fiquei muito feliz. Também não entendia como a família de Rodolfo, e ele próprio, aceitavam entregar Diana para alguém tão sem caráter como você demonstrava ser. Não posso dizer que teria socorrido você, se Rodolfo e Diana não se empenhassem tanto em recuperar alguém que eu julgava irrecuperável. Eu não fiz nada! Agradeça a eles que sempre acreditaram na sua capacidade de recuperação. Não o amo como um irmão, mas respeito seu esforço em melhorar, em sair de uma vida imunda e tentar viver ao lado das pessoas que o amam. Posso chamá-lo de amigo; hoje me sinto bem com isso – falou Marco Antonio

As palavras de Marco Antonio foram duras e lágrimas silenciosas caíam pela face de Arthur. Num só gole, bebeu o resto de refresco que havia no copo como se estivesse bebendo uma forte bebida, que lhe traria forças para continuar a ouvir.

Diana levantou-se da poltrona que sentara e caminhou até Arthur. Tirou de suas mãos o copo vazio e pesado. Colocou os dedos em seu rosto e obrigou-o a levantar a cabeça e olhar em seus olhos.

— Meu irmão, nunca tenha vergonha de olhar nos olhos de alguém quando possui a verdade junto de si. Erros todos nós cometemos. Não tenha medo de encarar quem o ama e não o julga. Erga a cabeça e levante os olhos; poucos têm a coragem que você teve em assumir todos os seus desequilíbrios, todos os seus desvios. E um número menor ainda tem a coragem de recomeçar. Conte comigo, meu amigo, meu irmão! – ao terminar Diana abraçou o amigo, num abraço reconfortante.

As palavras de Diana foram ditas por meio da mediunidade de inspiração. Clara, que em outras encarnações fora mãe de Arthur, nutria por ele um grande amor, e trabalhava sem descanso em seu auxílio. Sabia que Arthur necessitava de palavras de ânimo naquela situação, e aproximando-se de Diana, entrou em sua frequência mental. As duas vibrando na mesma faixa, Clara começou a "sussurrar" as palavras na mente de Diana.

Por sua vez, Diana acreditava ser tudo fruto da forte emoção que vivia, e não passava por suas ideias que ela estava sob a influência dos pensamentos de um Espírito amigo.

Thomas e Isaura juntaram-se a eles visivelmente emocionados.

Após alguns minutos Arthur, mais refeito, perguntou a Rodolfo como eles souberam da história que acabara de contar. Foi Marco Antonio que contou, lembrando o medo e o terror de Silvana. Contou também o que Silvana havia contado sobre o parto de Flávia e sobre o Eugênio não ter expulsado a filha.

Arthur sentiu-se mal, achou-se mais culpado sobre a morte de Flávia, Julia e a criança. Afinal foi ele que colocou nas mãos de Lavínia o futuro de inocentes. Ele era o grande culpado! Teria que viver com isso. Diana, ainda sentada ao lado de Arthur, pegou as mãos do amigo entre as suas e num tom quase maternal iniciou, talvez, a fase mais delicada de toda a história. Contou sobre a surpresa que tivera quando soube a história de Flávia. A compaixão que sentiu, mesmo sem conhecer a moça até chegar ao plano que ela mesma, Diana, havia idealizado para resgatar Flávia. Um brilho no olhar de Arthur não passou despercebido a Diana.

Cuidadosamente, falou sobre Juarez e sobre as "facilidades" que curiosamente apareceram nos dias que antecederam o resgate. Como tudo parecia se encaixar e da "sorte" que os acompanhou desde o início da execução do mencionado plano.

A cada frase ou a cada nova informação, Diana disfarçadamente observava as reações de Arthur e enrolava um pouco até fornecer novo fato. Até que chegou o momento de revelar que Flávia, Julia e a criança, que chamava Oswaldo, estavam vivos e bem, ao lado de Eugênio.

Arthur escondeu o rosto com as mãos e novo choro descontrolado tomou conta de seu ser. Ao mesmo tempo que se culpava pelo que seus atos proporcionaram a Flávia, tirava um enorme peso de suas costas ao saber que não era um assassino.

Diana esperou Arthur se acalmar e continuou a relatar os acontecimentos. Falou que Flávia e Eugênio eram seus vizinhos e que ali estavam por causa dos homens de Lavínia. Eugênio nos primeiros dias culpava muito Arthur pelos sofrimentos da filha e do neto; agora, com todos bem, ele já não acalentava ódio no coração e estava disposto a conversar com Arthur, mas não se sentiria confortável se Flávia insistisse em casar com o pai de seu filho, porém aceitaria.

Arthur sentia-se anestesiado.

Até que Diana, com o coração aos pulos, contou a Arthur que a criança que ele pegara alguns dias atrás era seu filho. E então Arthur percebeu que Diana sempre respondeu suas perguntas com a verdade e beijou-lhe as mãos.

— Mas eu ainda tenho que revelar outra situação, Arthur... – começou a falar Rodolfo, quando foram interrompidos com a entrada mal educada e intempestiva de Robério.

— Eu sabia! Enquanto minha filha está lá largada na cama quase parindo, vocês escondem este infeliz sem caráter! – Robério gritava e partia para cima de Arthur, tentando agarrá-lo pelo colarinho da camisa e sendo seguro por Rodolfo e Marco Antonio.

Arthur, atônito, não conseguia entender exatamente o que acontecia, aliás, nem se lembrava da gravidez de Suzana. Passado o primeiro momento, foi Thomas quem explicou tudo a Arthur, que definitivamente chegava à conclusão de que a vida trazia muitas surpresas. Quando todos falavam ao mesmo tempo sem chegar à conclusão alguma, Arthur fez com que todos se calassem.

— Senhor Robério, pode marcar a data do casamento que eu me caso com a Suzana. Acredito que agora não seja possível, dado ao avançado da gravidez, mas assim que a criança nascer, de forma discreta, realizamos uma cerimônia bem simples, sem chamar atenção. Mas antes, gostaria de falar com sua filha e desfazer qualquer mal entendido. E que fique claro, somente me casarei com ela se assim ela desejar. Espero que o senhor aceite. Quanto à criança, independente de nossa união se realizar, sendo meu filho, cuidarei de sua educação, já que não pretendo voltar à cidade. Minha vida será aqui na fazenda, ao lado de meu pai e de meus mais sinceros amigos – não daria para dizer quem estava mais surpreso, mas podemos dizer quem estava mais feliz: Rodolfo.

Thomas queria falar com o filho, saber o porquê da repentina decisão e perguntar sobre Flávia, mas não houve jeito, e todos encerraram a reunião com um brinde. Robério insistiu no vinho, enfatizando que era a maior besteira que já havia ouvido os motivos pelos quais todos estarem bebendo refresco. E apenas ele bebeu o vinho. Arthur, mantendo a promessa a Carmem, não bebeu. Isaura chegou a sentir uma ponta de ciúmes da cumplicidade filial que percebeu nos olhares que trocavam, mas conscientizou-se que Carmem fazia com Arthur o que faria pelo próprio filho se assim fosse necessário, e acalmou seu coração, pois intimamente não tinha certeza se ela conseguiria ter a força que Carmem tinha.

Antonio, Geraldo e Clara, mais uma vez emocionados e felizes comemoravam a passagem de mais um obstáculo, porém a reação de Arthur à verdade ainda era incerta; o silêncio com que recebeu as informações poderia significar a aceitação e a resignação, mas também poderia ser o início da revolta a qual seu Espírito estava tão acostumado. Mesmo com toda a assistência era ele, Arthur, quem poderia e deveria escolher seu caminho. Revoltar-se com os amigos que o acolheram era um caminho possível, mas praticamente sem volta.

Ao escolher a revolta, a mágoa e o ódio mais uma vez tomariam conta do íntimo de Arthur e a afinidade com as entidades de mesmo padrão vibratório levariam o rapaz para um poço cada vez mais fundo. Em todo momento temos o plano espiritual presente e atuante. Em todo momento temos amigos querendo nos ajudar, como também, há os irmãos que ainda vivem na escuridão da ignorância e que só desejam que compartilhemos o caminho cheio de pedras que seguem. Há os que, por se acreditarem vítimas de nossas ações do passado, cobram uma dívida inexistente e, ainda, aqueles que apenas se aproximam pela afinidade fluídica, alimentando-se dos fluidos emanados e modificados pelos sentimentos baixos que, por qualquer razão, intimamente alimentamos.

Quando assumirmos todas as responsabilidades sobre os atos que cometemos, sobre os pensamentos errôneos e sobre os sentimentos baixos que temos, boa parte das pedras que existem em nossas estradas deixarão de existir. Estaremos, então, construindo nosso futuro baseado nas Leis Naturais.

Sempre podemos saber como será o nosso amanhã observando nosso presente. Não podemos chamar de erro, atos cometidos pelo desconhecimento, pela ignorância, por não saber. Mas é um erro insistirmos em atitudes ou pensamentos que já reconhecemos como incorretos, que se chocam, com as Leis Divinas.

Robério deixou a fazenda de Thomas satisfeito com o resultado. Finalmente casaria Suzana; chegaria à sua casa com a boa notícia. Marcara com Arthur uma visita para dali uma semana. Seria tempo suficiente para preparar a filha.

Na sala de Thomas, todos ainda estavam surpresos com a atitude de Arthur, e Rodolfo continuou do ponto que foi interrompido por Robério.

— Arthur, meu amigo, preciso muito falar com você, mas antes quero saber por que razão você acertou o casamento com Suzana, quando acaba de descobrir que Flávia esta viva e bem perto – Rodolfo investigava os reais sentimentos de Arthur.

— Rodolfo, eu nunca amei Flávia, apenas nos divertíamos juntos e graças a Deus, não fiz pior por causa de sua doença, quando ela estava na Mansão. Não amo Suzana, mas sua família não está me cobrando nada além do casamento. Talvez com o tempo eu aprenda a gostar e, quem sabe, a amar Suzana – dizia Arthur, olhando Rodolfo.

— Flávia com certeza não deve me querer ao seu lado, não depois de tudo que a fiz passar e pelo que tentei fazer. Espero sinceramente que ela arrume um bom homem que a ame e, se não for pedir muito, que possa amar também ao meu filho, que nem pediu para nascer, muito menos no meio desta confusão – Arthur foi muito direto em suas palavras, o que confortou Rodolfo. Sabia que o amigo estava sendo sincero.

— Bem, Arthur – continuou Rodolfo, – foi Marco Antonio quem trouxe Flávia e Julia para cá. Quando eu e Diana chegamos, elas já estavam devidamente instaladas e Flávia já havia recuperado a cor e a alegria. Oswaldo também ficava forte com o leite materno que recebeu. Confesso que iniciei uma amizade com Flávia por achar que ela ficava muito sozinha quando Diana saía para trabalhar – Rodolfo, tentava impor um tom mais leve a conversa.

Diana e Marco Antonio prestavam atenção nas reações de Arthur; Thomas ouvia de olhos no chão; Carmem e Isaura oravam pedindo que tudo se resolvesse da melhor forma possível. Isaura acreditava que tudo daria certo, pois Arthur falara de Deus, uma coisa que nunca havia acontecido.

Rodolfo continuou:

— Você havia me dito que Flávia não passava de garota mimada, mas percebi que ela não era tão mimada como você dizia, e muitas de suas ideias e objetivos são bem parecidos com os meus. Resumindo, Arthur, estamos apaixonados! – Rodolfo olhou pelo canto dos olhos para Arthur, que não se mexeu – Falei com Flávia e com o Sr. Eugênio sobre minhas sinceras intenções em casar-me com Flávia, porém preciso que você, meu amigo, me de seu consentimento. Quero que converse com Flávia; que acabe com qualquer mágoa que possa existir entre vocês, pois não serei completamente feliz fazendo alguma coisa escondida, por suas costas. Amo seu filho também e tenha certeza que ele terá o meu amor de pai e o criarei da mesma forma que criarei os filhos que pretendo ter.

Todos na sala pareciam prender a respiração esperando a reação de Arthur. Poucos minutos pareceram a todos uma eternidade, mas Arthur precisava pensar. E pensou. Aproveitou o silêncio que reinava e pensou nas palavras de Rodolfo. O que mais impressionava Arthur era a forma com que o amigo relatou tudo e também a condição humilde em que se colocou ao pedir permissão a ele, Arthur, para casar-se com a mulher que somente sofreu em suas mãos e criar o filho que ele quase matou.

Rodolfo, como se estivesse lendo os pensamentos de Arthur, resolveu falar novamente.

— Arthur, minha solicitação não invalida em nada a responsabilidade que você possui sobre os atos que cometeu tanto com Flávia, como com Julia e Oswaldo, que mal compreende a realidade ainda. Não pense também que eu acredito que Flávia lhe deva alguma coisa como lealdade ou fidelidade. Nada disso, meu amigo. Peço-lhe permissão apenas porque acredito que todos nós merecemos viver em paz. Junto de mim, esta paz só será completa ao realizarmos a cerimônia com todos os meus amigos e parentes que amo, apoiando-nos e compartilhando minha felicidade. Apenas por isso.

Após breve pausa Rodolfo continuou sua explicação:

— Quero poder receber você e, quem sabe, sua família, de coração aberto em minha casa e não pretendo esconder de Oswaldo quem é seu verdadeiro pai. Quero que você, Arthur, participe da vida de Oswaldo. Somente poderei ter tudo isso se não existir qualquer desavença entre vocês. Por mais que você tenha feito Flávia sofrer, ela está disposta a perdoá-lo em nome de uma vida mais plena. Sabemos que você tem muita responsabilidade em toda esta história, mas também sabemos que você foi enganado. A cada um conforme suas obras. Assim será! – Rodolfo também estava aliviado.

Arthur continuava olhando muito seriamente para Rodolfo, quando se levantou e abraçando-o disse:

— Rodolfo, eu não posso pedir a Deus um pai melhor que você para meu filho. Nem Flávia pedir um marido melhor. Não sou ninguém para lhe dar permissão, mas se Flávia e o Sr. Eugênio me receberem eu irei, ainda nesta semana, antes de ter com o Sr. Robério, na fazenda deles e conversaremos. Se depender de mim, você sempre viverá em paz, Rodolfo – com a voz meio embargada, Arthur fazia força para continuar a falar tudo que guardava em seu coração. – Flávia e o pai merecem uma explicação. Sei disso e peço, se não for demais, que vocês estejam ao meu lado nesta visita.

— Quanto a você, Marco Antonio – continuou Arthur –, não faço muita questão que nos acompanhe, mas também não brigarei com você, se você quiser ir – disse sorrindo tentando mudar o caminho sério que o assunto impunha.

— Arthur, eu vou se Diana assim quiser, mas também não faço muita questão – o rapaz devolveu a resposta no mesmo tom de brincadeira.

Todos jantaram com Thomas e Isaura, e no final Arthur preferiu voltar para a Fazenda Santa Rosa. Queria pensar e pretendia continuar a acompanhar Diana, para aprender a administrar a fazenda, além de se divertir muito com os "marmanjões surpresos" ao descobrir quem mandava nos negócios; era uma atividade que lhe interessava mais do que os papeis que envolviam as ações dos advogados. Isaura sentiu, mas compreendeu. Estavam todos mais aliviados.

Capítulo XXVI
Novos Caminhos

Arthur passou a semana acompanhando Diana em seu trabalho, e em alguns momentos tomou a frente das negociações. Jonas chegou a elogiar o rapaz, que aprendia rápido. Desde que Arthur chegou à fazenda, Jonas nunca tocou no assunto sobre o que seu irmão Juarez presenciou ou viveu na cidade quando foram resgatar Flávia. Mas nessa semana Arthur estava muito ansioso com o encontro na casa de Eugênio; não sabia qual seria a reação deles e nem a própria reação ao ver o filho. Então Arthur, quando estava sozinho com Jonas, pediu para falar com Juarez. Queria saber onde poderia encontrá-lo.

— O meu irmão, Seu Arthur, vai quase todos os dias na casa da menina Flávia, porque eu acho que está de namorico com a Julia. O que eu e minha mãezinha agradecemos a Deus, pois ele chegou aqui com a cabeça meio virada por aquela dona lá do Rio de Janeiro, a tal de Lavínia – Jonas era muito simples e a sinceridade era seu forte.

— Eu imagino, Jonas! Lavínia vira a cabeça de qualquer um, até dos mais espertos! Mas, por favor, peça a ele que venha se encontrar comigo no final da tarde no pomar. Eu preciso tirar algumas dúvidas que estão na minha cabeça que não me deixam em paz – falou Arthur pensativo.

— Pode deixar, Seu Arthur, eu falo pra ele – e saiu levando os cavalos para beber água e descansar da caminhada.

À tardinha Arthur esperava Juarez e pensava nos últimos acontecimentos. Parecia mentira tudo o que viveu desde o dia que descobriu que Flávia não estava mais na Mansão, e foi do fundo do poço, resgatado por aqueles que um dia julgou serem seus inimigos. Muitos que o ajudaram eram completos desconhecidos. Quando Juarez se aproximou, Arthur nem percebeu; seus pensamentos estavam muito longe dali, numa época sombria e nebulosa de sua vida.

— O senhor queria falar comigo? – Juarez estava muito sério.

— Queria sim, Juarez, e esqueça o "senhor", por favor.

— Então me diga no que posso ajudar! – Juarez tinha um tom seco.

— Quero que me conte exatamente tudo que sabe sobre a prisão de Flávia. O que ouviu de Lavínia, ou de Rafael. Sei que você sabe bem mais do que falou. Estou disposto a modificar minha vida e não quero mais mentiras – Arthur também estava sério.

— Eu sei que Lavínia fez muita coisa pelas suas costas. Ela é uma mulher que não mede esforços para chegar onde quer. E o que ela quer é dinheiro, luxo e prazer. É uma mulher apaixonada e apaixonante. Ela se entrega sem reservas e sem limites, mas é vingativa e rancorosa com aqueles que não fazem o que ela quer. Soube pelas meninas que Flávia era bem tratada por causa do dinheiro que recebia. Também soube que os vigias da Mansão eram seus "sócios", que durante o dia seguiam os clientes mais ricos, os políticos e os homens metidos na lei, e assim ganhavam dinheiro fazendo chantagem. Eles descobriam onde os mais ricos moravam com suas famílias e começavam a extorsão. Muitos mudaram de cidade e outros chegaram ao suicídio – Juarez falava, mas desconfiava que Arthur já soubesse, mas ele realmente não sabia.

Arthur manteve o silêncio e Juarez continuou seu relato.

— Tânia me disse que um ano antes ficou grávida e que Lavínia sumiu com a criança assim que nasceu. Logo depois, ela escutou Lavínia dando ordens para um dos vigias que matasse o pai da criança, que não quis pagar uma gorda quantia para ela se calar. Além de acabar com a família do homem, contando tudo, acho que ele descobriu que Lavínia tinha matado a criança e disse que iria denunciar; ele não tinha nada a perder a não ser a própria vida, então... Tânia talvez nunca saiba se a filha está mesmo viva ou morta.

Mais uma pausa. E Arthur somente escutava. Juarez voltou a falar.

— Flávia significava dinheiro, Arthur, e ela não faria nada para perder sua fonte de renda. Percebi que ela nunca mudaria quando lhe disse que Flávia precisava de tratamento, quando a menina já estava longe com o filho. Se você não descobrisse sozinho, como aconteceu, ela nunca iria lhe contar. Percebi também que ela nunca deixa testemunha de seus "negócios". Algumas meninas acreditam que as companheiras que vão ficando velhas, sem clientes e precisam parar com a vida, acabam caindo nas garras de Lavínia num caminho sem volta. Muito simpática, a pretexto de ajudar a "amiga", ela aparece e providencia a partida delas para junto das famílias, mas nenhuma nunca deu notícias depois de sair da Mansão. As meninas desconfiam porque as famílias aparecem do nada e sempre dispostas a aceitar de volta a ovelha desgarrada. É estranho! Se você aparecer por lá, não sei não, se ela não acaba com sua vida. Ela não sabe exatamente o porquê do seu sumiço nem como você descobriu que Flávia não estava mais na Mansão.

Arthur estava chocado. Sabia que Lavínia não era confiável, mas não imaginava que fosse tão baixa. Usava tudo e, todos e quando não mais servia jogava fora, fosse um objeto ou um ser humano, para ela era a mesma coisa, tinham o mesmo valor. Com quem eu fui me meter, pensou.

— Vocês tinham razão quando tomaram todos os cuidados com os planos e o resgate. Você dizendo isso imagino que, se ela desconfiasse, mataria a todos. E do Rafael o que você me diz dele? – perguntou Arthur.

— Era um pobre coitado que apenas cumpria ordens, mas sabia o terreno que pisava. Ele me disse que também iria embora. Falou que o serviço havia acabado e que não havia mais razão para ficar longe da família. Pelo que entendi ele tem mulher e filhos em Mato Grosso, se não me engano. É somente isso que posso lhe dizer. Nada mais – Juarez continuava desconfiado.

— Se eu precisar de você, Juarez, você voltaria ao Rio de Janeiro comigo? – Arthur perguntou sem olhar para o rapaz.

— Não sei não, Seu Arthur. Eu precisaria ter certeza do que o senhor faria por lá. E também teria que ter certeza de que o senhor não estaria levando a lebre para a raposa! – Juarez foi sincero sobre suas desconfianças.

— Concordo com você, Juarez, eu também não confiaria em mim, mas se eu resolver, eu lhe falo e você decide o que quer fazer: ir ou ficar. Só lhe peço que não comente com ninguém esta nossa conversa – encerrou Arthur.

Juarez nada respondeu, mas saiu com a certeza de que Arthur planejava algo, ainda não sabia o que era, mas tentaria saber. Não confiava em Arthur, mas sabia que ele era incapaz de matar alguém, ou mesmo trair Rodolfo e Diana. Ficaria atento.

Finalmente o dia da visita à Flávia chegou. Arthur tremia todo, desde o amanhecer. Mal dormira. Carmem ouviu seus passos várias vezes durante a noite. Quando falou para ele sobre isso, Arthur sorriu e disse:

— Então a senhora também não dormiu! – e riu gostosamente.

O dia parecia arrastar-se e a ansiedade aumentava a cada minuto... A cada segundo. Quando chegou o momento Arthur não sabia o que fazer, se ia a cavalo ou de charrete. Foi Diana que decidiu irem de charrete, para Arthur não assustar o cavalo e saírem em disparada pela estrada, e ria do amigo enquanto falava. Essas brincadeiras deixavam o ambiente mais leve. Eles precisavam.

Antonio, Geraldo e Clara, sempre alertas, já estavam na casa de Eugênio, e tentavam deixar Flávia mais calma. Oswaldo, sentindo a modificação no ambiente, estava irritado e choramingava a todo momento. Quando Rodolfo, Diana e Arthur chegaram, Arthur pediu que os amigos entrassem primeiro, que ele iria se preparar um pouco. Estava com medo. Diana o convenceu a entrarem juntos, sozinho seria pior, e assim foi.

Foi Eugênio quem abriu a porta. Abraçou Rodolfo e Diana e cumprimentou Arthur com um suave aceno. Arthur compreendeu, imediatamente, o caminho que teria que seguir. Mesmo sem Flávia estar presente, Arthur não esperou e foi direto ao assunto. Diana e Rodolfo ficaram em silêncio, ouvindo o amigo falar.

— Sr. Eugênio, imagino que não esteja muito feliz em me receber, mas tenho que falar a verdade, pelo menos para aqueles que prejudiquei diretamente. Peço, por favor, não me interrompa até que eu termine – Arthur falava baixo e com a voz meio rouca. Estava alterado.

Arthur iniciou sua narrativa e, mesmo quando Flávia entrou na sala, ele não interrompeu. Falou que tudo aconteceu por causa de sua irresponsabilidade em assumir o filho que Flávia esperava. E que a ajuda de Lavínia seria apenas se Eugênio colocasse a filha fora de casa; não houve, em nenhum momento, qualquer plano de sequestro.

— Sr. Eugênio, tenho culpa por envolver Lavínia e por ter um comportamento completamente fora da honra. Flávia, eu não mereço, mas peço seu perdão pelo comportamento que tive nos meus momentos de loucura e egoísmo. Quero sinceramente que seja feliz – Arthur parecia exausto.

Flávia enxugou algumas lágrimas e fez sinal para Julia trazer Oswaldo. Ao ver o filho, Arthur caiu em compulsivo choro que somente com o auxílio dos passes de Diana, e a ajuda de Antonio e Clara, ele conseguiu se controlar. Após alguns minutos, o menino no colo da mãe estendia os bracinhos em direção a Arthur, que o aninhou em seus braços.

Eugênio não sabia o que pensar. Dava pena de Arthur, ali sentado, expondo-se daquele jeito, assumindo todas as responsabilidades de seus atos. Será que ele próprio, Eugênio, teria coragem de fazer isso? Assumir os erros corriqueiros do cotidiano já não é fácil, imagina assumir atos criminosos... O que será mais difícil: perdoar ou pedir perdão? Os pensamentos de Eugênio foram interrompidos por Rodolfo.

— Sr. Eugênio, talvez o senhor não ache o momento propício, mas eu já falei com Arthur e estou formalmente pedindo a mão de Flávia em casamento. Eu havia falado com Flávia que, para mim, o aceite de Arthur era muito importante. Eu não comentei nada, mas no último domingo, nós, eu e Arthur, conversamos, e ele já sabe de tudo, que eu e Flávia nos apaixonamos e que pretendemos nos casar – Rodolfo também tremia.

— Realmente, não sei se escolheu boa hora para isso, meu rapaz! – Eugênio, completamente sério, olhava para Rodolfo, que não acreditava no que estava ouvindo.

Os três, Flávia, Diana e o próprio Arthur, também foram pegos de surpresa pela reação de Eugênio. Ele estava falando mais alto e mais grosseiro com Rodolfo do que com Arthur, quando chegaram.

— Pai! Por favor, não entendo o que pode estar acontecendo para ter esta reação?! Eu mesma já havia falado para o senhor sobre nosso namoro.

— Sim, eu sabia, mas estou mudando de ideia. Não creio que seja o momento certo para você se casar. Além disso, vocês são capazes de esquecer Oswaldo por causa dos preparativos – Eugênio, ainda falando muito alto, procurava desculpas para negar ao pedido de Rodolfo, pelo menos temporariamente.

— Sr. Eugênio, perdoe minha intromissão, mas o senhor não acha melhor que eles se casem e venham morar aqui mesmo? – Diana, com sua sensibilidade, percebeu que Eugênio estava tentando ficar perto da filha, que se casando poderia voltar para o Rio de Janeiro. — Veja bem, Rodolfo e Marco Antonio estão com vários clientes por aqui e, quem sabe, eles com o tempo não abrem uma filial do escritório deles aqui mesmo, na região – Diana parecia quebrar as defesas de Eugênio.

— Sr. Eugênio, há outro ponto – disse Arthur. — E agora falo para todos: Flávia não poderá aparecer no Rio de Janeiro por bons tempos. Lavínia tem muitos amigos que, não sabemos, podem reconhecer Flávia; e a própria Lavínia anda muito pela cidade, fazendo compras ou mesmo indo às confeitarias. Uma hora ou outra elas se esbarrariam e Lavínia não é o tipo de pessoa que esquece uma presa ou que a deixaria viva e feliz. Tenham certeza disso. Eu mesmo tenho que pensar muito para aparecer por lá. Sou testemunha do que Lavínia fez; para ela sou melhor morto – Arthur trazia uma tristeza muito grande na voz. Sentiu-se culpado pelos limites que impôs ao amigo, mesmo indiretamente.

— Eu não havia pensado nisso – falou Rodolfo. – Realmente, se Madame Lavínia vir Flávia e, junto comigo, todos correm perigo. Todos nós somos testemunhas dos crimes da Madame.

Contrariando a todos, Eugênio sorriu e disse:

— Eu dou o meu consentimento. Podem marcar a data!

Todos riram, pois as preocupações de Rodolfo e Arthur relacionadas a Lavínia deixariam Flávia perto do pai. Eugênio, abraçando Rodolfo e a filha, alegre e calmo, gritou para os empregados:

— Tragam muito refresco para um brinde especial de casamento, prestem atenção: R E F R E S C O, falou bem alto. Não estou louco não, apenas pretendo colaborar com Arthur na sua caminhada para longe das bebidas – e apertou a mão do rapaz, que agradeceu a Deus por ter pessoas tão especiais ao lado. Quantas pessoas, no mundo, o perdoariam? Quantas pessoas entenderiam esse perdão?

— Arthur, eu posso falar com você um minuto? – pediu Flávia.

— Claro – respondeu Arthur meio sem jeito.

— Por favor, venha até a sacada – pediu Flávia já se encaminhando para o local e, fazendo sinal para Rodolfo que queria estar sozinha com Arthur.

— Arthur, eu sei o quanto Rodolfo o ama. Ele realmente o tem como um irmão e hoje, acredito que Diana compartilhe esse sentimento. Casando-me com ele, sei perfeitamente que você será figura constante em nossa casa e realmente não me importo até porque Oswaldo é seu filho, mas gostaria de lhe falar algumas coisas que ainda me incomodam – Flávia falava calmamente.

— Hoje eu entendi o quanto um ato impensado pode trazer sofrimento. Talvez se você tivesse pedido a qualquer outra pessoa que ficasse comigo, caso meu pai me expulsasse de casa, nada disso teria acontecido. Você foi enganado, Arthur! Assim como eu e meu pai: você enganou a mim e a meu pai, e ela o enganou – Flávia continuava a falar e Arthur a ouvia atentamente. — De alguma forma eu lhe agradeço a "exclusividade" que pediu a Lavínia, caso contrário, na época em que você apareceu, eu, e muito provavelmente Julia, já teríamos sido oferecidas a muitos homens, clientes preferenciais, como ela mesma chegou a insinuar. Mas, como os livros de Rodolfo dizem, nada acontece por acaso, o aprendizado era necessário, e Deus permita que todos os envolvidos tenham aprendido algo.

— Flávia, eu nunca imaginei que Lavínia fosse fazer o que fez, mas sei que sou culpado por não tê-la tirado de lá imediatamente, ao contrário, eu queria manter você lá para o meu prazer. Puro egoísmo – Arthur tremia novamente.

— Arthur, um dia talvez o chame de amigo de forma sincera, ainda não posso fazer isso, mas sinceramente o perdoo. Oswaldo precisa do pai, mesmo tendo Rodolfo ao lado. Não gosto deste pensamento, mas com certeza eu precisava aprender algo: quem sabe fosse perdoar – Flávia sorriu e fez sinal para Arthur acompanhá-la.

Quando entraram, Rodolfo apenas os olhou e sorriu, e Eugênio enchia as taças com o refresco. Pediu também que Isabel trouxesse um lanche para todos, pois o jantar ainda demoraria. Ao perceberem que Julia não estava na sala, Eugênio mandou chamá-la. Ela chegou junto de Juarez, foi então que Eugênio pediu ao rapaz que fosse buscar Carmem, Marco Antonio, Thomas, Isaura e Glória. Eugênio estava muito feliz e queria todos da sua atual família comemorando o casamento da filha.

No final do jantar, Eugênio, fazendo as vezes de pai, perguntou a Juarez as suas reais intenções com Julia, que meio sem jeito respondeu:

— Sr. Eugênio, eu já pedi a Julia que se case comigo, será que eu tenho que pedir para mais alguém? – todos riram muito do jeito do rapaz.

— Primeiramente peça para mim, que pensarei com certeza antes de dizer "sim", mas vá até o Rio de Janeiro e fale com Silvana e convide-a para a festa – Sugeriu Eugênio.

— Mas nem marcamos a data, Sr. Eugênio! E também não temos nada, nem casa, e o enxoval... – disse Julia.

— Casa e enxoval não são desculpas – falou Diana. — Nas terras que está o gado há uma casa, bem grande, que poderá servir para vocês. Precisa de alguns reparos no assoalho e no telhado, além de uma boa pintura e está pronta. Quanto ao enxoval, eu fiz tudo em dobro; falei para Flávia que comprasse tudo para duas casas, pois eu iria montar outra casa no Rio de Janeiro, mas eu estava mesmo era facilitando as coisas quando o meu irmão a pedisse em casamento. Se Flávia não se importar, podemos lhe dar o enxoval e não terá mais desculpas.

Juarez, brincando, disse:

— Então a bronca da irmã fica para mim?

Eugênio cobrou as datas, e os casamentos ficaram marcados para seis meses após o casamento de Diana que seria em janeiro. Mais ou menos dali um ano os casamentos seriam realizados.

Arthur, quieto, imaginava se poderia ou deveria ir junto com Juarez, até o Rio de Janeiro.

Não é preciso dizer que no plano espiritual todos também estavam muito felizes, comemoravam as arestas que foram aparadas com a verdade. No domingo seguinte, Arthur e Thomas foram à casa de Robério; Diana e Rodolfo os encontraram lá foram recebidos numa antessala, apenas por Robério; Eleonora, sua esposa, e Suzana não apareceram.

Robério mal falou com Arthur e não quis escutá-lo. Não permitiu que falasse com Suzana, o que irritou Arthur e o fez dizer que não marcaria a data se não falasse com ela, como dissera uma semana antes. Muito contrariado, Robério permitiu que somente Arthur entrasse na biblioteca do casarão, onde mãe e filha tomavam chá.

Suzana, ao ver Arthur, sorriu e pediu à mãe que a deixasse sozinha com o noivo. Logo que Eleonora saiu, o rosto de Suzana se modificou e, como se fizesse uma careta, disse quase sussurrando:

— Então, Arthur, veio para marcar o nosso feliz casamento? – foi irônica.

— Sim, mas apenas se você quiser. Não casarei só por imposição de seu pai – Arthur foi seco.

— Claro que quero, Arthur! Afinal, preciso de um pai para este infeliz que vai nascer. – Suzana usava um tom que assustou Arthur.

— Suzana, eu sei que não nos amamos, também me lembro bem que as noites que passamos juntos foram arranjadas por você, mas seu pai faz questão dessa união para salvar a honra da chorosa e inocente filha, então como faremos? – Arthur adotava a mesma indiferença.

— Arthur, é o seguinte: este filho não é seu. É de um empregado daqui da fazenda. Mas quando eu não pude mais esconder a barriga, meu pai me prendeu nesta casa, dizendo que eu não iria mostrar a vergonha por aí… Como se existisse muita gente neste fim de mundo! Foi quando eu lembrei que na mesma época nós estivemos juntos, aí eu disse que você era o pai. Ele inventou uma história para seu pai, que eu não saía de casa por vergonha e medo de você, mas a verdade era que ele me prendeu aqui e disse que eu não sairia até este infeliz nascer. Então, querido, vamos nos casar sim – Suzana era muito pior que ele, pensou Arthur.

Sem nada falar, Arthur apenas saiu e voltou para a sala onde estavam seus amigos e seu pai. Assim que chegou, virou-se para Robério e despediu--se, chamando os outros, que mesmo sem entender, levantaram e saíam atrás de Arthur.

— Como assim "vamos embora"? Eu sabia que não poderia confiar nesta família! – gritava Robério.

— Sr. Robério, eu iria apenas sair e não falar nada, mas o senhor é tão mal educado, que sua filha não poderia ser diferente do que é, pois o senhor só escuta a própria voz. O filho que sua inocente Suzana espera não é meu, talvez quando nascer o senhor mesmo terá certeza disso. Ela me disse que é de um empregado daqui da fazenda, mas não falou quem. Eu estou tentando mudar meus costumes e minhas escolhas e não começaria uma união completamente falsa e frágil, apenas para satisfazer a vontade do senhor em não ter o nome de sua família na boca do povo – nem parecia Arthur falando.

— Eu, Sr. Robério, estou tentando honrar e viver sob os princípios que meu pai me ensinou sua vida inteira, e que somente há pouco tempo comecei a enxergar. Quando achei que meu filho havia morrido por minha causa, mas graças a Deus ele está vivo e forte. Portanto, Sr. Robério, o senhor que compre um marido, ou obrigue outro a se casar com sua filha. E se aceita um conselho: espere a criança nascer, senão passará a mesma vergonha da qual hoje foge – virou as costas e saiu, junto dos outros.

Algumas semanas depois, souberam que Suzana deu à luz um menino forte e mulato. A notícia correu por todas as fazendas vizinhas, junto com o boato de que Robério nem saía de casa de vergonha, e que apenas Eleonora cuidava do pequeno.

Rodolfo e Marco Antonio voltaram para o Rio de Janeiro e Arthur começou a se dedicar aos trabalhos das fazendas junto do pai e de Diana, mas estava morando na Santa Rosa. O apoio de Carmem ainda era muito importante para ele, e Diana era uma verdadeira escola nos negócios. As conversas durante o almoço e jantar traziam para Arthur o equilíbrio que procurava e tanto necessitava. Conversando com Diana, ele aprendia e começava a implantar na Nascente a mesma forma de administração.

Thomas gostou dos ganhos que Diana e Eugênio tinham com o gado e resolveu aderir. Reservou uma parte da fazenda para este fim e iniciou uma pequena criação. Além disso, o beneficiamento do café começara e muitos fazendeiros da região os procuravam, mesmo existindo outra fazenda na região que já realizava o beneficiamento de café. Havia mercado para muito mais, e Arthur se interessou por esta parte e mais uma etapa se encaminhava: o gosto pelo trabalho honesto e digno.

Alguns meses se passaram. O casamento de Diana se realizou e foi festejado com muita alegria por todos os convidados. Carmem estava muito feliz e pensava em Antonio, que, ao seu lado, compartilhava o momento emocionante da filha querida. Após a cerimônia o casal viajou para a Europa, que Diana não conhecia, e Arthur ficou na Santa Rosa com os negócios da fazenda, junto de Jonas e Thomas.

O escritório de Rodolfo e Marco Antonio cresceu e, com certeza, uma filial no interior de São Paulo estava fazendo falta. Numa das viagens a Ribeirão Preto, os sócios viram uma pequena casa no centro da cidade onde poderiam montar o escritório para atender aos fazendeiros locais.

Era a poucos quilômetros da fazenda facilitando tudo. Ribeirão Preto estava em pleno crescimento e, economicamente falando, o fato da Câmara, por unanimidade, libertar seus escravos nove meses antes de estar em vigor a Lei Áurea no Brasil obrigou os fazendeiros locais a modificar a administração de seus negócios. A concentração de imigrantes, acostumados à vida urbana, também trouxe muito progresso à cidade com a implantação de novos estabelecimentos comerciais.

O juiz Amaral finalmente declarou-se para Silvana e eles se casaram numa discreta cerimônia particular na casa do juiz. Flávia, Julia e Juarez não compareceram, as moças ainda não se sentiam seguras e estavam envolvidas com os preparativos dos casamentos, mas Rodolfo, Diana e Marco Antonio estavam presentes compartilhando a felicidade dos noivos.

Era um período de paz e felicidade. Apenas uma pessoa não tinha motivos para estar feliz: Lavínia.

Depois que perdera a renda extra, as chantagens se intensificaram e Lavínia acabou perdendo o controle. Chantageou um político que numa noite acompanhou um amigo até a Mansão, mas que saiu algum tempo depois sem se deitar com nenhuma moça. Ao ser procurado por Lavínia, o homem acertou um local e hora para levar a soma que ela pedia.

Lavínia tratava pessoalmente desses assuntos; pagava uma pequena quantia para seus sócios, que não imaginavam o valor real que muitas vezes ela conseguiu receber. No dia combinado Lavínia lá estava muito tranquila, à espera de sua vítima. Assim que ele chegou, ela o recebeu com toda educação e cordialidade. Quando o chantageado disse que não trazia dinheiro nenhum, Lavínia, novamente, discursou sobre as ações que iria cometer, dizendo inclusive que iria providenciar "um acidente que lhe tirará a vida". O que Lavínia não sabia era que o tal político tinha, a poucos metros dali, alguns policiais escutando tudo o que era falado. Ao ser descoberta entrou em desespero e, como último golpe, o tal político fechou a Mansão. Nenhum "cliente especial" se expôs para livrar Lavínia. Seria assumir publicamente que frequentavam o local que, perante a sociedade, condenavam.

As meninas, a maioria sem família ou amigos leais, acabaram se juntando e formaram um novo grupo, trabalhando num sobrado que era a metade do tamanho da Mansão. As despesas da casa eram divididas e cada uma ficava com o dinheiro que recebia, não havia uma "dona". Numa casa menor, com poucos quartos, diminuíram também as drogas e as bebidas. Só o fato de estarem livres de Lavínia trazia certa felicidade a elas.

Espíritos infantis, ignorantes, que só aprenderam os valores da matéria, não podem sofrer as mesmas penas impostas aos já conhecedores da Lei. Lavínia já vivera muitas e muitas vidas, em que teve a chance de despertar, não era o caso dessas moças. Uma delas, uma das mais velhas, ficou grávida e tinham agora uma pequena criança para cuidar, pois se tornou filho de todas, já que muitas não podiam mais engravidar devido a graves consequências físicas relacionadas aos abortos cometidos.

Nessa época e com essa vida, o aborto era realizado geralmente por parteiras e sem o mínimo de cuidados ou higiene, aliás, como infelizmente hoje ainda acontece. Muitas tinham "receitas caseiras", um misturado de ervas, que não dando resultado, apelavam para qualquer coisa. Umas chegavam a introduzir agulhas de tricô, perfurando o útero e sofrendo grandes hemorragias. Algumas escapavam da morte física, porém a maioria não tinha essa sorte e desencarnava banhada pelo próprio sangue, sem socorro. Nessa época o aborto praticado pela própria gestante também era considerado crime, mas a pena era atenuada se as causas fossem para "ocultar desonra própria", que no caso das meninas essa desculpa não poderia ser usada.

Mas essas moças não tinham a menor ideia de que aborto era crime. Para elas crime era trazer a vida, uma criança que passaria fome e dificuldades materiais de toda sorte. Não sabiam que Deus não permite que Seus filhos passem por situações que nada ajudará, ou nada ensinará. Por isso todos nós vivemos o que temos que viver e devemos aprender com isso.

Triste, mas real! Somente com a evolução o ser humano saberá distinguir a Lei da lei. Que enquanto uma é imutável e perfeita a outra é manipulada, de acordo com os interesses das pessoas e de uma época.

As meninas não sabiam do paradeiro de Lavínia, mas sabiam que o ódio que ela sentia por Arthur a manteria viva até ela o achar. Nos pensamentos de Lavínia, Arthur era o grande culpado pela falta de dinheiro que viveram e que culminou no fechamento da Mansão. Um pouco antes de perderem a casa, Lavínia confidenciou a Tânia que sabia que Arthur havia libertado Flávia, para ela não ganhar mais nada e que os dois viviam, muito provavelmente, na fazenda do pai "com aquela criança chata e chorona".

Após fechar a Mansão, nenhuma delas soube mais de Lavínia.

Capítulo XXVII
Encontros e Desencontros

Arthur, nem de longe, lembrava aquele moço fraco e materialista. Começou a estudar os livros que falavam de uma nova crença: o espiritismo, junto dos amigos. Até Thomas e Isaura iniciaram a leitura com maior interesse diante da modificação de Arthur.

Os casamentos de Julia e Flávia se aproximavam, e Juarez ainda não tinha ido ao Rio de Janeiro falar com Silvana. Juarez gostava muito de Julia, mas nunca se esqueceu dos momentos que viveu com Lavínia. Sabia que não conheceria mulher igual.

Diana e Marco Antonio haviam chegado da lua de mel e, enquanto Marco Antonio preparava o escritório de Ribeirão Preto, Diana retomava suas responsabilidades na fazenda. Arthur cuidara de tudo e estava fácil para ela apenas continuar o trabalho.

A grande casa da fazenda sofreu uma reforma e fora divida: um lado os quartos de Carmem, Arthur e Carlinhos, que crescia e já se preparava para estudar na cidade, quando ficaria com Silvana e o juiz Amaral na ausência de Rodolfo, que ficaria mais tempo em Ribeirão Preto. Do outro lado ficaram outros três quartos, um era de Diana e Marco Antonio, e dois estavam vagos para os prováveis rebentos. Cada lado tinha, ainda, uma sala de banho. Os fundos da casa eram compostos por uma enorme cozinha e mais alguns quartos que serviam a eventuais hóspedes. A sala foi toda redecorada ao gosto de Diana, mas ela manteve a poltrona querida do pai. Reformada, tornou-se o lugar predileto de Marco Antonio.

Estavam todos almoçando quando Arthur informou que iria até o Rio de Janeiro e falaria com Juarez, se queria ir com ele, já que o rapaz precisava falar com Silvana sobre o casamento. Todos olharam apreensivos. Será que Arthur está preparado para ir à cidade? Era o que todos se perguntavam.

— Arthur, você se sente forte para ir até o Rio? – perguntou Diana.

— Não sei. Mas também nunca saberei se eu não for. Aprendi que não adianta fugir de determinadas situações, pois elas sempre se apresentam durante a vida – Arthur estava pensativo. – Diana, eu tenho que me testar, tenho que provar a mim mesmo que tenho essa força.

— Penso que você deveria ir sim, Arthur. Vivermos na dúvida é pior. Concordo com você! – disse Marco Antonio.

Juarez, mesmo sem confiar totalmente em Arthur, aceitou o convite e eles partiram na semana seguinte. Foram direto para a casa de Rodolfo, que os recebeu com muita alegria. Silvana já não trabalhava mais na casa, mas todos os dias passava por lá para ajudar. Vinha sempre acompanhada de uma criada que limpava tudo, pegava as roupas sujas, deixava as limpas e passadas e orientava a senhora que, diariamente, preparava as refeições de Rodolfo.

Com a chegada de Juarez e Arthur, Silvana estava lá esperando por eles. Abraçou Juarez com muitas saudades e acabou abraçando Arthur também, que não estava acostumado a ser recebido com tanto entusiasmo. À noite, no jantar, Rodolfo contou aos dois os últimos acontecimentos relacionados à Mansão das Meninas e o paradeiro incerto de Lavínia.

Juarez, ficou decepcionado, tinha vontade de encontrar Lavínia novamente, nem que fosse apenas por um breve momento. A decepção de Juarez não passou despercebida para Arthur. Quando ficaram sozinhos no dia seguinte, Arthur tocou no assunto.

— Juarez eu imagino onde as meninas podem estar. Você quer ir até lá comigo? – perguntou Arthur.

— Você tem certeza que quer ir até lá? E se quer, por que eu devo ir junto? – respondeu Juarez.

— Eu não disse que você deve ir junto, eu perguntei se você quer ir junto, apenas isso.

— Quero.

Não falaram mais nada até chegarem na frente do sobrado. Tânia abriu a porta para eles e não acreditou no que via. Arthur abraçou a todas; gostava delas. Eles ficaram a tarde toda conversando, relembrando passagens engraçadas, outras escandalosas, tristes, até que chegaram aos dias que Flávia permanecera presa.

— Arthur, tínhamos dó de você. Você foi enganado; Lavínia dava o mínimo necessário para as moças e a criança não morrerem, só isso. A comida que mandava era a sobra dos jantares, ou das festas que ela dava para os clientes. Nada que uma pessoa nas condições que a menina estava: fraca e amamentando o filho, deveria comer – dizia Tânia.

— Uma época a Madame não deixava as moças tomarem sol. Dizia que o povo que passava na rua ia ver. Mas que povo? Que rua? Se a casa era no meio do mato! – contou Regina.

— Teve uma vez que a Madame quase bateu nela, por causa do menino que não parava de chorar e um doutor, que estava no salão, ouviu. O doutor foi embora na hora dizendo que pra escutar choro de criança ele ficava na casa dele, não precisava estar ali – completava Sonia.

Arthur apenas ouvia.

— E ninguém sabe como aquelas duas sumiram! Para mim, a Madame matou todos e deu fim nos corpos. Sair daqui com aquele monte de guardas, sem ninguém ver ou ouvir nada? Impossível! – completou Regina.

— Mas eu não esperava ver vocês dois juntos! – disse Tânia, mudando de assunto.

— Por que não? Juarez trabalha na fazenda do meu amigo Rodolfo e eu, atualmente, moro na fazenda do meu pai, vizinho de Rodolfo. Quando eu resolvi viajar para o Rio, chamei Juarez para me acompanhar e aqui estamos – era parte verdade! Arthur, embora confiasse naquelas moças, achou melhor não falar sobre o casamento de Juarez.

Quando chegou a hora do trabalho delas, os dois se retiraram e Arthur poderia dizer que estava alguns quilos mais leve. Nunca imaginou que teria a força de vontade que teve: estar tão perto de uma garrafa de vinho e não pegar; estar perto do ópio, da morfina, e não cair.

Arthur levou Juarez numa outra parte da cidade. Um lado que ele, Juarez, não teve oportunidade de conhecer quando o objetivo era o resgate de Flávia. Foram ver o maravilhoso mar, que deixou Juarez sem palavras; conheceram algumas confeitarias, e num dos passeios foram convidados para uma festa que haveria no sábado seguinte, por antigos companheiros de Arthur. Era como se a antiga vida o chamasse de volta. Como se ela, a vida que ele havia abandonado, sempre estivera ali esperando por ele. Arthur prontamente aceitou o convite e levou Juarez.

Juarez, desconfiado, mas maravilhado com a sociedade de luxo e ostentação, compreendeu o fascínio de Arthur por este tipo de vida. A aparência impecável das pessoas, o luxo das moças escondendo suas verdadeiras personalidades sob as gentilezas e a beleza, a posição social comprando amizades. Muitas moças se insinuaram para os dois rapazes. Queriam saber as novidades que Arthur trazia, após um ano longe da sociedade. Juarez, apresentado a todos como seu amigo, também recebia as atenções, afinal ser amigo de Arthur Souto Ferreira significava ter posição social; ter dinheiro, ter influência.

Os dois se divertiram muito naquela noite e, ao chegarem à casa de Rodolfo, quando se preparavam para dormir, Juarez resolveu abrir o jogo com Arthur.

— Vim para o Rio com você porque precisava falar com Silvana, mas sempre desconfiei de você. Achei que chegaria aqui e voltaria ao que era e sempre foi: um filhinho de papai que só aproveita do dinheiro que possui. Confesso que não tinha ideia de como era ter essa vida e é bem difícil não se deixar levar pelo assedio das coisas e pessoas fáceis – Juarez estava pensativo.

— Sabe, Juarez, eu quis vim para provar a mim mesmo que já tenho forças para olhar e vencer minhas tendências e vontades. Era preciso – continuou Arthur, após breve pausa. – Ficar na fazenda longe daquilo que sempre foi a causa do meu descontrole não me faz forte, apenas estou longe. Mas, quando o doce está na sua frente, sem nada que o impeça de pegar e optar por não pegar, aí sim, você pode dizer que o doce não lhe traz mais "água na boca", aí sim, você é forte. Você pega se quiser, meu amigo, apenas se quiser e se não quiser, pegar, também não lhe faz falta.

Clara e Antonio, acompanhando os rapazes, ficaram muito preocupados com as possíveis atitudes que os dois poderiam tomar. Muito embora Juarez tivesse princípios e valores bem fortes e definidos, ele já se encantara pelos dotes de Lavínia e, como seu irmão dissera uma vez, ficou de cabeça virada por Lavínia. Arthur provou e se fartou de todo esse "movimento" social e, como se envolveu da primeira vez, poderia se envolver novamente. Com certeza, os dois já possuíam conhecimento para não se deixar levar, mas...

Tanto Clara como Antonio estavam felizes, pois eles não seguiram novamente a estrada tão conhecida de Arthur. E ao contrário do que imaginaram: que Juarez de alguma forma impediria Arthur de cair na bebedeira, ou nos braços de uma qualquer, foi Arthur quem impediu Juarez de entregar-se às novidades cativantes que experimentava.

Arthur lembrou ao rapaz, inspirado por Clara, que Julia esperava por ele, que ela o amava sinceramente e que ele estava apenas deslumbrado com um mundo completamente desconhecido até então. Como num filme, Arthur percebeu que o mesmo caminho que agora seguia, tentando despertar o companheiro para o caminho correto, Rodolfo fez o mesmo com ele um dia, e compreendeu o que é ser amigo.

Arthur queria sinceramente que Juarez enxergasse com os próprios olhos a falsidade que existia entre as pessoas que conheceu. O luxo pode cegar. O poder pode cegar.

No dia seguinte, pela manhã, estavam todos à mesa do café, quando Rodolfo perguntou aos dois como fora a festa. Notava-se a preocupação disfarçada na voz suave de Rodolfo.

— Pelo aspecto de vocês, divertiram-se muito ontem a noite! – dizia Rodolfo.

— Meu amigo, eu precisava me divertir. Precisava saber se quero continuar na fazenda, trabalhando com meu pai e Diana, ou se queria voltar aqui para a cidade – disse Arthur sem levantar os olhos para olhar Rodolfo.

— Sr. Rodolfo, tenho que admitir que minhas opiniões sobre o Sr. Arthur mudaram muito. Não é fácil se manter forte diante de tanta mulher bonita, de tanta insinuação. Eu mesmo quase arrumei umas duas noivas... – disse Juarez, e riu da cara que Rodolfo fazia.

— Espero que não tenha mesmo arrumado nada, Juarez, não quero dar notícias ruins à Julia as vésperas do casamento, aliás, dos "nossos" casamentos – fez silêncio, como se estivesse se preparando para a resposta da próxima pergunta que desejava fazer. – E você Arthur, o que resolveu?

— Resolvi que vou ficar na fazenda mesmo – continuava sem olhar Rodolfo, mas tinha um leve sorriso nos lábios. Estava testando o controle do amigo.

Rodolfo saiu de sua cadeira e abraçou Arthur.

— Não sabe como estou feliz, meu amigo! – disse

— Imagino! Ontem à noite, fui eu que fiquei até tarde explicando para o Juarez o que estava por trás dos sorrisos, dos flertes, das insinuações, das armadilhas que existem por aí, como você fez várias vezes comigo – disse Arthur rindo, retribuindo o abraço.

Faltando poucos dias para o casamento dos dois, os três partiam para a fazenda. Arthur, antes de partir, foi até o sobrado das moças e deixou com Tânia uma soma razoável para cuidar da educação da criança que vivia com elas e também para, quem sabe, tentarem mudar de vida. O dinheiro que deu para elas era quase a renda de seis meses de trabalho.

Tânia, emocionada com a atitude e o pedido de Arthur, comprou roupas novas e decentes para ela e para algumas moças mais novas e foram procurar emprego. Três delas conseguiram e deixaram para trás a vida sofrida que levaram. A mãe da criança passou a cuidar do filho com mais atenção, e da casa enquanto as outras saíam para o trabalho. Seriam eternamente gratas a Arthur pelo gesto. Ele nada pediu ou impôs, apenas deu as ferramentas para elas mudarem de vida. Algumas que não arranjaram o emprego que queriam, preferiram continuar com o atendimento aos clientes, saíram do sobrado para outro local e continuaram a fazer o que tinham vontade.

Os três chegaram à fazenda onde já se instalava a correria da reta final dos casamentos.

Carmem, feliz da vida, brincava com Arthur e Oswaldo na sacada, quando Juarez o chamou para ir até o centro da cidade, pois tinha algumas coisas para comprar. Arthur o acompanhou.

No entra e sai de algumas lojas, os dois pararam numa pequena mercearia para comprar alguns produtos. Ao sair Juarez estancou no meio da passagem.

— Arthur, venha até aqui rápido – chamou Juarez. — Sinta o perfume – disse levantando o nariz como se quisesse acompanhar o aroma que sentia.

— Não precisa saber da onde vem. Olhe – disse Arthur apontando para alguns metros da onde estavam.

Era Lavínia.

Capítulo XXVIII
Surpresa

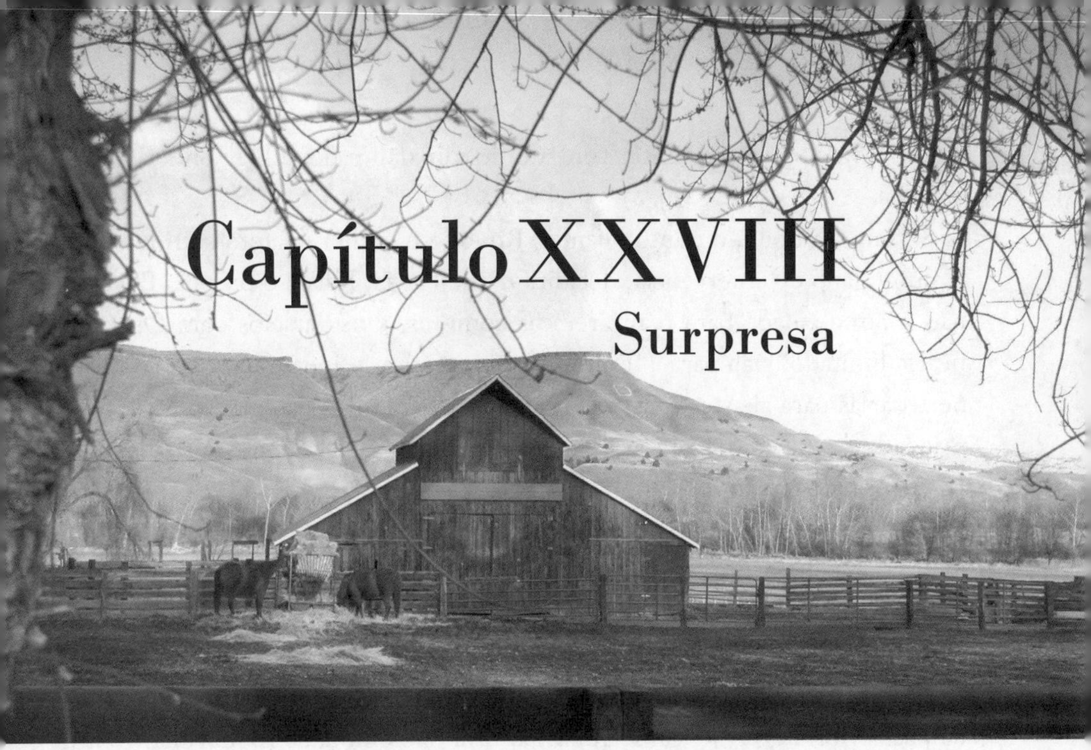

— Ora, ora, ora! Como este mundo é pequeno! E imprevisível! Vocês não concordam? – Lavínia foi irônica.

— O que você faz por aqui, Lavínia? – Arthur falou secamente.

— Vocês não sabem? – a ironia continuava. – Resolvi mudar de ares e comprovar se a vida no interior é melhor que na cidade, como alguns dizem.

Juarez não tirava os olhos de Lavínia e sua vontade era abraçá-la e sentir o calor daquele corpo junto ao seu. O seu desejo era tão forte que mal ouvia a conversa entre ela e Arthur. Juarez, como num transe, só foi despertado pelo toque de Arthur em seu ombro.

— Sinto, Madame Lavínia, mas não temos muito tempo para conversar, os compromissos de trabalho nos chama! – quase arrastando Juarez, Arthur mudou o trajeto e se encaminhou para o escritório de Marco Antonio e Rodolfo. Eles precisavam saber! Julia e Flávia corriam perigo, principalmente porque Lavínia não falara absolutamente nada sobre os dois estarem juntos. Ela sabia de algo.

Juarez, ainda pensando em Lavínia, nada falava. Ao chegarem ao escritório dos advogados, Arthur logo relatou aos dois o ocorrido. Juarez continuava silencioso. Sentia vontade de sair dali e descobrir onde Lavínia estava.

Naquela noite, durante o jantar, Rodolfo e Arthur falaram com Eugênio e, num plano de emergência, decidiram que Flávia, Julia e o próprio Eugênio não iriam à cidade para realizarem as compras, e os passeios com Oswaldo ficaria limitado. Dali para a frente, Thomas, Arthur e Jonas fariam as compras necessárias para abastecer as três fazendas: a Santa Rosa, a Nascente e a propriedade de Eugênio, a Fazenda Amélia. Era o melhor a fazer até saberem onde Lavínia estava e como vivia.

Julia soube somente no dia seguinte, quando encontrou com Flávia, que lhe deu a notícia. Ambas acharam estranho Juarez não comentar absolutamente nada. Um arrepio correu pelas costas de Julia e uma disfarçada tristeza se instalou em seu coração. Será que ainda haverá casamento?, pensou.

Juarez ainda parecia hipnotizado por algo invisível. Com pequenas desculpas, evitava a presença de Julia e estava decidido a achar Lavínia. Jonas, muito preocupado, foi falar com Arthur, pois o irmão havia mudado logo após estar com ele na cidade. Queria saber o que tinha acontecido.

— Jonas, não se preocupe que eu falo com Juarez. Mas não vou entrar em detalhes com você – foram as palavras de Arthur, mesmo percebendo que Jonas ficara contrariado.

Arthur não falou diretamente com Juarez, mas começou a observar bem de perto os seus movimentos e o seguiu várias vezes até o centro da cidade. Juarez, sem perceber, estava iniciando uma caminhada de difícil retorno. Infelizmente, por mais que não aceitemos conscientemente, todos os nossos sofrimentos, todas as nossas dores e nossos dissabores, estão ligados às nossas escolhas. Temos gravado em nosso íntimo o caminho da verdade, mas muitas vezes nós permitimos que as luzes da matéria confunda nossa consciência, e nos embrenhamos por caminhos escuros e acidentados.

Juarez deixava-se levar pelo sexo apenas. Ele não amava Lavínia, e sim desejava. E as energias produzidas pelo sexo irresponsável podem trazer muita dor aos envolvidos. Vivemos já, há muito tempo, a inversão de valores, onde o que enche os olhos tem mais valor do que aquilo que enche a alma. O sexo, pelo sexo, não passa de uma atitude vinculada ao instinto, puramente animal, de reprodução. O prazer que muitos se viciam nada mais é do que a resposta do organismo físico, ao estímulo também físico, gerando fluidos que geralmente serão utilizados pelo plano espiritual inferior. Espíritos que compartilham sentimentos que em alguma encarnação podem ter praticado atos de idêntica ordem, e mesmo no invisível, continuam atrás desse tipo de prazer. Os Espíritos viciados no sexo sofrem terrivelmente, por causa do vazio que possuem na alma, e geralmente levam esses sentimentos e vontades para além-túmulo. Com o passar do tempo o vício do sexo faz suas vítimas por meio da promiscuidade, da compulsividade e da desvalorização da vida.

Lavínia também não amava Juarez, mas sabia que ele poderia lhe dar o prazer ao qual seu Espírito estava habituado. Sem medir esforços, queria Juarez como se quer um objeto que nos dará o prazer da posse; o ego está acima do Espírito.

Vários irmãos ligados ao sexo irresponsável envolviam Juarez, minando as forças que possuía. Por ser alguém tão ligado aos valores da família e do bem, era muito difícil a esses irmãos atingir Juarez. Ao acharem o caminho e o envolverem, as portas foram escancaradas para outros irmãos que aos poucos iam impondo-lhe pensamentos inferiores como a desconfiança, a raiva, a ganância.

Onde Lavínia está? Onde esta mulher se enfiou? Eram os pensamentos que povoavam a mente de Juarez o dia todo. Começou a negligenciar o trabalho e o irmão o repreendeu.

— Juarez, é melhor ir dar uma volta. Sei que o seu casamento é daqui a uma semana, mas veja se mantém essa cabeça no lugar! – disse Jonas, sem imaginar a verdadeira causa.

À tarde, logo após o almoço, Arthur pegou um cavalo e deixou estrategicamente na saída da fazenda; sabia que Juarez sairia outra vez em busca de Lavínia. Assim que Juarez saiu, Arthur foi atrás.

Juarez resolveu dar umas voltas pelas pequenas estradas que levavam a algumas casas mais afastadas, depois voltou ao centro da cidade. Sem sucesso, resolveu se aprofundar um pouco mais por algumas delas e, num pequeno desvio da estrada principal, Juarez avistou um conjunto de casas; um pequeno povoado nos limites de uma fazenda que fora desapropriada. A fazenda vazia e a terra parada serviam para algumas pessoas que não tinham muitas condições de sobrevivência.

Percebeu uma pequena horta, que deveria ser comunitária, alguns animais pastavam soltos. E mais à frente viu uma casa completamente fechada, com grossas cortinas na janela, mas alguém morava ali, pois havia fumaça saindo da chaminé. Com receio de bater, Juarez resolveu esperar para ver se conseguia saber quem estava por ali.

Somente quando a noite caiu, houve algum movimento na casa. Duas ou três moças entraram e depois de algum tempo entraram algum homens da região, mas Juarez não conhecia ninguém. Ficou ali parado até o início da madrugada, foi quando viu Lavínia saindo para se despedir de um dos homens que havia entrado logo no começo da noite. Uma confusão de sentimentos invadiu o moço e, se Arthur não o segurasse, ele teria cometido um ato de loucura, que em sã consciência nunca teria passado por sua cabeça.

— Sei o que passa em sua cabeça, Juarez. Acalme-se! Vamos sair daqui – Arthur falou com voz muito calma. Sabia que o rapaz não o tinha visto por perto e isso causava uma enorme confusão na mente de Juarez.

— O que você está fazendo aqui, Arthur? A Julia mandou você me espionar? – Juarez estava irritado.

— Nota-se que você não está nos seus melhores dias, meu amigo. Ninguém sabe que eu estou aqui. Muito menos a Julia. Todos imaginam que seu nervosismo é por causa do casamento que se aproxima, mas eu sabia que não. Apenas eu, Juarez! – Arthur continuava muito calmo.

— Você já sabia que ela estava aqui, neste lugar, atendendo clientes, como sempre... – Juarez mal conseguia pensar para falar o que sentia.

— Não, eu não sabia. Sabia que ela estava na cidade, claro; nós a vimos juntos, você se esqueceu? Também sabia que ela estaria "atendendo clientes", como você disse, porque é a única coisa que ela faz, mas não sabia que ela estava tão perto de nós – Arthur falava e pensava ao mesmo tempo: Flávia e Julia correm perigo... O meu filho corre perigo!

Arthur continuou a conversar com Juarez, ainda descontrolado.

— Juarez, vamos sair daqui. Lavínia não pode desconfiar que nós sabemos onde ela está. É melhor assim. Você devia estar preocupado com sua futura mulher! – Juarez levou um choque ao escutar essas palavras.

— Não tinha pensado nisso, Arthur! Sinceramente, não tinha passado pela minha cabeça o perigo que Julia, Flávia e Dinho – como chamava Oswaldo – estão correndo perigo – Juarez aceitou então a mão do amigo e voltaram para a fazenda. Estava amanhecendo.

No dia seguinte, todos queriam saber onde Arthur estivera, pois a cama não havia sido desfeita. Apenas disse que ficara a noite toda com Juarez, andando pela fazenda. O que foi confirmado pelo rapaz. Alguns ainda não confiavam na transformação de Arthur, apenas Carmem, Julia e Marco Antonio tinham certeza de sua modificação.

Juarez ao ser questionado sobre a verdade da afirmação de Arthur, ele apenas disse:

— Passou sim, comigo, tentando não me deixar cair no caminho que um dia ele mesmo pisou! – disse secamente.

Arthur falou com Rodolfo e Marco Antonio sobre o ocorrido e todos passaram a observar Juarez. Arthur, mais do que ninguém, sabia o que era passar a noite com Lavínia. Era como se ela lançasse um feitiço sobre o parceiro, que cego, acabava fazendo todas as vontades dela. Era realmente um vício, que ao experimentar as sensações boas não acredita o mal que faz ou traz a todos os envolvidos. Arthur pensava em Julia, de quem aprendera a gostar, e principalmente em seu filho, que amava sinceramente.

É bom comentarmos que o sexo desvairado, assim como o cigarro e o álcool, tem certa aceitação em nossa sociedade material. Infelizmente, esses vícios somente são tratados como doença quando o dependente entra por um caminho quase sem volta. O álcool e o sexo irresponsável destroem famílias, relações de amizade; destrói o íntimo do ser, que na ânsia de obter o prazer do vício, chega a esquecer de si mesmo, e cai na marginalidade. Independente de contrair uma doença física, contrai a doença moral. Muitos chegam a morar ao relento, sem casa, sem família e sem amigos, vive a própria sorte até o momento do desencarne, onde continua a batalha com o desejo e o prazer, agora de forma muito mais dolorosa, pois para atenuar seus momentos de abstinência e de loucura, precisa de encarnados que "abasteçam" suas vontades.

O cigarro dificilmente leva à degradação moral, mas leva o indivíduo ao caminho da doença física. Qualquer vício pode deteriorar o perispírito, fazendo com que o Espírito sofra uma ou mais encarnações reparatórias: o que pelo físico se destruiu, pelo físico há de se reconstruir, não é uma lei "dente por dente, olho por olho" como alguns gostam de, erroneamente, salientar, mas sim uma realidade, por menos que aceitemos isso. É uma consequência vivida por Espíritos viciados, há muitos séculos, porém a lição ainda não foi absorvida. Em algum momento de sua existência o Espírito desperta para a realidade do Pai. A partir de então, suas escolhas e atitudes começam a seguir a Lei.

Na matéria, além dos princípios morais precisamos de força para não sucumbir aos prazeres da carne. Este é o aprendizado: agir conforme as regras, fazer da teoria a prática em nossos atos.

Juarez sentia-se perdido entre o desejo e o amor que sentia por Julia. Não queria perdê-la, mas a lembrança dos momentos de prazer com Lavínia facilitava o assédio de entidades afins, tornando seus pensamentos confusos e perturbadores. A imagem de Lavínia em sua mente parecia estar "colada".

Foi difícil para Juarez ficar na fazenda nos dias seguintes, mas o dia do casamento chegou e, para a felicidade de todos os presentes, a cerimônia foi tranquila.

Silvana e o juiz Amaral chegaram uns dias antes, conheceram as fazendas e ficaram deslumbrados com as maravilhas da natureza. Mas voltaram com Rodolfo e Flávia para o Rio de Janeiro no dia imediato ao casamento, pois havia muito trabalho. Os noivos ficariam só alguns dias, na casa onde Rodolfo sempre morou e depois partiriam para a Europa, onde ficariam por um mês aproximadamente. O fato de saberem que Lavínia não estava na cidade tranquilizou a todos.

Juarez e Julia ficaram na fazenda e, por sugestão e presente de Eugênio e Diana, também partiriam em viagem à Europa, mas Juarez preferiu partir depois de algumas semanas. Preciso deixar algumas coisas em ordem antes de viajarmos, disse a Julia que, sem desconfiar de absolutamente nada, concordou com o marido.

Julia, longe de Flávia, que considerava como irmã e dividia suas expectativas e frustrações, começou a demonstrar muita tristeza, logo após os primeiros dias de casamento. Juarez começou a proibi-la de sair de casa, dizendo que, sem Flávia por ali, não havia razão para ela ficar fora de casa.

Mesmo quando ela disse que iria visitar Eugênio, pois sentia falta de Dinho, Juarez foi irredutível e não permitiu a saída da esposa da pequena terra que agora possuía. Desta vez foi Arthur quem tirou Julia de sua prisão. Juarez não o enfrentou, pois sabia que Arthur, ninguém mais, entendia e sabia dos seus reais motivos.

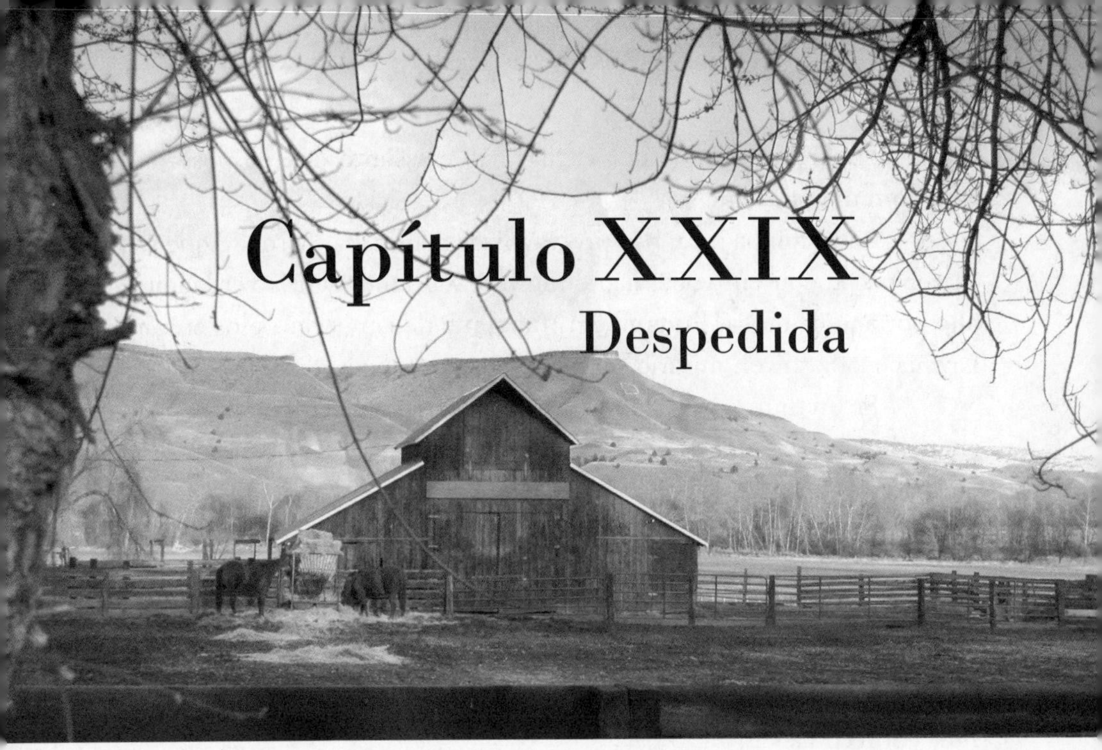

Capítulo XXIX
Despedida

Arthur, ao acompanhar Julia até a fazenda de Eugênio, muito sutilmente começou a perguntar qual o motivo de tanta tristeza no olhar.

— Nada, Sr. Arthur! Apenas sinto falta de Flávia. Desde tudo que passamos juntas, nunca nos separamos – de olhos baixos, ela continuou a falar: —Tem também o Dinho, que cresce todo dia e sinto a falta de seus carinhos de criança.

— É verdade, Julia! Oswaldo cresce a cada dia. Não parece mais aquela criança miudinha e fraca, quando chegou aqui. Agradeço a Deus o que vocês fizeram ao impedir que eu cometesse um grande crime. Muito obrigado, Julia – Arthur terminou de falar e Julia caiu em compulsivo choro.

— Mas, Julia, o que está acontecendo? Nem parece que você casou há poucos dias!? – Arthur estava confuso.

— Não, é nada, Sr. Arthur, é só saudades mesmo – disse Julia entre grossas lágrimas.

— Não Julia, não é mesmo! – Arthur parou a charrete, perto de um pequeno lago, já entrando na fazenda de Eugênio. Ali estavam seguros para conversar.

— Sr. Arthur, me desculpe, mas não é assunto que eu possa ou deva falar com um homem…

— Bom, minha cara, não precisa dizer mais nada. Já sei do que se trata: Juarez não tocou em você, não é mesmo? – Arthur sentia verdadeiro carinho por aquela moça. Eu também, Julia, me deixei cegar pelos encantos de Lavínia e a fiz sofrer, mesmo sem querer…, pensou.

— Sr. Arthur, é verdade sim, mas, por favor, não comente com ninguém. Eu devo ter qualquer problema que ainda não sei… Não sou tão moça quanto Flávia, eu tenho praticamente a mesma idade do Juarez… Não sei, Sr. Arthur, não sei o que é!

— Julia, em primeiro lugar deixe esse "senhor" de lado, já lhe pedi várias vezes que me chame apenas de Arthur. Em segundo lugar, todos nós temos praticamente a mesma idade. E eu a acho muito bonita! Não fique colocando minhocas na sua linda cabecinha. – Arthur falou de um jeito que Julia começou a rir.

— Ótimo! Do choro ao riso – falou Arthur rindo também.

— Sr. Arthur… Melhor, Arthur, o que leva um homem a se casar, não tocar na recém-esposa e querer trancá-la em casa? Não posso crer que Juarez tenha enlouquecido. Mas uma pessoa normal, creio eu, não age assim – Julia tentava achar uma explicação para as atitudes do marido.

— Julia, eu não posso dizer o que está no coração de Juarez. Acredito sim que ele te ama, mas existe algo muito forte que o puxa em outra direção. Acalme-se e vamos ver o que acontece. Prometo que falarei com ele ainda hoje, se for possível – Arthur estava muito preocupado.

Arthur conversava com Eugênio e a noite começava a cair, e Julia não sentia vontade de voltar para casa, mas se não voltasse todos se surpreenderiam, pois estava ainda em lua de mel. Arthur, percebendo o seu embaraço, chamou Eugênio de lado e explicou o que estava acontecendo, mesmo antes do casamento se realizar. Eugênio ficou surpreso, pois acreditava que Juarez nunca se envolveria dessa forma, mas realizou o pedido de Arthur.

— Julia, minha filha, eu sei que você ainda está em lua de mel, mas Dinho está muito agitado sem sua presença. Flávia também partiu e ele está nos dando muito trabalho para dormir a noite… Será que você ficaria aqui esta noite? Poderia nos ajudar? – a desculpa era verdadeira, mas em outra situação Eugênio nunca faria esse pedido.

— Fico sim, Sr. Eugênio, mas vou pedir a Arthur para avisar Juarez. Tenho certeza que ele não se importará – os olhos de Julia brilharam de alívio e satisfação em passar uma noite como estava acostumada. Talvez isso me traga um pouco mais de força para continuar e entender o que esta acontecendo, pensou.

Nessa mesma tarde, enquanto Arthur tentava tranquilizar Julia, Juarez em mais uma de suas visitas à cidade encontrou Lavínia, que o levou para a casa onde estava morando.

Nada ali se comparava ao luxo que havia na casa do Rio de Janeiro, mas para Juarez qualquer lugar serviria para possuir Lavínia novamente. Passaram o resto do dia saciando o desejo que sentiam. Já era noite alta quando Juarez se vestia para sair. Foi quando Lavínia, entrando no quarto, começou a falar.

— Meu querido, eu achei que nunca mais teria uma tarde dessas. Mas depois que soube quem você realmente era, e onde morava, foi muito fácil... – havia sarcasmo em sua voz.

— Eu vi Rodolfo socorrendo Arthur na porta daquela que foi minha fonte de renda; vi quando partiram. Mas até esse ponto nada de anormal, já que Rodolfo era companheiro de Arthur nas noitadas que viveram. Procurei muito, mas não consegui achar uma ligação. Como aquelas duas mais uma criança barulhenta conseguiram escapar bem debaixo do meu nariz e eu não vi? Como? – Lavínia falava e vigiava as atitudes de Juarez.

— Quando perdi tudo – continuou no mesmo tom –, resolvi deixar a cidade para trás e fui procurar Rafael, lá em Mato Grosso. Fiz ele me contar várias vezes tudo que ele sabia e tudo que ele viu, quando vigiava a parteira. Ela foi meu grande erro! Eu nunca deveria ter deixado que ela partisse. Mesmo vigiada e com medo, conseguiu dizer onde a irmã estava. A história de Rafael soava em meus ouvidos, mas eu ainda procurava um fio solto. Eu sabia que a fazenda dos meninos, Arthur e Rodolfo, era por estas bandas e resolvi me instalar por aqui. Arrumei este local e comecei a trabalhar, sozinha e timidamente. Hoje tenho quatro meninas que trabalham comigo e penso que logo, logo, não precisarei atender mais.

Pegou um copo, encheu com o conhaque barato que ultimamente bebia e continuou com sua narrativa cheia de ódio.

— Continuei esperando até que vi a irmã de Rodolfo, Diana, junto com Eugênio, no pequeno comércio, perto das fazendas. Eu começava a ver a ponta solta.

Juarez, pálido, apenas escutava as palavras de Lavínia. Não conseguia ter nenhuma reação.

— Assim como os lobos esperam sua caça, esperei pacientemente que aquela ponta solta ficasse mais visível. Comecei a andar todos os dias pela cidade, fiz algumas amizades estratégicas e, sem pedir, fui convidada por um simpático cavalheiro, para ser sua acompanhante no casamento da irmã dos novos advogados da cidade. Confesso que não associei o nome de Rodolfo e Diana ao evento, mas fiquei surpresa em ver todos ali, a minha volta: as minhas presas e o meu jovem amante.

Juarez não tirava os olhos de Lavínia, que entornou de uma só vez o conteúdo do copo enchendo-o novamente. Andando pelo pequeno quarto continuou sua narrativa.

— Tentei ser o mais discreta possível e meu medo maior era Arthur ou você me ver; os outros, acredito que ficariam na dúvida se era realmente eu, mas vocês dois eu tenho certeza que me reconheceriam. Tenho que dizer que Diana estava linda! Essa garota iria longe se aliasse sua inteligência à minha, mas nem tudo na vida é perfeito; não é mesmo, meu querido? – bebeu o conhaque num só gole e tirou do bolso uma pequena pistola.

— Lavínia, eu sei o que está pensando, mas não vamos resolver o assunto assim. Pense nos momentos que vivemos aqui hoje. Podemos nos encontrar todos os dias – Juarez tentava achar um meio de convencê-la a deixá-lo ir embora, ele acreditava que a pistola era apenas para intimidá-lo.

Ele se aproximou de Lavínia e beijou-a demoradamente. Ao se soltar, escutou dois estampidos, secos, meios ocos. Um som meio ensurdecedor. Sentiu seu peito queimar; nenhuma dor apenas uma queimação, como se o seu peito estivesse se rasgando, que partia em direção ao resto do corpo. Quando olhou em suas mãos, viu que havia sangue.

Juarez caiu nos pés de Lavínia.

— Lavínia, eu entendo o que está fazendo. Sei que você nunca perdoaria uma traição. Mas peço-lhe, neste momento, que deixe os outros em paz – ainda tocou o rosto de Lavínia, que abaixada ouvia as palavras do amante.

— Meu querido, eu apenas acabo com os traidores. Nem as meninas, nem Arthur, me traíram. Apenas você. Você merecia este fim! – Lavínia esperou que Juarez desse seu último suspiro e fechou seus olhos. Foi tomada por um desespero quase incontrolável e, assim, completamente descontrolada decidiu o que faria dali para a frente.

Vestiu-se com a melhor roupa que ainda tinha e fez a toalete como se fosse a uma grande festa. Pagou muito bem pela ajuda e pelo silêncio de dois rapazolas que viviam na vizinhança, e colocou o corpo de Juarez numa charrete. Estavam no meio da manhã quando Lavínia, parada na porta da casa grande da Santa Rosa, conversava calmamente com Carmem, pedindo que todos fossem chamados.

Lavínia não quis entrar na casa e fez questão de esperar na charrete. Ninguém sabia do que se tratava, já que Carmem, sozinha em casa, nunca tinha visto aquela bela mulher. Mesmo confusa e sem saber direito o que acontecia, Carmem mandou chamar Thomas, que estava no estábulo; Diana, Jonas e Eugênio deveriam chegar logo para o almoço. Não tinha como chamar Marco Antonio.

Carmem esperava ansiosa a chegada de Thomas no alpendre e, assim que o viu gesticulou para que ele viesse diretamente até ela. Entraram.

Sem que eles vissem Arthur chegava com Julia da Fazenda Amélia, e essa foi a grande surpresa.

Arthur, ao ver a charrete de longe, soltou Julia e foi ao encontro do condutor da desconhecida charrete. Ao chegar e ver o quadro assustou-se. Julia, de longe, via Arthur gesticular e falar, mas não imaginava a cena que a esperava, nem imaginava quem podia estar naquela charrete.

Carmem e Thomas, ao ouvirem a voz de Arthur, saíram. Diana chegou e, ao aceno da mãe, também não se aproximou da charrete. Jonas e Eugênio se juntaram aos outros e, sem entender o que estava acontecendo, apenas observavam apreensivos.

Quando Arthur percebeu que Julia se aproximava, ele saiu de perto da charrete e ajudou-a a descer do cavalo. Abraçou-a gentilmente, beijou-lhe a testa e segurou em sua mão.

— Julia, eu peço perdão pelo que irá passar, mas está além de minhas forças. Não consigo mudar a cabeça e as atitudes das outras pessoas. Mudei as minhas e sei o quanto isso é difícil. Se você não quiser mais me ver ou falar comigo, entenderei perfeitamente, mas levarei comigo a lembrança doce de estar com você, como estivemos desde ontem – dizendo isso Arthur gritou para alguém que esperava na misteriosa charrete. — Estamos pronto, pode se apresentar.

Lavínia desceu friamente da charrete. Julia estremeceu ao ver aquele rosto novamente. Diana, que não reconheceu Lavínia, e Eugênio ficaram apreensivos: o que estava acontecendo? Quem era aquela mulher e como foi parar ali, na fazenda?

Lavínia contou a todos a mesma história que há poucas horas contara a Juarez. Terminando o relato, subiu novamente na charrete e, empurrando com os pés, jogou o corpo de Juarez no chão.

— Isto é o que acontece, ou deveria acontecer, com todos os traidores. Foi difícil para mim cumprir minhas crenças, pois este homem foi o grande amor de minha vida. Mas não posso admitir traições – uma pequena lágrima caía pelo rosto de Lavínia. — Mas também sei que eu não poderia viver sem a esperança de reencontrar o único homem que amei.

Mal pronunciou as últimas palavras e, antes que qualquer um pudesse impedir, Lavínia disparou contra a própria cabeça, um tiro certeiro, caindo por cima do corpo do homem que ela acreditava amar. Arthur apertou Julia contra seu peito.

Todos ficaram alguns minutos ali parados, sem nenhuma reação. Pareciam personagens de um sonho ruim, que tentam sair, mas os membros não respondem. Julia foi a primeira a se manifestar.

— Jonas, por favor, tire o corpo de seu irmão e da mulher que ele sempre amou daqui e providencie o enterro – ainda segurando a mão de Arthur, ela desceu até o passeio em frente da casa e pediu a Arthur que a levasse dali.

Arthur, silencioso, realizou o seu pedido.

Passaram-se meses até que a cruel cena começasse a se apagar da mente de todos que a presenciaram. Rodolfo e Flávia, ao voltarem da viagem, souberam dos acontecimentos e Flávia sentiu muito pela irmã de afinidade.

Julia pediu a Diana se Elvira poderia tirar suas roupas da casa. Ela não queria mais pisar ali. Juarez a magoara profundamente. Ficou apenas algumas semanas casada e foram os piores dias de sua vida. A rejeição dói na alma.

Jonas pediu a Rodolfo que providenciasse a anulação do casamento, já que não havia sido consumado. Jonas imaginou que, se Julia quisesse novamente se casar, não seria um ato impensado do irmão que atrapalharia a vida da moça. Julia, envergonhada, acreditando que ela era a grande culpada, não queria mais sair do lado de Flávia e Oswaldo.

Dinho, a cada dia estava mais apegado a ela. A única pessoa que ainda conseguia conversar e divertir Julia, além da criança, era Arthur.

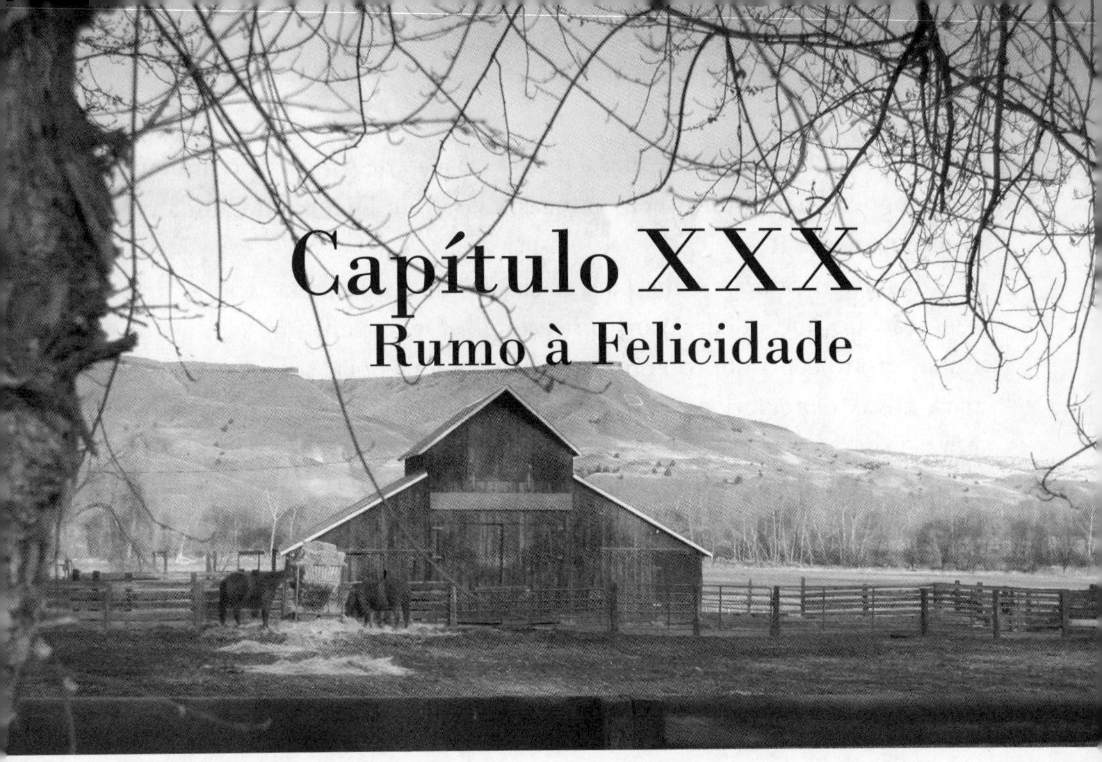

Capítulo XXX
Rumo à Felicidade

Dois anos mais tarde, e todos voltaram à vida rotineira e pacata que levavam na fazenda.

Diana e Marco Antonio já tinham um filho, que recebeu o nome do avô Antonio Alves Almeida Neto, e Carlinhos, já um rapazinho, mas muito enciumado em dividir os carinhos de Diana, não queria mais voltar à fazenda nas férias do colégio que frequentava no Rio de Janeiro.

Flávia e Rodolfo aguardavam a qualquer momento a chegada do primeiro filho. Oswaldo, com quase 5 anos, aguardava ansioso a chegada do irmão ou irmã.

Thomas e Eugênio eram grandes companheiros, assim como fora um dia Thomas e Antonio. Carmem e Isaura estavam quase sempre uma na companhia da outra, babando pelos netos.

Arthur e Julia tornaram-se grandes amigos e não se largavam. Não havia nenhum traço do antigo Arthur. Geralmente os dois saíam para passear com Dinho e, uma única vez, Arthur conseguiu levá-la para São Paulo, quando fez negócios com um grande empresário local. Os negócios com o café sofriam ligeira queda, mas a inicial criação de gado virou um curtume e os negócios iam muito bem, graças à visão de Diana, que ainda estava à frente da Santa Rosa.

Faltavam poucos anos para a virada do século, mas todos tinham a sensação de que encerravam um estágio. Deixariam no século que terminava todo sentimento ruim, todas as experiências sofridas e abriam-se para novas expectativas, novos sonhos e objetivos. O novo século trazia novas esperanças.

Era domingo e todos almoçavam na Nascente. Arthur agora vivia com os pais novamente e isso trazia grande alegria a Isaura, que queria todos os amigos sempre presentes. Eram parte de um grupo que vivia sempre junto e isso os fortalecia cada vez mais.

Logo após o almoço, todos se juntaram na sala e Arthur e Julia saíram com as crianças para brincar na frente da casa. Arthur aproveitou o momento sozinho com Julia para conversar sobre um assunto que, para ele, era muito delicado.

— Julia, eu gostaria de falar com você sobre um assunto que, há algum tempo, me perturba bastante – disse Arthur, assim que as crianças se afastaram um pouco.

— Diga, Arthur, alguma coisa que fiz, ou que eu tenha dito? – Julia estava curiosa.

— Não, Julia, você não fez absolutamente nada, mas sinto necessidade de abrir meu coração – como Julia não disse nada, Arthur continuou. – Julia, eu sei que lhe causei muito sofrimento, quando esteve nas mãos de Lavínia. Também a agradeço pela vida de Dinho e de Flávia; não sei se conseguiria viver com a morte de vocês na consciência.

Julia continuava silenciosa e prestando atenção.

— Algumas vezes penso se tenho o direito de ser feliz. Mesmo hoje, ao lado de meus pais, dos amigos e de meu filho, creio que eu não merecia estar tão bem. Quando Suzana disse estar grávida e que o filho era meu, em algum lugar no meu íntimo eu gostei. Pensei ser a chance de formar uma família e me alinhar de vez. Mas eu não poderia assumir um casamento baseado na mentira, não naquele momento em que eu tentava loucamente me despir de qualquer mentira e me agarrar naquela chance de recuperação que Rodolfo me mostrara – fez uma pausa como se buscasse na mente as palavras certas. E continuou.

— Não foi o fato de Suzana esperar um filho de outro que me deixou irritado, e sim ela dizer que usou meu nome para acalmar o pai e poder realizar uma união de acordo com a imposição do Sr. Robério. Eu não podia fazer isso. Mas a vida cheia de surpresas me reservou uma boa! Voltei a amar, ou melhor: descobri o amor, pois eu nunca amei uma mulher verdadeiramente, embora eu acredite que a mulher que amo nunca me aceitará. Não vivo mais na mentira, ajudo meu pai ou meus amigos nos afazeres das fazendas e fico feliz em compartilhar da felicidade daqueles que me deram a mão e me ergueram, quando ninguém acreditava em mim muito menos em minha recuperação. Dona Carmem fez por mim, o que faria pelo próprio filho.

Julia, ainda em completo silêncio, prestava atenção nas palavras de Arthur e se emocionava.

Arthur, tomando fôlego, e com os olhos marejados, tornou a falar.

— Rodolfo, nem sei como me referir a ele, é mais que um irmão; se não fosse a sua força, a paciência, talvez eu voltasse a beber e cair na mesma vida de antes. E não posso me esquecer do Marco Antonio, que mesmo sem gostar muito de mim, acompanhou Rodolfo em todos os momentos, e me recolheram da porta do Sr. Eugênio, várias vezes. Sou grato a todos vocês que direta ou indiretamente me ajudaram – estava muito difícil para Arthur continuar a falar.

Percebendo, Julia se adiantou.

— Arthur, eu realmente passei um bom tempo sem querer vê-lo ou mesmo tocar em seu nome. Eu não o conhecia, apenas sabia que você era o nosso carrasco: meu e de Flávia. Eu o vi poucas vezes naquela ocasião e as cenas que vi, além de me chocarem, me provocaram o ódio que eu pensei jamais pudesse sentir. No dia que você foi à fazenda do Sr. Eugênio, explicar tudo o que aconteceu, eu fui a primeira a dizer aos dois que eu não confiava na sua modificação. Acostumada aos ditados de minha mãe: "pau que nasce torto, morre torto", eu nunca imaginei que houvesse uma modificação e, se aparentemente houvesse, um dia a verdade retornaria. Achei sim que sua modificação era para enganar a todos nós – Julia estava sendo sincera.

Percebeu que uma pequena lágrima caía pelo rosto de Arthur, mas continuou.

— Comecei a observá-lo em todos os encontros que tínhamos. Como Oswaldo estava sempre comigo, era muito fácil essa tarefa. Sempre procurava um deslize, uma escorregada para dizer que eu tinha razão, que você estava enganando a todos. Quando você foi para o Rio de Janeiro com Juarez, eu o cobri de perguntas e fiquei surpresa quando ele me disse que vocês foram aos eventos sociais aos quais você, Arthur, estava acostumado a ir. Falou-me, inclusive que vocês foram visitar as moças que trabalhavam com Lavínia e que, ao invés de se "aproveitarem" da visita, você deixou um valor em dinheiro para que elas pudessem se instruir e mudar de vida. Nesse momento, meu querido, acreditei na sua transformação. – Julia estava muito emocionada.

— Julia... – com as pontas dos dedos nos lábios de Arthur, Julia pediu que ele a deixasse continuar.

— Por favor, Arthur, não me interrompa. Eu tenho que tirar este peso... Um pouco antes do meu casamento, Juarez começou a reclamar que você andava no pé dele; achei que havia alguma coisa errada, mas nunca imaginei que viveríamos aquele horror – novamente Julia tomava fôlego, para se controlar.

— Para mim, Arthur, Juarez foi meu grande "carrasco"; ele manteve a cena do casamento, porque não passou de uma encenação toda aquela cerimônia. Não foi digno do sentimento que eu sentia; não me respeitou. Sobre você, Arthur, confesso que eu e Flávia sofremos muito naquela casa, com medo e, por um tempo, sem saber ao certo do que, ou de quem, éramos vítimas. Eu sei que você não mandou Lavínia nos sequestrar, mas suas intenções não eram nada corretas. E mesmo depois de saber que estávamos presas, você não fez nada para nos libertar, ao contrário, tentou tirar proveito da situação.

Arthur levantou e pegou um copo de água, tentando acalmá-la. Julia bebeu, enxugou o rosto e tornou a falar.

— Eu acabei envolvida por estar junto de Flávia. Eu era praticamente invisível para você, que nunca me dirigiu a palavra, ou mesmo o olhar, mas o seu dinheiro manteve os "amigos" da Madame também longe de mim. Eu sei que você poderia dizer para Lavínia que o pagamento era apenas por Flávia, mas você nunca fez isso e eu, mesmo quando não confiava em você, íntima e silenciosamente o agradeci e o agradeço todos os minutos de minha vida por isso.

— Julia, eu sei que você não está pedindo explicações, mas tenho que ser sincero: acho que eu realmente não a enxergava. É estranho para mim afirmar isso, mas não me lembro de você; quando eu entrava no quarto era como se você não estivesse ali. Sei que eu estava cego dentro do meu orgulho, eu queria que Flávia se submetesse às minhas vontades e não me conformava por não conseguir e, digo hoje, graças a Deus não consegui. Arrependo-me, sinceramente, dos atos que cometi, mas tento reparar os desajustes que causei da melhor forma que eu puder.

Julia, um pouco mais calma, continuou seu desabafo.

— Juarez fez planos comigo. Hoje, olhando para trás, vejo que Jonas influenciou bastante nas decisões de Juarez sobre o noivado e casamento. Não que eu ache Jonas o culpado de alguma coisa, isso não! Mas lembro dele falando para Juarez que ele precisava de uma boa moça para colocar a cabeça no lugar. Foi logo depois disso que Juarez começou a nos visitar na fazenda e começamos a namorar. Eu nunca havia me apaixonado e ele me traiu com a pessoa que só me trouxe sofrimento; com aquela que ele conheceu ao livrar-me das suas garras. É triste, Arthur, mas foi Juarez que me traiu, não foi você – Julia chorava.

— Julia, estou confuso, pensei que eu falaria um amontoado de coisas para tentar convencê-la, e parece que é você que esta tentando me convencer de algo.

— Arthur, quem é a mulher que você ama? – Julia foi direta.

— É você, Julia! Eu a amo com todas as minhas forças. Você pode não acreditar, mas você é a primeira mulher que foi capaz de despertar esse sentimento em mim. Mas ao mesmo tempo, que é maravilhoso, também é doloroso, pois creio que não sou digno do seu amor nem de sua dedicação.

— O que eu estou tentando lhe dizer, Arthur, é que eu também o amo! Descobri quando fomos para São Paulo. Estar com você foi maravilhoso! E eu amo o verdadeiro Arthur, não aquele que existia até alguns anos atrás.

Sem esperar, Julia beijou Arthur apaixonadamente, de uma forma que Arthur nunca fora beijado, e ele sentiu uma forte emoção, como nunca havia sentido.

— Você pode me perdoar, Julia?

— Talvez as pessoas de fora não entendam, porque não acompanharam a sua transformação. Hoje você realmente é outra pessoa. Existem também os estudos que fazemos com Rodolfo e Marco Antonio, do Livro dos Espíritos, e nas reuniões que fazemos Os espíritos que sempre nos orientam dizem que não devemos julgar e que sempre devemos perdoar. Eu ainda não consegui perdoar totalmente o que Juarez me fez, mas consigo separar o que você um dia foi do que é hoje. Confio em sua transformação e o amo. Você quer ser feliz comigo, meu querido?

— Claro que quero! – Arthur não cabia em si de felicidade.

Entraram e deram a notícia a todos que conversavam animadamente na sala. Thomas e Isaura ficaram muito felizes com a notícia, afinal Julia nunca levaria Arthur embora, já que não tinha família. Isaura ganhava outra filha.

Naquela semana mesmo, Julia e Arthur foram atrás dos documentos necessários para se unirem. Como a igreja ainda não havia se manifestado quanto ao pedido de anulação do casamento de Julia com Juarez, eles resolveram realizar uma pequena e íntima cerimônia na fazenda, dentro dos padrões que a espiritualidade ensina.

E assim foi feito.

Ao lado da casa grande da Nascente, havia um enorme caramanchão carregado de pequenas flores brancas e roxas, que serviu de teto e testemunha dos votos que os noivos realizaram. Na frente de uma mesa coberta por uma alva toalha, que tinha como enfeite dois pequenos vasos com rosas brancas, Rodolfo muito emocionado lia um trecho do Evangelho segundo o Espiritismo, que aberto aleatoriamente falava sobre a felicidade do perdão.

A emoção que envolvia a todos, encarnados e desencarnados, estava muito além da cerimônia que estavam participando. A felicidade daquele grupo era por conseguirem realizar parte dos propósitos que abraçaram.

Poucos anos depois, aquele grupo de Espíritos afins, alguns no plano material e outros tantos no invisível, comemoravam, felizes, a virada do século. Iniciava o século XX, trazendo na bagagem grandes modificações e transformações.

Com certeza até o final de suas vidas materiais, muitas diferenças, muitos problemas, muitos desafios estavam por vir, mas o amor que os unia era suficiente para operar transformações.

No balanço da vida, alguns objetivos foram alcançados, mas dois amigos continuavam na estrada torta da existência. Em algum momento, eles se juntariam novamente com novos objetivos e metas, mas isso é uma outra história...

Algumas considerações da espiritualidade

É importante dizer que este grupo de Espíritos, encarnados e desencarnados, faz parte da realidade. Da realidade evolutiva que, como Espíritos eternos, vivemos diariamente.

Cometendo erros e acertos, a cada encarnação abraçamos objetivos e nos lançamos aos desafios que o esquecimento traz. O que pesa em nossas escolhas? O conhecimento absorvido ao longo de nossa existência. A cada experiência acumulamos afetos e desafetos, mas chegará o dia em que acumularemos apenas afetos, acertos e alegrias.

Somos os únicos responsáveis pelos nossos problemas, somos os únicos responsáveis pelas pedras que existem no caminho que trilhamos. Não existem vítimas. Não existem culpados.

Existem os que caminham na contramão da Lei Divina, que enquanto não percebem que estão no contrafluxo, batem, tombam e merecem, sem julgamentos, o apoio daqueles que já perceberam a direção correta – esta é a solidariedade.

Os amigos que estas páginas nos apresentam viveram experiências que trouxeram aprendizado, não dor e sofrimento, como alguns podem achar. Vamos falar apenas de alguns, mas todos os envolvidos aprenderam.

Oswaldo, espiritualmente, aprendeu que a rejeição não faz parte da Vida. Naquela encarnação acabou sendo filho de Flávia e Rodolfo e também de Julia e Arthur.

Julia não foi sequestrada para saber o que é viver tolhida da liberdade, mas para aprender e trazer à tona a força do Espírito; ela foi a responsável por Flávia e Oswaldo continuarem vivos. Manteve a fé e cuidou de Flávia como a mãe cuidaria, embora fisicamente tivessem pouca diferença de idade.

Diana, Espírito dinâmico e inteligente, tinha que desenvolver o amor maternal, que Carlinhos, seu irmão, despertou e assim pôde, mais tarde, de livre vontade receber nos braços os filhos que Deus lhe enviou, que em vida pregressa havia negado pelo seu livre-arbítrio.

Rodolfo e Marco Antonio eram Espíritos que aceitaram encarnar para trazer equilíbrio e bom senso nos momentos necessários. Atuavam assim até mesmo na carreira que abraçaram: acalmar e trazer a luz para aqueles que, à beira de perderem todos os bens, entravam em desespero. Um pouco mais esclarecidos que outros, já habitavam outra esfera, trabalhando na espiritualidade. Rodolfo, ao tomar conhecimento daqueles que fariam parte do grupo, solicitou ao alto a possibilidade de participar diretamente do despertar de Arthur.

Flávia superou o medo de assumir responsabilidades familiar, auxiliada por Eugênio, que lhe deu, ao criá-la, meios para não cair novamente em antiga estrada.

Carmem aprendeu que as despedidas são temporárias e que o amor permanece.

Arthur, Espírito rebelde e irresponsável, em quase todas as existências viveu à sombra de outros: amigos, mulheres, mães, sempre havia alguém para tomar as suas dores e "consertar" os erros que cometia. Porém, saber-se causador da morte física do próprio filho despertou-o da ilusão que viveu por séculos. E como nada se perde, as impressões que irmãos ignorantes lhe impunham com a intenção de vê-lo sofrer apenas ajudaram no seu despertar.

Lavínia e Juarez não compartilharam o verdadeiro amor que une almas sem acertos. Ao contrário, confundiram desejo com amor, como a grande maioria dos encarnados. Ele foi o homem com quem Lavínia, em outra vida, havia fugido largando marido e filhos e somente ele teria condições de causar a impressão que causou em Lavínia, por serem velhos conhecidos. Viveriam separados por algum tempo na espiritualidade, mas chegaria o momento de novamente reencarnarem e serem auxiliados em seus desequilíbrios.

A espiritualidade sabia das enormes possibilidades do fracasso dos objetivos que envolviam Juarez e Lavínia, muito embora os dois tenham se preparado para não falharem. Porém o livre-arbítrio é sempre respeitado.

O socorro dessas duas almas ainda na espiritualidade após o terrível desencarne, o tratamento que receberam para poderem reencarnar e suas novas metas são assuntos para outro momento.

Esperamos que estas páginas possam trazer a todos os seus leitores, além do entretenimento, algum ensinamento, mesmo que seja mínimo, ficaremos felizes.

Alberto.

No cenário geográfico e histórico do Brasil físico, humano e espiritual, entre 1750 e 1925, acompanhamos Manuel, um Espírito mediano, atravessando encarnações malsucedidas e tomadas de consciência no plano espiritual, estacionado na sua evolução.

Autores: Edison Carneiro e Manuel Antonio Soares | 16 x 23 cm | 384 páginas

Neste romance, aprendemos o lado espiritual da infância, adolescência e mocidade, acompanhando Manuel que vive essas idades num leprosário. São duras fases de provas e expiações, planejadas antes do nascimento e que ele vai vencendo com o amparo da Providência Divina.

Autores: Edson Carneiro e Manuel Antonio Soares | 16 x 23 cm | 320 páginas

Com seu estilo leve e agradável, por vezes divertido, a autora traz na trama desses enredos, verdades profundas que geralmente não são percebidas no cotidiano.

E é no relembrar dessas lições que vamos gerando no inconsciente as "memórias" que orientam nossas ações, e construindo para nós mesmos um futuro melhor.

Autor: Saara Nousiainen | 14 x 21 cm | 128 páginas

Roqueiro famoso, surpreendido pela morte prematura causada pelo uso abusivo de álcool e de drogas, se vê diante de uma realidade que jamais imaginara.

Submetido à lei de causa e efeito, se viu preso à sepultura durante longo período. Mais tarde, livre dessa situação, percorreu os vales de sofrimentos até alcançar o equilíbrio.

Amparado pelos benfeitores, conheceu, no mundo espiritual, diversas situações em que se encontram Espíritos ainda apegados aos prazeres da Terra.

Autor: Nelson Moraes | 14 x 21 cm | 128 páginas

Proprietária de uma próspera fazenda, a família Trajano vive em conflito. Pai, mãe e filho são protagonistas de uma grave falta cometida na encarnação anterior.

Num cantinho da propriedade vive Joaquim, um abnegado médium curador que transforma a sua humilde residência na Cabana das Flores, um recanto de socorro espiritual.

Autor: Roberto de Carvalho | 14 x 21 cm | 224 páginas

Após conturbado relacionamento, numa encarnação marcada por ambição e egoísmo, duas inimigas enfrentam o desafio de conviverem em família, numa nova experiência encarnatória.

Autor: Roberto de Carvalho | 14 x 21 cm | 224 páginas

Do mesmo autor de "Um Roqueiro no Além", esta obra reúne relatos de lembranças de uma vida passada pelo Espírito Zílio.

Autor: Nelson Moraes | 14 x 21 cm | 160 páginas

O perdão é o verdadeiro caminho da felicidade. A obra narra episódios onde incompreensão e mágoa funcionam como cárceres mentais, atravancando o progresso moral do homem.

Autor: Nelson Moraes | 14 x 21 cm | 128 páginas

Os Exilados da Capela
Edgard Armond
14x21 cm | 192 Pág.

A formação e evolução das raças no planeta Terra. Obra extraordinária que cuida das grandes indagações dos homens acerca do início da humanidade.

Na Cortina do Tempo
Edgard Armond
14x21 cm | 128 Pág.

Sobreviventes salvos da Atlântida preservam seus conhecimentos destinados à posteridade.

Almas Afins
Edgard Armond
14x21 cm | 160 Pág.

A trajetória de Espíritos afins desde a submersa Lemúria até os dias atuais.

Nesta obra, a autora, com seu estilo envolvente e esclarecedor, indica a melhor forma de nos prepararmos para os eventos referentes à transição planetária, além de nos capacitar a colaborar como presenças benéficas nos acontecimentos vindouros.

Autor: Saara Nousiainen | **16 x 23 cm | 224 páginas**

Durante a Segunda Guerra Mundial, milhões de seres humanos tiveram suas vidas ceifadas em nome do preconceito e do ódio.

Todavia, Deus lhes concedeu nova oportunidade encarnatória, onde vítimas e algozes se reencontram para, valendo-se das perfumadas veredas do perdão, intentarem se reconciliar.

Autor: Marcial Jardim | **16 x 23 cm | 384 páginas**

Emocionante história de Beatriz que, aos 16 anos, entrega-se a uma grande paixão e se desilude. Grávida, abandonada pelo namorado, e com medo da reação do pai, comete suicídio. Conduzida para uma colônia de tratamento, descobre que seu drama tem origem numa encarnação passada e conclui que o suicídio se revela como um terrível engano, quando estamos SEM O VÉU DAS ILUSÕES.

Autor: Roberto de Carvalho | 16 x 23 cm | 256 páginas

Apresentando graves sintomas de doença terminal, não acusada em exames clínicos, Juliano recebe tratamento em um centro espirita, onde é desvendada a perseguição de vingadores espirituais.

Autor: Roberto de Carvalho | 16 x 23 cm | 352 páginas

Campanha de Preservação da Vida
EDITORA ALIANÇA
Tema: ABORTO

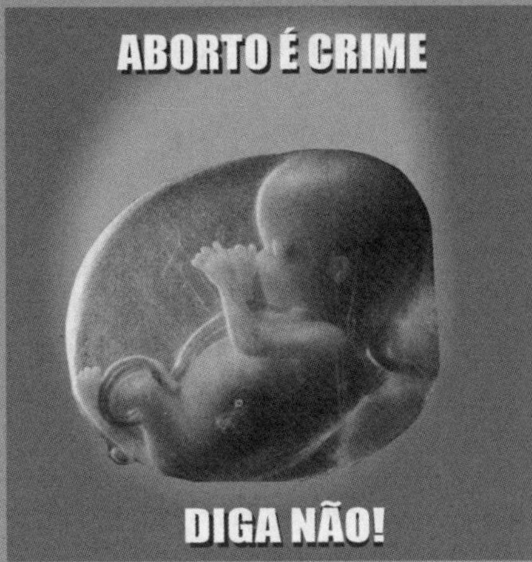

Campanha de Preservação da Vida
EDITORA ALIANÇA
Tema: PREVENÇÃO AO SUICÍDIO

Visite nosso site
www.editoraalianca.com.br